작가소개

천지윤 | 해금연주가
이화여자대학교, 추계예술대학교 외래교수
이화여자대학교 음악대학 한국음악 박사
한국예술종합학교 예술사, 예술전문사
<천지윤의 해금 : 잊었던 마음 그리고 편지> 외 음반·음원 7종 발매
최인아책방 <우리음악콘서트> 예술감독, <엄마의 책읽기> 진행 (2019)

Instagram   Youtube

Contributors
Visual Creator | 신선회
Design Works | 안나

단정한
자유

천지윤

목차

작가의 글
6 · 단순하고 맑고 청명한 시간

PART 1 | 만나다. 해금 그리고 예술
10 · 예술 시작
30 · 순례길

PART 2 | 해금과 무엇
162 · 해금과 엄마
198 · 해금과 운동
218 · 해금과 책

PART 3 | 해금
234 · 해금해부
280 · 사료史料와 사료思料
306 · 직업으로서의 해금연주가

부록
360 · 천지윤 연표

362 · 추천사

작가의 글
단순하고, 맑고, 청명한 시간

사위가 어둑한 이른 아침에 일어나면 집안을 한 바퀴 휘- 둘러보고 물을 한잔 마신다. 커피머신 전원을 켠다. 15년은 족히 함께 해 온 일리캡슐머신. 부르르르르, 우당탕탕! 전원이 켜졌다며 커다란 소리를 낸다. 오래 되어 그런지, 이탈리아 출신이라 그런지, 여하간 요란스럽다.

커피깡통에서 캡슐을 꺼낸다. 나는 이 순간을 참 좋아한다. 홀더에 캡슐을 넣고 에스프레소를 추출하면 커피향이 작은 공간을 기분 좋게 변화시킨다. 냉장고에서 우유를 꺼내어 스팀밀크 피처에 조금 따른다. 전문 바리스타만큼은 아니지만 꽤나 숙련된 솜씨로 스팀밀크를 만들어 에스프레소 위에 휘휘 붓는다.

아침의 무드에 맞게 신중히 고른 커피잔에 완성된 카페라떼를 들고 서재로 오른다. 서재 책상의 스탠드를 켜고, 커피를 내려놓고, 음악을 튼다. 대부분 마음을 안정시켜주는 바흐의 솔로 악곡들이다. 커피와 음악이 준비되었으니 책을 읽거나 일기를 쓰거나 한다. 내가 하루를 맞이하는 방법이다. 하루 중 가장 평화롭고 충만한 시간이 아닐까.

이 리추얼은 그 순서나 중요도에 조금씩 변화를 주기도 한다. 때로는 홈트나 요가를 추가하기도 하고, SNS에 서재 풍경을 찍어 올리기도 하고, 그 날의 단상을 적어내려가기도 한다.

팬데믹으로 공연예술계가 공포와 무기력 사이를 오가던 2020년. 팬데믹보다 더한 개인적인 어려움을 겪게 된다. 그럼에도 내 일상은 소중한 법. 하루를 여는 신성한 시간은 나를 지켜주었다.

2021년. 아침의 신성한 시간 가운데 해금에 스민 나의 이야기들을 선뜻선뜻 써내려가기 시작했다. 잘 써보려는 안간힘이 아닌, 동네 산책을 하듯 가벼운 걸음으로. 매일 하루에 한 시간에서 두 시간 사이로 써내려갔다. 잊고 싶지 않을 만큼 소중한 기억들을 꺼내보며, 그것을 글로 풀어내는 동안 스스로 행복해지는 마법을 경험했다.

해금을 시작한지 27년. 이렇게 많은 이야기들이 나와 해금 사이에 켜켜이 쌓이고 스몄구나. 해금은 나를 이렇게 많은 곳으로 이끌고 다녔으며, 특별한 경험들을 선물해주었구나. 수많은 인연 사이를 이어주었으며, 나를 나답게 살게 해주는 중요한 존재임을 깨닫게 해주었다.

해금은 낯설다, 어렵다, 멀다 와 같은 이야기들이 때로 나를 주눅들게 한 적도 있지만, 대개는 내 존재감을 특별하게 만들어주었던 것으로 기억한다. 해금은 내게 특별한 인생을 설계해주었고, 그것을 통해 나 역시 해금에게 무언가를 돌려주어야겠다는 생각도 든다. 이 책을 통해 **친근하고, 쉽고, 가까운 해금** 으로 독자 분들께 다가가기를 희망한다.

나름대로 인생의 어려운 시절을 통과할 때마다 **희망** 이라는 낱말을 더 좋아하게 되었다. 만물에 빛과 그림자가 있게 마련이지만, 현상의 좋은 점을 헤아리고 잘될 것이라는 믿음을 갖고 살아나가는 것. 순진해 보일지 모르지만 그것은 생각보다 많은 행복과 기쁨을 가져다준다. 서재의 아침 풍경처럼 단순하고, 맑고, 청명한 시간들을 앞으로도 누리고 싶다. 이 책에 그런 마음들이 서려있기를. 그 마음이 독자 분들께 전달되기를 바라본다.

2022년 2월 서재에서
천지윤

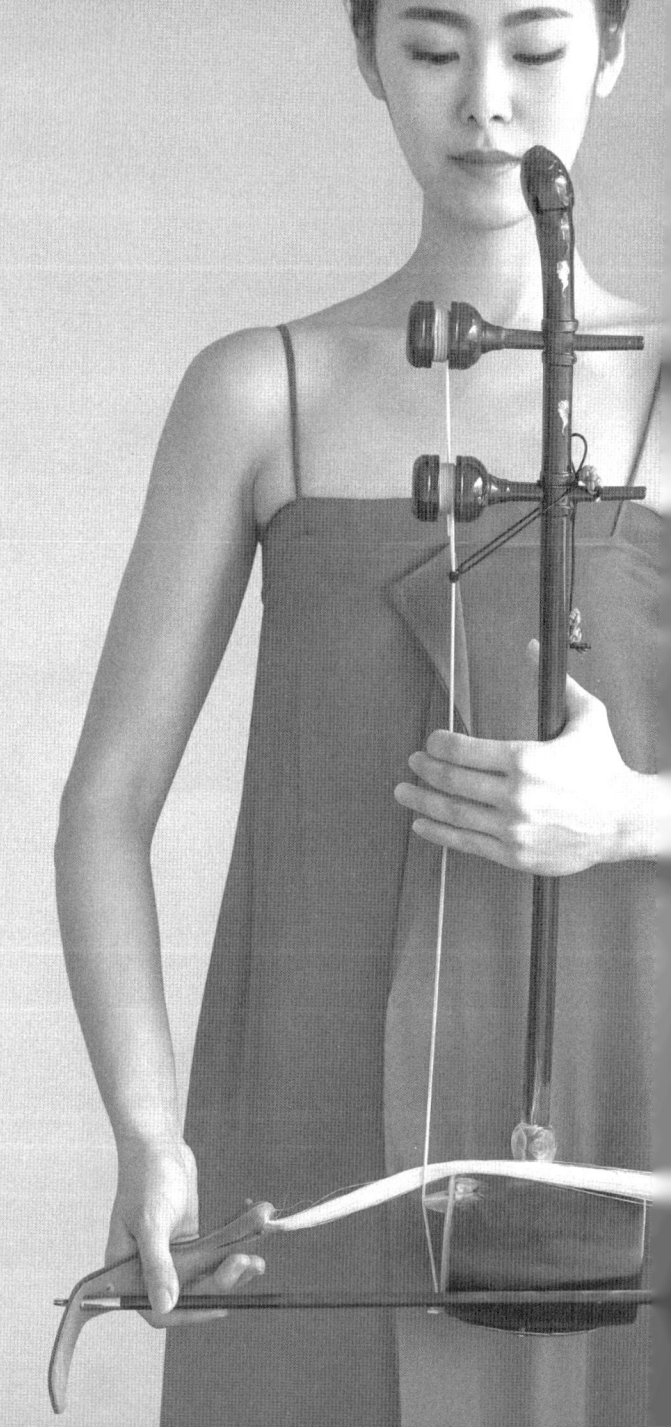

예술시작

석관동 • 10
멀리서 지켜본 <충격과 모험> • 14
실험극단 <우투리>의 악사 • 16
위대한 예술가들의 나라 • 21
파리, 한 달 • 25

석관동

중·고등학교 시절 다닌 학교는 예악사상이 근본이 되는 학교였다. 엄격한 학풍이 있었다. **"엄하고 귀하게!"** 를 강조하시던 교장선생님께서는 학생들을 자애롭게 아끼는 동시에 인사예절부터 젓가락질하는 식사예절까지 꼼꼼하게 챙기시던 분이셨다. 교복치마도 너무 길고 청학동에서 막 내려온 학생처럼 머리를 땋고 다녀야 하는 것도 가혹하게 느껴지던 시절이다.

당시 짧고 타이트한 교복치마가 유행이었는데 다른 예술고등학교 학생들은 아이돌같은 세련미로 여대생 못지않게 어여쁜 모습이었다. 지하철에서 마주치기라도 하면 부러워서 한숨이 날 지경이었다. 우리 학교만 조선시대에 머물러 있는 게 아닐까? 예악사상이니 예절이니 하는 것들이 답답하게만 느껴졌고 하루라도 빨리 이 시기를 탈출하고 싶었다.

대학에 입학하니 자유로운 학풍이었다. 신생 예술학교니 그럴 만도 했다. 교문 앞을 나서면 미술원 학생들이 벚꽃나무 아래서 그림을 그리고 있었고, 학교 앞 사거리를 막아놓고 영상원 학생들이 영화를 찍고 있었다.

학교식당에 가면 배우처럼 잘생기고 예쁜 예비배우, 연극원 학생들이 무리를 지어다녔다. 내가 억압(?)과 과보호 속에 여전히 고등학생의 정신연령에 머물러 있었다면 그들은 달랐다. 자기만의 색깔과 주관이 뚜렷해 보였다. 그들은 십대를 어떻게 살아낸 것일까? 어떻게 저렇게 특별한 아우라가 나오는 거지? 사람 구경을 하며 호기심이 들고 신도 났다.

'그래, 예술가라면 바로 이런 분위기 속에 있어야 하는 거야!' 그런 확신 속에 신나게 캠퍼스를 누볐다. 석관동 캠퍼스는 前 안기부 건물을 물려 받아쓰는 것이었기에 교사가 말끔하다고 볼 수 없었다. 영상원은 지층에 편집실이 있었는데 옛날 안기부 고문실이라는 소문, 이곳에서 밤샘 편집을 하다 보면 발 없는 귀신이 걸어 다닌다는 소문, 전통예술원 쪽 건물에 높이 올라와 있는 굴뚝은 고문으로 죽은 이들의 화장터로 사용되던 것이라는 소문 등 캠퍼스 괴담도 많았다.

강의실과 여러 공간들은 임시방편으로 갈라놓은 것 같기도 했고, 전통예술원의 경우 컨테이너로 임시로 지어놓은 건물을 사용하기도 했다. 지금 생각하면 좀 어수선한 분위기였던 것 같다.

그럼에도 공간은 사람이 채우는 거라고, 개성과 끼가 넘치는 학생들에 의해 공간마다 생기가 있었다. 학교 로비 쪽 예술극장에 가면 연극원, 음악원, 전통예술원의 공연이 열렸고 2층 전시실로 가면 미술원의 전시가 열리고 있었다. 학교 안에는 볼거리가 항상 넘쳤다. 낮엔 전통원과 연극원이 협업한 연극 <쑥부쟁이>를 보고, 저녁엔 음악원의 오페라 <박쥐>를 보는 식이었다.

다른 원의 학생들도 그랬다. 밤을 새워 결과물을 만들고 전시하고 공연하는 것이 삶의 전부인 것처럼 몰입하는 분위기였다. 대학생다운 멋을 내고 다니는 학생들보다는 '나 지금 몰입 중' 이라는 말을 대신한 트레이닝복이나 작업복 차림의 학생이 대부분이었다.

학교 도서관에 가면 학교 굿즈가 있었다. 엽서 혹은 북마크로 간소한 것들이었다. 그 중 ART IS ON YOU 라는 슬로건이 적혀 있는 엽서를 챙겨 항상 지니고 다녔다.

학교 안 어디를 둘러 보아도 **예술이 지상 최대의 가치**라는 확고함이 여기저기 새겨져 있었다. 세속적인 가치에 휘둘리지 않고 예술을 잉태할 수 있었던 시간. 허름한 석관동 캠퍼스에서 새로운 삶의 가치를 수혈받던 시절이다.

멀리서 지켜본 <충격과 모험>

연습을 하고 친구들과 저녁으로 배달음식을 시켜먹고 캠퍼스 탐험을 하는 것이 일과였다. 2층에 가면 <미술원 Foundation Exhibition>이라는 넓은 전시실이 있었다. 파운데이션이 뭐지? 아마 기초과정을 말하는 것이겠다. 미술원 기초과정 발표전이었다. 추상적이거나 관념적인 작품들이 전시되었다. 여태껏 봐왔던 것과는 화끈하게 다른 지점이 있는 작품들이었기에 신선하고 재미있게 다가왔다.

미술원은 다른 미술대학들과 분명한 차별점이 있었다. 입시미술에 단련된, 기술이 좋은 학생보다는 자기세계가 분명한, 작가적인 가능성이 있는가를 보고 학생을 뽑는다. 이런 학생들을 뽑아 놓고는 또 다시 단련을 하는 부분은 기존의 사고방식을 깨부수는 것이다. 기술보다는 관념과 관점을 중요하게 여기는 것이다. 어떻게 하면 창의적인 생각을 할지, 어떻게 해야 남과 다른 결과물을 낼 수 있는지가 관건인 듯 했다.

그런 의미에서 수업의 제목이 <충격과 모험>이다. 이 <충격과 모험>의 과제는 스스로 모험을 감행하고 관람객이 된 학우들에게 충격적인 결과물을 주어야 한다. 허름한 학교식당의 점심배식 시간, 연미복을 입고 1500원짜리 급식을 먹으며 음악원의 친구 연주자들을 불러 현악 4중주를 연주하게 하며 고급스런 식사를 즐기는 이도 있었다. 산에 친구들을 불러 모아 키우던 개를 지금 죽이겠다는 연기를 한 이도 있었다.

이러한 것들은 미술원 친구들에게 들은 <충격과 모험> 수업과제 발표 퍼포먼스다. 미술원 친구들은 라꾸라꾸 침대를 학교 작업장에 갖다놓고 밤샘 야작을 한다던데 이런 일을 하고 있는 것인가! 그것만으로도 충격이고 재미난 이야깃거리였는데, 전시회는 더 흥미로웠다. 전시는 학교 로비에 축제 기간과 맞물려 열렸다. 성기 모양을 만들어 그 안에 구더기를 가득 채워 넣은 조형물. 갖가지 성기와 성기를 상징하는 그림과 설치작품들이 내걸렸다. 꽃은 여성의 성기와 맞물려 하나의 형상이 되었고 이는 아름답게 보이기도, 화난 듯 보이기도 했다.

<충격과 모험> 수업을 멀리서 지켜 보며 '엄하고 귀하게'의 학풍 속에서 전통예술인으로서 자라난 내가 아마 가장 큰 쇼크를 받았을 거다. 예술이란 공자의 예악사상만이 아니구나. 내가 받은 자극과 충격은 지루함에 젖어있던 내 마음을 조금씩 흔들어 놓았다.

실험극단 <우투리> 의 악사

학교에는 연극원이 있었다. <우투리>라는 실험극단에서 악사로 활동했다. 2003년부터 2011년까지 <우투리>에서 작곡을 하기도 했고, 해금을 연주하고, 무대 위로 나아가 노래를 하고 움직임도 했다. 극단 <우투리>는 전통설화 <우투리>를 첫 작품으로 창단하게 된다. 한국의 장단과 춤, 연희적 요소를 연극 형식에 녹이려는 시도를 했다.

보통 연극하면 그리스 비극을 떠올리거나, 셰익스피어 햄릿의 한 대목 '죽느냐 사느냐 그것이 문제로다'를 떠올릴 것이다. 또 보통의 극장에 지어진 프로시니움 무대를 생각하는 게 일반적이다. 지배적이었던 서양연극의 전통에서 벗어나 한국 전통예술의 요소를 형식의 기준으로 삼자는 것이 이 극단의 핵심이었다.

우리나라에는 '마당' 이라는 무대가 있다. 무대를 높이 세우지 않고, 막으로 가리지 않는다. 무대와 무대 뒤라는 구분도 짓지 않는다. 마당 중앙으로 걸어 나가면 배우나 광대가 되는 것이고, 네모 선 밖으로 나가면 무대 밖의 사람이 되는 것이다. 그 공간은 활짝 열려 있다.

그리스 비극의 코러스의 역할처럼 추임새를 넣어주는 역할도 할 수 있고, 무대로 나갈 채비를 하는 배우의 모습을 볼 수도 있다. 네모 선은 무대와 무대 밖을 가르기도 하지만 마치 천국과 지옥 사이, 연옥의 공간이라 할 수 있겠다. 이 공간은 배우를 그 어디에도 포함될 수 있는 열린 존재로 만들어준다.

극단 <우투리>의 실험은 한국 전통 연희에서 여러 가능성을 가져온 것이다. <우투리>의 연극인들은 방학이면 '양주별산대놀이' 를 배웠다. 산대놀이에 나오는 춤을 배우고 진양, 중모리, 중중모리, 굿거리, 자진모리같은 장단도 배웠다. 극의 진행이 급박해지면 단모리 장단이 흐르고, 진행이 느슨하면 굿거리 장단이 흐르는. 여기에 운율을 넣은 대사를 만드는 식이다. 극의 진행에 따라 장단이 정해지는 부분은 판소리의 전통과 맞닿아 있다.

이 연극 안에 전통악기의 연주도 필요했기에 해금연주가로서 내가 이 연극판에 합류하게 된 것. 극단 <우투리>와 함께 우리나라 방방곡곡, 러시아 예카테린부르크, 프랑스 파리 등 여러 연극제를 순례하며 연극인들과 몰려 다니던 시절, 참 즐거웠다.

극단 <우투리>를 창단한 주축은 당시 연극원의 김광림 교수님, 김석만 교수님, 최준호 교수님 등의 연극예술가들이었다. 푸릇푸릇한 연극원 학생들이 조연출과 배우로 섰다. 이들은 연습 쉬는 시간에 소위 맞담배를 피우기도 하고, 연습 후에는 막걸리집에서 격의 없는 대화를 나누기도 했다.

이목구비가 서구적으로 또렷또렷하여 외모가 출중한 사람도 여럿 있었다. 온몸에서 뿜어내는 강력한 에너지 덕분에 곁에 있는 나에게도 생동감이 전염되는 듯 했다. 어른의 말을 그저 잘 듣고 모범생으로만 살았고 그래서 어리숙했던 내 스물 한 살과는 달리 자기 색깔을 이미 찾은 예술가처럼 성숙해 보이는 사람도 있었다.

보통 학교 체육관에서 연습했다. 야생의 힘으로 번뜩이고 그 에너지를 무대 위에서 대사로 춤으로 눈빛으로 노래로 발산했다. 추레한 연습복을 입어도 그들은 멋졌다.

'아, 이곳은 내가 있던 곳과는 많이 다르다. 신기하다. 재미있다.' 라는 생각을 했다. 중, 고등학교 시절 공자의 음악 이념을 주로 배웠다. 모범생 집단에 속해 학교생활을 했다. 철저하게 입시 위주의 연습을 하며 규격화한 나의 의식이 깨어나는 순간이 바로 이 때였다.

무대는 온몸으로 구르며 노는 곳일까? 나도 예술가다워질 수 있을까? 예술가가 되고 싶다! 예술은 자유롭고 멋진 것이구나, 라고 나를 흔들어 깨운 경험을 이 연극판에서 많이 했다. 그 현장에는 늘 뜨거운 무언가가 넘실댔다. 그 현장의 맛이 나를 여기까지 이끌고 온 것 같다. 누가 시키지 않아도 무언가를 향해 우직하게 갈 수 있는 것은 '열망'을 연료로 하기 때문일 것이다.

내게 예술에 대한 '뜨거운 희망'을 준 곳이 바로 <우투리>의 현장. 살아보니 귀한 것이 진정 하고 싶은 마음, 앞도 뒤도 잴 필요 없이 달려갈 수 있는 마음이더라.

위대한 예술가들의 나라

연극 <우리나라 우투리>는 2004년 러시아 예카테린부르크Yekaterinburg라는 도시에서 열린 연극제에 초대받았다. 러시아항공을 타고 출발했다. 인생 첫 해외공연이니 설레는 마음 뿐 항공사의 컨디션 따위는 중요하지 않았다. 터미널처럼 복작대는 공항에 내려 들은 이야기로는 러시아항공은 착륙만 무사히 해도 잘했다고 박수를 보내는 불안한 비행기가 대부분이란다.

도착해보니 예카테린부르크는 러시아에서 네 번째 되는 규모의 도시임에도 불구하고 침체된 분위기였다. 위풍당당한 위용의 꽤나 규모있는 호텔로 인도받아 짐을 풀었다. 호텔 직원들은 묘하게 불친절했다. 호텔방으로 올라가니 으스스했다. 이제 짐을 풀고 좀 쉬자는 마음으로 욕실로 들어갔다. 샤워기가 녹슬어 물도 제대로 안 나오는 어두컴컴하고 무서운 욕실이었다.

다음날 아침을 먹으며 단원들에게 들으니 호텔방에 아무렇지 않게 노크하고 영업(?)하러 들어온 콜걸도 있었다고 했다. 버스에서 극장으로 이동하는 짧은 시간 동안 우리 단원이 퍽치기를 당하기도 했다. 머리를 퍽! 치고 지갑을 훔쳐 달아나는 소매치기의 일종이다. 치안도 불안하고 법이라곤 없어 보이는 엉망진창 러시아에 겁을 잔뜩 먹게 됐다.

연극제에서 배정된 우리 공연 시간은 오전 10시였다. 이렇게 어수선한 나라에서 무슨 예술을 하고 연극제를 한다는 걸까? 그리고 이 아침 댓바람부터 대체 누가 공연을 보러 온단 말인가? 의아했다. 황량한 공연장에서 무관객으로 공연하게 되는 것은 아닐까 걱정했다.

그런데 그 시간, 공연장은 만석이고 매진이었다. 이 아침에 공연장을 가득 메운 관객들은 다 어디서 온 것일까? 낯선 나라 한국에서 온 실험적인 연극공연을 보러 이렇게 열성적으로 모여들었단 말인가? 러시아는 그렇게 나를 감동시켰다. 밥은 굶어도 공연 티켓은 사는 사람들이 러시아인이라 한다. 러시아에서 배출된 예술가들의 얼굴이 떠오른다. 작가 톨스토이, 도스토예프스키, 작곡가 차이코프스키, 라흐마니노프, 스트라빈스키, 피아니스트 호로비츠, 리히테르까지. 러시아는 위대한 예술가들의 나라다.

극단 <우투리> 단원들

무엇보다 내게 많은 영향을 준 음악 가운데 러시아방송교향악단의 음악이 있다. 나는 어린시절 USSR 러시아방송교향악단 음반을 들으며 자랐다. 음악을 사랑하셨던 아빠가 우리 삼형제에게 들려주시겠다고 사온 러시아방송교향악단 클래식전집은 바흐와 하이든부터 베토벤과 모차르트, 쇼팽과 리스트, 브람스와 슈만, 드뷔시 그리고 현대음악인 라흐마니노프, 스트라빈스키, 프로코피에프까지 서양음악사를 아우르는 좋은 음반이었다.

음반 표지는 러시아의 다양한 문화를 담은 사진들이었다. 러시아의 화려한 돔형 건축물과 밍크로 된 두꺼운 모자를 쓴 러시아인, 사열식을 하고 있는 러시아 군인, 발레단의 백스테이지를 찍은 사진, 스산한 러시아 겨울 정경 등 러시아 사회와 문화의 면면이 담겨 있었다.

1990년대와 2000년대 초반까지 소련에서 러시아로 체제가 바뀌며 격동하던 시절이었을 것이다. 내가 경험한 이상한 호텔은 체제가 잡히지 않은 어수선한 사회 분위기를 짐작케 했다. 그속에서도 러시아인들은 밥 대신 공연을 택하거나 열 일 제쳐놓고 공연 관람을 하는 민족임을 알게됐다. 이런 것을 두고 대대로 내려오는 문화자본이라고 하나. 그들은 정신적으로 대단히 부유하게 살아가고 있었다.

공연 이후 감상한 안톤 체홉의 <갈매기>라는 연극이 기억에 남아 있다. 학교 연극원에서 올려진 같은 극을 봤던 것과는 확연히 다른 인상이다. 대사는 알아들을 수 없었지만, 작은 나무의자 몇 개와 단순한 조명만으로 절제력을 발휘한 연출이 인상적이었다. 적막 속에 이어진 대사들은 현대음악처럼 들려왔다. 세련됨과 무게감을 겸비한 현대적인 느낌의 작품이었다.

러시아적인 색채를 곧바로 떠올릴 수 있을 만큼 명확한 예술적인 감도를 가진 나라가 많지는 않으리라. 도시에 감도는 무거운 공기는 하루아침에 빚어진 것이 아니니. 러시아인들이 매서운 추위 속에서 했을 사색의 농도를 짐작케 한다. 세계적인 사상가와 예술가를 낳은 나라의 어수선한 현재와 면면히 내려오는 문화적 DNA와 예술에 대한 열성 모두를 경험한 시간이었다.

파리, 한 달

우리나라 <우투리>는 2005년 프랑스 파리 서쪽 뱅센느 숲 쪽에 자리한 태양극단으로 초청되었다. 이번에는 한 달 일정이었다. 태양극단이라면 <제방의 북소리>라는 작품으로 유명하다. 프랑스의 전설적인 연출가 아리안느 므누슈킨Ariane Mnouchkine이 오랫동안 실험적인 연극을 시도해 온 전통있는 극단이다.

태양극단은 2차 세계대전 때 무기 화약고로 쓰인 거대한 창고를 개조해 극장으로 재생시킨 공간에 상주하고 있다. 극장은 콜로세움 경기장처럼 중앙에 마당 형식의 무대를 두고 무대 둘레를 따라 원형으로 객석을 쌓아올린 형태다. 원형 객석 아래에는 분장실과 더불어 극단 단원들의 숙소가 마련되어 있다. 우리는 한 달 동안 객석 아래 숙소에서 지내게 되었다. 연극과 생활이 하나가 되는 삶이 시작된 것이다.

대학교 3학년 때였으니 콩쿨에 대한 압박감이 심했을 때다. 무대 위에서 마치 올림픽 경기에 출전한 선수처럼 실수 없이 최고의 기량을 보여야 한다는 부담감에 많이 피로한 때였다. 이때 연주에 대한 부담감을 내려놓고 극단 단원의 일원으로 마음 편히 연주하며 무대를 마냥 즐길 수 있는 시간이 주어진 것이다.

태양극단에 도착해서 공연 D-day까지 리허설을 했다. 아침엔 극장 키친에서 각자 빵, 우유, 시리얼 등을 먹었고, 오전 리허설 후 다함께 점심식사를 만들어 먹고, 오후 연습 그리고 저녁을 먹으며 자연스럽게 와인을 마시며 밤이 늦도록 뒷풀이를 하는 일정이었다. 고된 연습을 마치고 1유로, 2유로 하는 싸구려 와인을 마시며 즐겁게 놀았다. 밤이 이슥해지고 분위기가 무르익으면 종종 해금 연주 요청이 들어왔다.

"지윤이 해금 한번 들어보자."

와아-하는 작은 함성에 화답하는 뜻으로 해금을 주섬주섬 꺼냈다. 김광석의 <사랑이라는 이유로>를 시작으로 유재하 넘버들을 연주하면 그 밤, 배우들의 눈가가 촉촉해졌다. 저마다의 사랑에 대한 추억을 그리며 마음도 몽글거렸으리라.

태양극단 안에는 본체 건물을 중심으로 작은 캠핑용 밴과 같은 것들과 사람이 거주하는 컨테이너 박스도 있었다. 태양극단 단원들은 이곳에 난민들을 받아들이고 함께 살아가고 있었다. 레바논, 아프가니스탄을 비롯한 중동에서 건너온 난민들이 기거하는 작은 숙소가 공존했다.

우리는 때로 그들이 해주는 중동 음식을 맛보기도 했다. 스페인의 빠에야 비슷한 꾸스꾸스라는 요리, 몹시 짜서 소름 끼칠만한 양고기 요리도 먹었다. 이국적인 향신료가 듬뿍 들어간 낯선 음식을 먹으며 낙타도 떠오르고 지글지글 끓는 사막의 태양도 떠올랐다. 그 태양의 향과 맛은 태양극단의 날들을 소환할 만큼 강렬했다.

리허설을 하고 새로운 극장에 적응하는 날들의 연속이었다. 아침마다 배우들은 무대를 밟으며 몸을 풀었고, 연출가와 조연출을 비롯한 제작진은 머리를 맞대고 무대 위 새로운 동선을 구상했다. 씬 연습과 전체 연습인 'Run'을 반복하며 태양극단 무대에 익숙해져갔다.

드디어 연극제가 개막했다. <첫 발자국>이라는 젊은 연극제였다. <우투리>의 연출가 김광림 선생님의 제안으로 내가 개막제 오프닝 연주를 하게 되었다.

태양극단은 무기 화약고였던만큼 예술로 채워지지 않으면 삭막하고 황량한 공간이다. 전쟁을 위한 공간. 살상을 위한 무기가 수없이 들락거리던 곳이다. 이젠 더 이상 인간을 대량살상하고 삶을 폐허로 만들기 위한 의도를 가진 공간이 아니다. 그 공간은 태양극단에 의해 새롭게 살아난 공간이었다. 사람의 의식을 고양시키고 인간답게 살 수 있는 인문에 대한 고민이 스며, 연극을 위한 매우 인간적인 공간으로 재탄생한 것이다.

연극제 개막식, 이 공간은 젊은 연극인들의 열기로 훈훈해졌다. 누군가 축사를 했고 나는 연극제의 시작을 알리는 연주를 시작했다. 나는 이 공간에서, 이 자리에서 어떤 음악을 연주해야 할까? 이곳은 자유와 평화의 공간이다. 내 안에 존재하는 틀을 깨고 싶다는 생각을 했다.

한창 연습을 해서 다지고 있던 <자진한잎 중 경풍년>이라는 곡의 도입부만 마음에 품고 무대 위에 섰다. 그리고 경풍년의 모티브를 주제로 즉흥적으로 연주를 이어나갔다. 웅성대던 소리는 잦아들고 관객들은 고맙게도 이 낯선 소리에 몰입해주었다.

무엇보다 나 자신이 내 소리에 집중하고 명상할 수 있는 시간이었다. 잘하려고 애쓰는 마음 없이 음악이 흘러가도록 내버려 두었다. 콩쿨에서 완벽하게 발휘하기 위한 경풍년이 아닌 내 마음에 충실한 경풍년을 연주했다. 이미 경풍년이 아니었고 경풍년을 주제로 한 나의 음악이었다. 누구도 날 평가할 만한 사람이 없다고 생각하니 마음이 편안해졌다.

해금이라는 악기와 바로 지금의 이 음악은 누구와도 비교될 수 없이 유일하다는 생각이 나를 자유롭게 했다. 콩쿨에 나가 순위를 다퉈야 하고 무대 위에서 실수하면 안 된다는 압박감에 고3 때와 마찬가지로 늘 가위눌림에 시달렸던 나로서는 이 경험이 없었다면 음악의 즐거움과 자유로움을 영영 잊고 살았을지 모르겠다.

태양극단은 연극예술을 통해 세계에 자유와 평화, 사랑을 선포하고 있다. 물론 나에게도 예술은 자유이며, 마음의 소리에 귀기울이는 것임을 알려주었다.

©신선희

순례길

미국 샌프란시스코, 띵가마직스 페스티벌 • 32
비빙 입단과 스테레오 카페 • 42
고성(古城)으로 떠날 준비 • 46
하이델베르크 고성(古城)축제 • 50
요새의 날다람쥐 • 53
키친에서 • 56
고성의 요새에서 공연을 하다 • 58
안은미 • 60
알차이의 동요 연주 • 63
덴마크 코펜하겐, WOMEX • 67
크리스티아나, 황홀경 • 71
스웨덴 웁살라, 조르디 사발과의 조우 • 75
호주 다윈, 밀림에서 수영하기 • 79
덴마크 로스킬데, 락 페스티벌 • 83
한강에서 • 87
폴란드 바르샤바, 호러블한 호텔 • 80
영국 에딘버러, 프린세스 바리와 안은미 • 93
영국 런던, 올림픽과 임신부 • 98
런던의 거리 • 102
한국 서울, 만삭의 몸에 치른 박사연주회 • 103
예술과 현실 • 106
프랑스 파리, 여름 축제 • 109
케브랑리 박물관, 음악의 힘을 다시 한 번 • 113
프랑크푸르트 공항, Vitra 의자에서의 하룻밤 • 117
이탈리아 포르데노네, 올리브오일 • 121
밤의 레스토랑 • 124
한국 서울, <회오리> 그리고 세월호 • 127
<회오리> 그리고 즉흥 • 131
<회오리> 그리고 깐느의 크루아상 • 134
폴란드 브로츠와프, 국경을 넘어 • 139
빈에서 • 142
오스트리아 빈, 랄랄라 휴먼 스텝스 • 145
오스트리아 할슈타트, 무조건 수영 • 148
이탈리아 파도바, 노을 • 151
이탈리아 베니스, 개츠비의 파티 초대 • 154

미국 샌프란시스코, 띵가마직스 페스티벌

무용을 하는 내 동생 종원의 부름이 있었다. 미국에서 온 안무가가 워크샵을 하러 학교에 와 있다는 것이다. 안무가의 친구인 작곡가도 함께 와 있는데 한국전통음악에 관심이 많으니 해금을 한번 보고 싶다는 것이었다.

동생과 같은 학교를 다니던 시절이니 석관동 캠퍼스에서 서초동 캠퍼스로, 강북 끝에서 강남으로 쪼르르 내려가면 될 일이었다. 대학원 시절이니 시간도 여유로웠고, 해외 아티스트와 교류하는 일에도 관심이 있던 터였다.

무용원 넓은 스튜디오에 가보니 워크샵이 한창 진행 중이었다. 종원은 언제나처럼 땀을 흘리며 너덜너덜한 연습복 차림으로 몸을 움직이고 있었다. 한컨에는 나를 만나고 싶다고 한 작곡가가 있었다. 쉬는 시간 종원은 나와 안무가 그리고 작곡가를 인사시켰다.

작곡가는 해금이라는 악기를 보고 반색을 했다. 그의 이름은 에드워드 쇼커Edward Schocker. 와이프가 일본인이었고 아시아 문화 전반과 더불어 한국전통음악에도 관심이 많다고 했다. 안무가와 무용원 학생들이 땀을 사방으로 튀기며 몸짓에 관한 연구를 하고 있는 중에 나는 해금을 꺼내 에드워드에게 악기에 관한 설명과 전통음악 몇 곡을 짤막하게 연주해 주었다.

에드워드도 한국의 피리처럼 생긴 '히치리키'라는 일본전통 관악기를 꺼내 소리를 들려주었다. 에드워드는 동양 문화를 사랑하여 그 악기를 연주까지 해내는 좀 특이한 예술가였다. 2시간 남짓 한·미·일간 캐주얼한 문화 교류가 진행되었다.

며칠 후 내가 몸담고 있던 <한국해금앙상블>의 공연이 있을 예정. 나는 그 공연에서 연주를 할 예정이었기에 에드워드를 초대했다. <한국해금앙상블>은 2004년 한국예술종합학교 해금 전공자들을 중심으로 <애해이요>라는 이름으로 창단된 단체다. 젊은 혈기의 20대 초반 해금연주가들이 모여 해금 음악의 새로운 가능성을 열어보겠다는 마음이었다.

당시 새로운 레퍼토리를 만들어가는 시점이었기에 다양한 시도를 했다. 해금과 탈춤, 해금 병창, 현대적인 느낌의 해금앙상블곡 등을 선보이는 공연이었다. 에드워드는 이 공연을 보고 눈이 반짝, 흥미로워했다. 다음 해 에드워드가 살고 있는 도시 샌프란시스코에서 <제10회 띵가마직스 페스티벌Thingamajigs Festival>이 열리니 나를 참여 아티스트로 초대하고 싶다고 했다.

에드워드는 이 페스티벌의 예술감독이었다. 에드워드는 페스티벌 관련 자료들을 이메일로 보내주었다. 이름도 희한한 <띵가마직스 페스티벌>은 미국과 동아시아간의 문화교류가 주요 과업이다. 이를 믹스해 실험적이고 매우 요상한! 예술 양식을 시도하는 것이 페스티벌의 미션이기도 하다.

망설일 리 없었다. 에드워드에게 이메일로 "그래, 가겠다. 참여하겠다!"는 의사를 밝혔다. 에드워드는 고맙게도 자신의 집에서 지내며 숙식을 해결하라고 했다. 그때는 해외 페스티벌 참여에 도움받을 수 있는 국가예술기금이 있다는 것도 몰랐다. 무식하면 용감한 걸까. 나는 모아둔 돈으로 미국행 왕복 비행기 티켓, 해금, 트렁크 하나를 들고 홀연히 샌프란시스코로 떠났다.

이왕 어렵게 끊은 비행기 티켓이니 가능한 오래 체류하고 싶었다. 내가 가진 예산으로 한 달은 지낼 수 있을 것 같았다. 소정의 개런티와 숙식제공. 그것만으로도 고마웠고 설레었다. 그렇게 한 달을 에드워드와 그의 와이프 토모코, 무려 돌이 막 지난 아기가 있는 집에서 '마음 편히' 숙식을 했다.

에드워드와 토모코는 12개월 아기와 나를, 애 둘 키우듯 최선을 다해 케어해 주었다. 나도 아이를 낳아 길러보니 돌이 막 지난 아기를 키운다는 것이 얼마나 빡세고 고된 시간을 통과하고 있는 것인지. 그때 얼마나 철이 없었고, 삶의 고단함을 몰랐었는지. 고맙고 미안할 뿐이다. 그렇게 샌프란시스코 한달살이가 시작됐다.

정확히는 샌프란시스코에서 조금 떨어진 오클랜드Oakland라는 도시에서 지냈다. 샌프란을 서울로 치자면 오클랜드는 분당이나 일산 정도 되려나. 오클랜드는 샌프란만큼 화려하지 않고 붐비지도 않는 조용한 도시였다. 도시에 커다란 호수도 있었고 나무와 숲이 드문드문 있기에 자연과 어우러진 곳이었다.

에드워드는 집에서는 육아, 집 밖에서는 극단 일본 가부끼와 노의 전통과 현대극을 혼합한 형태의 연극 극단이었다 에서 일을 했고, 작곡을 하고, 자신의 페스티벌 관련 일을 하고 있었다. 그는 정신없이 바쁜 와중에 영어가 짧아 7살 꼬마같은 나를 잘 챙겨주며 오클랜드 지역 예술가들을 만나게 해주었다.

대학에 다니며 종종 꿈을 꾸던 것이 미국이나 유럽 무대에서 활동하는 연주가가 되는 것이었다. 거문고 연주가 김진희 선생님의 『거문고 탱고』라는 책을 보며 해금을 세계에 널리 알리고 싶다고 생각했었다. 넓은 세상으로 나아가고 싶은 치기가 마구 흐르던 때다. '미국 대학으로 유학을 가야할까?', '그렇다면 어떤 전공으로 가야 하는 거지?' 고민하며 구체적인 방법을 생각해보기도 했다.

학부 졸업 후 대학원에 바로 들어갔고, 당시 꽤나 활발했던 <오리엔탈 익스프레스>라는 밴드 활동을 하느라 그저 막연한 꿈으로 고이 모셔둔 상태였는데 샌프란에서 책에 나올 법한 자유로운 예술가들을 모두 만나는 기분이었다. 실제로 에드워드가 공부한 밀스컬리지 Mills College는 오클랜드에 있는 학교로 실험적이고 전위적인 예술가를 키워내는 전통을 가지고 있는 곳이었다. <떵가마직스 페스티벌>은 이 학교 출신 예술가들의 작은 커뮤니티이자 음악적인 실험을 이어나가는 장(場)이었던 것이다. 에드워드의 소개로 이 페스티벌에 참여하는 음악가, 시인, 무용가 등 다양한 예술가들을 만나게 되었다.

에드워드는 이 페스티벌에서 루 해리슨Lou Harrison 1917-2002 의 <전폐희문奠幣熙文>을 연주하자고 제안했다. 루 해리슨? 전폐희문이라면 종묘제례악의 대표악곡이다. 미국인인 그가 내게 이 곡을 제안하는 역전된 상황은 무엇일까.

그에게 악보를 받고 대체 루 해리슨은 누구이며, 전폐희문은 어떻게 아느냐고 추궁을 했다. 루 해리슨은 이 학교 교수로 재직했고, 한국전통음악에 일찍이 관심을 보여 <전폐희문>을 주제로 작곡했던 것이다. 에드워드는 이 곡에서 사용될 특수 악기들을 학교 악기고에서 빌리고자 했다. 에드워드와 함께 밀스컬리지를 방문했다.

악기고에서 거대한 타악기를 빌린 후 음악도서관을 구경했다. 도서관을 둘러보니 국악이론의 대부 격인 이혜구 선생의 저서가 소장되어 있었다. 일본이나 중국 전통음악에 대한 책에 비하면 미미한 정도지만 그래도 몹시 반가웠다.

국악을 공부하며 익히 보아왔던 국악 이론서를 미국 도서관에서 발견하는 것은 사뭇 다른 느낌이었다. 내가 늘 안달복달해 왔던 사물을 보다 큰 조망권을 갖고 바라보는 듯했다. 이런 것을 객관화라고 하나? '우리 음악의 자리가 참 작구나' 라고 느끼는 동시에 그 빈자리를 향한 가능성도 느꼈다.

<띵가마직스 페스티벌>에 참여하는 몇몇 예술가와 자주 만나게 되었다. 같은 학교 출신들이거나, 친구의 친구이거나, 이 지역에서 생업과 예술 활동을 이어가는 에드워드의 친구들이다. 그들과 몇 번의 리허설을 함께 했다. 리허설은 오클랜드 어딘가에 있는 아티스트 레지던스에서 했다.

이름하여 타코 리허설! 타코 트럭에서 고수가 잔뜩 들어간 부리또와 타코, 시원한 맥주 한 상자를 리허설 장소로 사가는 것이다. 음악 리허설만큼이나 친구들과 먹고 노는 일은 즐겁다. 루 해리슨의 <전폐희문>을 이곳 친구들과 연주하고 코로나 맥주와 멕시칸 타코를 먹는 밤이 이어졌다.

페스티벌은 오클랜드의 다양한 장소와 여러 극장에서 공연이 올려졌다. 캐주얼한 블랙박스 형태의 극장이나 소규모 갤러리들이었다. 에드워드를 따라 조그만 극장을 찾아갔다. 지하의 클럽 같은 공간이었다. 내가 연주할 공간이었다. 극장 답사를 마치고 곧 공연날이 다가왔다. 극장에 모인 사람들은 실험예술가들이 많았다.

띵가마직스가 사랑하는 단 하나의 단어 위얼드Weird! 그야말로 위얼드한 실험음악과 행위예술을 하는 사람들이 모였다. 예술적 기행이랄까, 진지한 실험이랄까. 기행과 실험이 난무하는 공연이 시작되었다.

나와 같은 날 연주한 곡들은 초현실주의 그림을 보듯 음악적 상상력을 전복하는 것들이었다. 전에 없던 악기를 만들어 컴퓨터와 결합하여 기이한 사운드를 내는 음악에 어리둥절해졌다. 자신이 지은 시를 낭송하며 움직임을 하고, 그에 반응하는 즉흥연주. 음악과 언어, 움직임이 어두운 공간에 부유했다. 소음과 음악. 퇴폐와 명상. 진지와 장난. 기존의 예술언어를 파괴한 위얼드한 것들은 그 경계들을 보란 듯이 넘나들었다.

종묘제례악은 조선 역대 왕들을 위한 제사 음악이기에 격식의 향연이라 할 수 있다. 근엄한 의례로 몇 시간에 걸쳐 연주된다. 종묘제례악을 연주할 때 대규모 관현악이 동원되고 64인의 팔일무 즉, 무용수가 문무(文舞)와 무무(武舞)를 나누어 춤을 춘다. 모두 홍주의라는 빨간 도포자락을 입고 검은 모자를 쓴다.

<땅가마직스 페스티벌> 속 루 해리슨의 <전폐희문>에서 나는 이 모든 격식을 버리기로 했다.

이 시절 밴드 활동을 하며 즐겨 입었던 부츠컷 블랙진에 금빛 오프 숄더 탑을 입고 헤어스타일은 처피뱅 단발. 나는 이 코스튬으로 해금을 연주했고, 에드워드는 한국의 피리 대신 일본의 히치리키를 불었다.

또 한명의 타악연주가는 대고(大鼓) 대신 커다란 서양식 북을 쳤다. 격식과 의례는 온데간데 없다. <전폐희문>의 변신. 완전히 새로운 얼굴로 오클랜드의 허름하고 힙한 극장에서 전폐희문이 울려 퍼졌다.

<전폐희문>은 복잡한 서구의 현대음악을 다루던 한 음악가의 생애에 변곡점이 될 만한 영적인 음악이었으리라. 그의 사후에 나와 에드워드라는 작곡가가 연결되어 오클랜드 작은 극장, 실험예술가들 앞에서 이 음악이 연주되었다는 것은 참 희한한 일 아닌가. 이것이야말로 문화의 속성일 것이다. 끊임없이 움직이고 뒤섞이며 새로운 영감을 전하는 메신저가 되는 것이 그것의 운명이리라.

샌프란시스코는 어디를 가든 친절하게 잘 웃는 사람들이 대부분이었다. 늦여름에서 가을로 넘어가는 계절이었기에 더없이 좋은 날씨가 이어졌다. 꼭 이 계절이 아니어도 캘리포니아는 기후로 축복받은 땅으로 유명하다. 캘리포니아라면 매일 좋은 컨디션과 산뜻한 기분으로 생글생글 잘 웃고 말도 잘 걸며 살아갈 수 있을 것만 같다. 사람과 사람 사이가 경계심 없이 잘 섞이는 만큼 서로의 문화를 배우고 섞는 일도 쉬웠을 것이다.

그래서인지 캘리포니아에는 다양한 문화가 공존한다. 캘리포니아 사람들은 크로스오버 예술에도 열린 태도를 견지해 왔다. 그런 분위기에서 밀스컬리지의 학풍이라던가, 띵가마직스 페스티벌의 전통이 이어졌을 것이다.

'띵가마직스 위얼드 라이프'를 경험하며 다양한 삶의 방식과 예술양식을 볼 수 있었다. 남들이 가보지 않은 길을 걸어가며 자신의 생을 걸고 실험하는 예술가 친구들의 삶은 무엇을 말하는가? 내가 추구하고 싶은 것이 무엇인지, 그에 충실히 응답하며 살아가는 사람들을 보았다.

그들은 형식주의에 갇힌 삶을 거부한다. 추구하는 예술도 삶과 마찬가지로 극단적인 자유를 향한다. 커다란 예산안을 가진 것이 아니라도 꿋꿋이 10년이 넘게 페스티벌을 꾸려간다. 작더라도 오래 지속하고, 주변 친구들과 연대하며 나아간다. 세상에는 무한대로 펼쳐진 각자의 세계가 있음을 조금은 짐작할 수 있도록.

비빙[1] 입단과 스테레오 카페

대학원 시절 시간적으로 여유가 많았다. 논문학기로 넘어갈 즈음은 졸업 연주도 마쳤겠다, 심리적으로도 편안했다. 고등학교 시절부터 친했던 친구가 연희동에 살았다. 집 앞에서 603번 버스를 타고 연희104고지에 내려 쭐래쭐래 걸어 친구를 만나러 다녔다.

악단에 취직하여 사회인이 된 것도 아닌, 음악활동을 느슨하게 하고 있는 두 명의 백수(?)는 한껏 게으름을 부리며 연희동의 정취를 느끼곤 했다. 연희동, 연남동은 지금에 와서 수많은 카페와 식당이 빼곡하게 들어선 핫 플레이스가 되었지만, 그때만 해도 듬성듬성 카페와 식당이 있던 시절이다. 화교가 많이 모여 사는 곳이니 유서 깊은 중국집부터 멋진 주택을 개조한 근사한 레스토랑도 있었다. 다만 그 비율이 지금의 10분의 1정도로 조용하고 한산했다.

---

[1] 비빙: Be-Being, 悲憑

우리는 연희104고지 정거장에서 마을로 내려가는 길목에 '스테레오 카페'라는 곳에 정을 붙였다. 배우 이나영을 닮은 신비로운 언니가 주인장이었고 때로 그녀의 남자친구가 조용히 원두를 볶는 곳이었다. 요즘 커피 맛 좀 낸다는 카페에 있을 법한 위엄있는 로스팅 기계가 아닌, 성글은 철망에 원두를 넣고 난롯불에 볶고 튀기는 방식이었다. 커피 맛을 몰랐던 그때 처음으로 핸드드립이라는 것을 알게 되었고 강배전, 약배전이라는 말도 배웠다.

주인장 언니와 남자친구는 손재주가 좋았다. 아날로그 방식을 고수하는 그들은 카페 내에 있는 모든 기물과 가구를 만들어 썼다. 목공과 페인트칠, 테이블과 의자, 조명까지 커플의 심미안과 손맛이 스민 특별한 것들이었다.

그 중에서도 카페의 정체성을 결정짓는 가장 중요한 물건은 LP 턴테이블이었다. 플레이리스트는 언제나 훌륭했다. 이게 무슨 연주일까? 마음을 확 사로잡는 그 음악은 키스 자렛의 일본 투어를 담은 음반이었다. 명반을 알아보는 귀와 특별한 취향이 있던 주인장 언니 덕분에 새로운 음악가들을 내 20대에 만날 수 있었다.

스테레오 카페에 친구와 노닥이며 앉아 있노라면 시간이 느리게 흘러갔다. 그곳은 아날로그 그 자체였다. 서두르지 않고 천천히, 자기만의 속도로 살아가는 두 남녀의 마음이 그 공간을 지배하고 있었기 때문일 거다. 해질녘 그곳에 앉아 있으면서 턴테이블에서 느릿느릿 흘러나오는 음악을 들으며 바쁘고 조급하게 살아왔던 날들의 맥을 놓고 이완할 수 있었다.

그렇게 스테레오 카페에서 노닥거리던 어느 날. 수다를 나누던 중 친구가 "안은미라는 현대무용가가 있는데, 그 분이 하이델베르크라는 도시로 해외 공연을 간대. 그 공연에 참여할 해금 연주자를 구한대." 라는 말을 건넸다.

순간 머릿속에서 종소리가 울리는 것 같았다. 심장박동도 빨라졌다. "나, 나, 나! 나 하고 싶어!" 라고 친구에게 말했다. 친구는 그럴 줄 알았다는 듯이 고개를 끄덕이더니 안은미 선생님께 오디션 의사를 전하겠다고 했다. 그러면서 "이 공연이 어떤 음악그룹과 같이 하는 것 같던데, 장영규(現 이날치 그룹의 리더이자 베이시스트)라는 분이 있는데 그 분이 음악감독이고 재미있는거 많이 하는 것 같아." 라고 덧붙였다.

그렇게 연희동 친구의 추천으로 장영규 감독님과 보통의 만남이 몇 차례 있었다. 감독님의 작업실에 초대되었다. 첫 만남에 뜻밖의 장면이 연출되었다. 장영규 감독님은 냉동고에서 유산지에 고이 싸여있던 참치횟감을 꺼내었다. 실험용

흰 고무장갑을 끼고 번쩍이는 일본제 회칼로 알맞게 얼어 있는 참치살을 '슥슥' 썰어주셨다.

음악적인 질문은 아무것도 없었다. 다만 장 감독님, 나, 친구는 묵묵히 "맛있다!"를 연발하며 참치회를 먹었을 뿐. 입단 오디션 같지 않은 입단 오디션이었다. 맛있게 먹을 줄 아느냐가 선발의 기준이었을까?

스테레오 카페에서 시작된 비빙과의 인연은 8년간 계속되었고 여러 도시를 투어하며 맛있는 요리를 먹게 된다. 물론 멋진 연주를 하며!

고성(古城)으로 떠날 준비

참치 회동 이후, 그러니까 2009년 무렵. 비빙이라는 음악 그룹에 합류하게 되어 꽤나 오랜시간 동안 많은 도시를 다니게 되었다. 해금하는 나와 노래하는 승희가 가장 어린 멤버였다. 피리 나원일, 가야금 고지연, 타악 최준일, 작곡가이자 음악감독인 장영규, 음향감독 오영훈, 매니저 김지명까지 평균 10세 이상 연상의 선배이자 선생님들이었다. 나보다 연주경력은 물론이고 활동의 범위도 넓었다. 영화와 연극, 미술, 무용계의 다양한 예술가들과 협업하며 지내는 선생님들과의 만남 자체가 신선한 자극이었다. 진짜 예술계에 발을 들였다는 생각과 함께 그들과 만나는 매일이 설레고 즐거웠다.

비빙은 2008년 <이理와 사事, 불교음악프로젝트>로 창단, 초연 연주를 했다. 초연 이후 탈퇴한 멤버를 충원하기 위해 이듬해 새로운 멤버를 영입한 것이었다. 그 첫 공연이 현대무용가 안은미와 콜라보하는 작품으로 <하이델베르크 고성(古城) 페스티벌>에 참가하는 것이었다.

<이理와 사事>는 비빙의 기본 구성인 해금, 피리, 가야금, 타악, 소리에 불교의 범패를 부른다. 나비춤, 바라춤을 추는 예술스님인 정각스님이 결합된 형태이다.

하이델베르크 공연에는 여기에 현대무용까지 더해진 것이다. 멤버가 모두 갖춰진 이후 비빙은 하이델베르크 공연 준비에 박차를 가했다. 새로 입단하게 된 나와 승희는 팀에 적응 기간을 갖게 되고 새로운 음악을 익히며 새로운 관계 속에 새로운 나날들을 맞이하게 된다. 새로운 나날들이란 장영규 감독님의 연남동 자택 연습실에 모여 연습 이후 맛집 순례를 하며 밤이 새도록 이야기 꽃을 피우는 것. 그렇게 8명의 멤버는 하이델베르크 성으로 떠날 준비를 차곡차곡 해 나갔다.

그 즈음의 나는 매일 아침 일어나 일기를 쓰곤 했다. 페이지를 빼곡히 채운 일기장이 차곡차곡 쌓여갈 정도였으니 내게는 중요한 루틴이자 리추얼이었다. 책상 앞에 앉으면 세계지도가 보였다. 그때 일기를 쓰며 자주 듣던 음반은 팻 매쓰니의 <A Map of the World>. 팻 매쓰니의 음악에 깃든 드넓은 풍광이 나의 상상력에 한 몫을 더했다. 세계지도를 바라보며 세계 방방곡곡을 다니며 연주활동을 하고 싶다고 발원하고는 했다.

책장 윗칸에 독일 하이델베르크 성(城)을 담은 도록이 있었다. 언니가 독일어를 전공했기에 독일과 여러 차례 왕래가 있었고 독일 관련 서적이 많은 편이었다. 세계지도 앞에 앉아 일기를 쓰는 날들 가운데 『Heidelberger Schloss』라는 제목과 성의 전경이 담긴 표지가 눈에 띄는 날들이 종종 있었다. 갈색 돌로 지어진 성은 초록 숲에 둘러싸여 있었고 동화에 나올 법한 아름다운 모습이었다.

'막연히 저 곳에 가고 싶네' 라고 생각하곤 했다. 얼마 지나지 않아 하이델베르크 성, 비빙 그리고 안은미와의 부름이 있었다는 것은 놀라운 우연이기도 하다.

마음 속에서 자신의 진실한 바람을 찾아내는 것은 얼마나 중요한 일인지. 누군가에게 주입된 가치가 아닌 내 존재 자체로 바라게 되는 일들이 있다. 그것이 그 존재의 고유성이거나 사명이라 할 수도 있겠다. 진실한 바람은 힘을 갖고 있다고 믿고 있다.

소중한 인연을 만나게 하는 힘. 절대로 잊을 수 없는 인생의 페이지를 만들어가는 힘. 그 이야기들을 바로 이 챕터에서 해나갈 수 있으리라 생각한다. 그만큼 내게는 절실하게 행복했던 순간들이다.

하이델베르크 고성(古城) 축제

하이델베르크의 일정은 한 달 정도로 짜여졌다. 8인의 비빙 멤버와 두 분의 예술스님, 현대무용가 안은미 선생님, 설치미술가 이형주 선생님. 총 12인이 함께 떠나게 되었다.

우리는 <하이델베르크 고성(古城) 축제> 주최 측에서 제공한 아파트에서 지내게 되었다. 아파트에는 몇 개의 방과 키친 공간이 있었다. 키친엔 8인용 식탁이 있었고 최대 10인 정도가 앉을 수 있었다. 키친은 늘 중요하다. 모든 구성원이 모여 밥을 먹고 술을 마시고 이야기하며 교류하는 공간. 한달 간 지지고 볶으며 삶의 이야기가 펼쳐질 제2의 백스테이지. 우리가 지낼 아파트 투어를 마치고 각각 2인 1실로 방이 배정되었다. 룸메이트는 입사(?) 동기인 소리꾼 승희. 각자의 침대를 정하고 짐을 풀었다.

숙소에서 나와서 축제 관계자를 만났다. 바퀴가 커다란 유럽식 자전거를 타고 자전거 바구니에는 바게트를 싣고 있었다. 경쾌한 그녀는 우리를 하이델베르크 성으로 안내했다. 성은 숙소에서 걸어갈 수 있는 거리였다.

하이델베르크 성으로 걸어 올라가는 길이 녹록치는 않았다. 성이 높은 지대에 위치했기에 길은 경사가 급한 편이었다. 게다가 우리는 자신의 악기 뿐 아니라 악기의 종류가 유난히 많은 타악 연주자의 각종 악기도 나누어 들어야 했다. 무엇보다 가구만큼 커다란 가야금 두 대와 가야금 받침대를 옮기는 것 또한 매일의 난제였다. 그래도 하이델베르크 성으로 매일 출근하고 리허설하고 공연하는 일만큼 멋진 일이 있단 말인가!

하이델베르크 성에 도착해 공연을 위한 답사를 시작했다. 우리가 공연할 장소는 성의 제일 꼭대기다. 성의 요새라 할 수 있는 이곳은 지름 30m 정도의 크기다. 성곽 둘레가 벽돌로 둘러쌓여 있고 하이델베르크 시내가 한눈에 보인다.

하이델베르크는 대학 도시로 여러 대학이 자리 잡고 있으며 적갈색 지붕의 가옥들이 도시를 받치고 있는 우산처럼 도처에 깔려 있다.

오랜 역사 속에 전쟁으로 여러 차례 폭격을 당해 성의 머리에 해당하는 부분이 파괴되었다고 한다. 으스러진 모습을 드러내고 있음에도 오래된 벽돌들엔 세월을 품은 아름다움이 있었다. 성의 요새는 공연장이 될 것이고, 중앙 원형 공간은 무대가, 무대를 중심으로 빙 둘러 원형 객석이 설치될 것이다.

축제 관계자는 우리의 무대가 될 곳을 소개하며 이 공간은 '셰익스피어가 직접 무대를 밟았고 그의 연극이 올려진 유서 깊은 곳' 이라며 자랑스러워했다.

하이델베르크 고성 축제는 매년 여름 열린다. 축제에 올려질 공연들은 이 요새 뿐 아니라 성의 구석구석을 무대로 활용한다. 그 해에는 현대의 오페라부터 실내악까지 다양한 작품이 초대되었다. 성의 꼭대기, 바로 이 요새는 한국의 전통예술과 현대무용이 만나 새로운 세계가 펼쳐질 예정이었다. 축제 관계자와 우리는 모두 설레는 가슴으로 답사를 마치고 하산했다.

요새의 날다람쥐

투어 일정은 한 달이었지만 공연 횟수는 7회 정도였다. 리허설 하는 기간을 넉넉히 일주일 정도로 잡았고 이후 며칠 간격으로 공연을 올리는 일정이다. 하이델베르크 공연 이후에도 근교로 이동해 또 한 번의 공연이 예정되어 있었다.

우리가 공연할 사방이 탁 트인 성의 요새의 규모에 맞춰 1회당 50인 내외의 객석이 오픈되었다. 야외 공연이니 비가 오면 공연이 연기될 가능성이 있었다. 하이델베르크는 기후가 온화한 편이지만 오락가락 하는 비가 잦았다. 비가 공연에 중요한 변수로 작용하는 공간이었다.

도착한 첫 일주일은 공간에 적응하며 리허설을 해나갔다. 매일 키친에서 각자 간단한 아침식사를 한 후 악기를 메고 성으로 출근했다. 중세시대 지어진 이 성은 빙글빙글 돌계단을 걸어 올라야 요새에 이른다.

해금, 피리, 장구, 가야금, 벨, 실로폰, 리코더, 나각, 나발 등의 여러 악기가 연주를 위한 테이블[1]에 차려졌다. 객석에서는 탁 트인 스카이라인과 도시의 적색 지붕이 촘촘히 보인다. 요새의 정중앙에는 초록잔디가 둥글게 깔려 있다. 이 초록의 공간은 현대무용가 안은미 선생님이 춤을 추는 무대로 연출된 것이다. 테이블이 깔린 연주석에 앉아 사운드 체크를 하고 안은미 선생님이 비빙의 음악에 맞춰 춤을 추는 리허설이 매일 진행됐다.

리허설 도중 쉬는 시간이면 하이델베르크 시내를 한참이고 내려다 볼 수 있었다. 하늘빛깔이 핑크빛부터 푸른빛으로 다채롭게 바뀌고 구름 사이에 해가 숨어 버리기도, 다시 발광하는 빛의 광선을 내뿜기도 했다. 하늘빛이 꾸물꾸물 먹색이다 싶은 날은 저 멀리 근처 도시에서 먹구름이 몰려오는 것이 보이기도 했다.

우리가 차려놓은 많은 악기들과 마이크 시스템들이 비를 맞아서는 안 될 일이다. 변덕스러운 비 덕분에 이 테이블에 한상 차려놓은 악기와 마이크 일체를 성 안으로 들여놓았다가, 비가 그치면 다시 한상 차리기를 여러 번 반복하는 날도 있었다.

---

[1] 비빙 공연을 위해 특별히 제작된 테이블이다. 비빙은 각자 주전공 악기 외에도 다양한 악기를 다뤄야 했기에 이 테이블 위에 여러 악기와 악보가 놓여졌다.

매일 성을 향해 악기를 올리고, 요새에 펼치고, 비가 오면 걷고, 그치면 펼치고, 숙소를 향해 악기를 내리는 하루하루였다.

나중에는 꾀를 내어 테이블을 모두 덮고도 남을 만큼 커다란 비닐을 준비했다. 기습적으로 비가 내리면 비닐이 있는 곳으로 뛰어가 사방에서 비닐을 잡고 날듯이 테이블 위의 악기를 덮어 놓게 되었다. 성의 낭만만큼이나 성가신 일이기도 했다.

지나고 보면 편안하고 유려하게 흘러가던 날들은 태연하게 잊혀지고, 고생스러웠고 녹록치 않았던 날들이 삶의 흔적으로 남는다. 소리를 내며 느꼈던 감흥보다 날다람쥐처럼 비닐을 펼치던 기억이 생생하다.

키친에서

리허설이 몇 차례 진행되는 동안 우리에게는 한 가지 루틴이 생겼다. 리허설을 마치고 하산하여 숙소로 돌아가는 퇴근길에 반드시 마트에 들러 장을 보는 것이었다. 참치회동으로 오디션을 진행할 정도로 미각에 예민한 비빙이었다. 마트에서의 시간은 공연장에서의 시간만큼 재미있고 중요했다. 음악감독님의 지휘 아래 마트에서 장을 보며 메뉴를 정하기도 하고 좋은 식재료를 감별해냈다.

한국에는 없는 다양한 채소와 치즈, 귀여운 패키지의 유제품, 다양한 향신료를 구경하는 재미도 쏠쏠했다. 마트 쇼핑의 화룡점정은 맥주 사재기. 남성 멤버들은 자신의 몸만한 배낭에 맥주를 터질 만큼 사오곤 했다. 물보다 맥주가 싸다는 독일. 맥주의 나라이니 그럴 만도 했다.

식사 당번, 설거지 당번은 순서대로 착착 돌아갔다. 12인이 모두 앉기에 역부족인 작은 키친에 모여 오손도손 식사를 만들어 가며 매번의 식사 시간을 즐겼다. 하루의 긴장을 풀고 여유를 즐기는 시간이었다.

메인 식사는 주로 파스타였는데, 이 파스타가 매일의 식재료에 따라 변주되곤 했다. 기본 재료인 싱싱한 토마토와 다양한 종류의 치즈, 루꼴라만으로도 단정한 가정식 파스타가 만들어졌고 매일 먹어도 맛있었다. 음악에도, 요리에도 천부적인 감각을 지닌 음악감독님의 요리 축복(?)이 매일 내려졌고, 멤버들은 망극하게도 맛있게 먹는 것으로 화답하는 나날들이었다.

식사 후 어김없이 기나긴 맥주타임으로 이어졌다. 며칠 쟁여두고 마시자는 각오로 맥주를 냉장고에 가득가득 채워두면 어김없이 하룻밤 새에 모두 먹어치우곤 했다. 이 시간 동안 얼마나 많은 맥주를 마셨고 얼마나 많은 이야기가 오갔을까. 이야기들은 기억 속에 모두 휘발되고 말았지만, 해가 유난히 길어 낮인지 밤인지 구별이 되지 않던 유럽의 깊은 밤, 수런대던 분위기만큼은 생생하다.

우리는 표현의 자유를 찾아 살아온 사람들. 남들과는 부디 다르기를 희망하며 살아온 사람들이다. 맥주타임은 멤버들 각자의 목소리와 표정, 몸짓과 주장을 한껏 펼쳐내는 자리였다. 음악에 대한 이야기는 아주 조금. 대신 사랑에 관한, 쇼핑에 관한, 오늘 먹었던 것 중 가장 특별했던 것에 관한, 내일 먹을 것에 관한, 서로의 재미난 점에 대한 이야기가 넘치고 흘렀다. 많이 웃고 떠들었다. 키친은 우리의 진정한 백스테이지. 키친에서의 밤은 특별했다.

고성의 요새에서 공연을 하다

첫 공연이 올려졌다. 해가 길었던 유럽의 여름. 사위가 밝은 가운데 공연이 시작됐다. 이 작품은 <이理와 사事, 불교음악프로젝트>라는 이름을 달고 세상에 나왔다. 세상의 이치와 이론, 이상을 뜻하는 이(理)와 실제적인 삶과 현실세계의 갖가지 일을 뜻하는 사(事)의 개념을 가져와 작품의 제목으로 지은 것이다. 불교음악을 시작점으로 여러 음악적 재료와 춤의 요소, 시각적인 소재를 가져온 만큼 명상적이며 영적인 분위기가 흐르는 작품이다.

바람이 불어 두 예술스님의 회색빛과 붉은 옷자락이 사르라니 휘날린다. 음악 큐에 맞춰 스님들은 커다란 바라를 들고 바라춤을 추기 시작한다. 또 다른 음악이 시작되니 안은미 선생님이 금빛 드레스를 입고 얼굴에 온통 금칠을 한 채 초록 잔디 위에 등장한다. 신적인 존재처럼.

서양 문화가 장구하게 이어진 이 도시의 꼭대기에서 수천 년을 이어 온 불교의 교리가 스민 노래와 춤이 발현된다.

그것을 현대적으로 해석한 비빙의 연주, 서양식의 현대무용과 한국무용이 스민 안은미의 춤까지. 여러 문화가 정연한 질서를 가지고 각자의 아름다움을 드러내고 있다.

장내에 흐르는 엄숙한 긴장이 스님들의 화려한 나비춤에 이르자 한껏 고조되었다. 연주가 마무리되고 낯설디 낯선 이 공연에 대한 뜨거운 박수가 이어졌다.

성의 요새이니만큼 이곳에 모인 모든 이들은 공연을 감상하며 하늘을 바라볼 수 있었을 것이다. 분홍빛에서 금빛으로. 금빛에 오렌지빛이 섞이는 듯 하더니 타는 듯 붉은 일몰까지. 태양빛은 공연하는 동안 하늘에 온갖 채색을 했다. 갖은 빛을 내던 일몰은 사그라들었고, 그 자리엔 달빛이 괴괴했다. 무대 위 인사를 하고 나니 주최 측이 감사 인사와 더불어 장미꽃을 한송이씩 연주자들의 품에 안겨주었다.

낯설고 생경한 이 장면은 내가 꿈꾸던 꿈속의 장면이기도 했다. 이후 달빛이 드리운 요새에서 이어진 애프터 샴페인 파티까지. 완벽한 꿈, 그 이상의 것이었다. 하이델베르크에서 공연을 무사히 마친 후 바람은 포근했다. 요새에서 내려다보이는 하이델베르크의 밤 풍경은 아름답다는 말로는 표현되지 못할 것이었다. 우리는 꽤나 신이 난 채로 하이델베르크 밤거리를 걸어 숙소로 돌아왔다.

안은미

하이델베르크에서 공연을 마치고 우리는 각자 휴식을 했다. 안은미 선생님의 진두지휘에 따라 김치를 담그는 날도 있었다. 한겨울에 김장해서 오래 숙성한 후 꺼내 먹는 김치 맛과는 다르지만 독일 배추와 무, 한국마트에서 공수한 고춧가루 등으로 맛을 낸 김치. 아삭아삭하고 새콤한 것이 김치 샐러드 같기도 하고 어떤 음식에도 잘 어울렸다.

김치는 날개돋힌 듯 인기 있었다. 며칠 만에 사라졌다. 김치 신기루였다. 안은미 선생님은 놀라운 추진력을 가진 분이었다. 김치를 담그는 일에도 공연을 하는 일과 마찬가지로 뜨거운 열정을 보이셨다.

보통 공연 외의 일을 할 때에는 스위치를 끄고 나무늘보처럼 늘어져 온전히 휴식하고 싶을 만도 한데 그녀의 파워는 대단했다. 핫핑크, 네온옐로우같은, 한 눈에 확 튀는 색감의 드레스에 볼드하고 화려한 귀걸이에 민머리를 한 쇼킹한 비쥬얼로 도시를 누비며 파워워킹을 했다.

안은미 선생님은 쇼핑을 하러 가면 독특하게 예쁜 물건을 고르곤 했다. 자기만의 예리한 심미안을 바탕으로 한 것들이었다. 그녀 눈에는 예쁜 것도, 촌스러운 것도 많았다. 무엇이든 섬세하게 골라내고 추려내는 감각이 온몸에 돋힌 듯 했다.

하이델베르크 공연에서도 안은미 선생님은 매번 의상과 메이크업에 변화를 주곤 했다. 공연용 분장은 선생님 스스로 하시곤 했다. 어떤 날은 눈썹을 새하얗게 밀어버리기도 했다. 어떤 날은 금빛 펄을 얼굴 가득 바르기도, 어떤 날은 핑크빛 토끼 얼굴을 연출하기도 했다. 이러한 대담성과 자기 연출 능력은 나에게 많은 영감을 주었고 무언가 하고자 하는 마음을 심어주셨다.

전통음악이라는 장르는 도제식 교육을 한다. 스승의 소리를 존경하는 마음으로 닮고자 하는 것이 연습의 기본 태도다. 스승의 소리를 온전히 흡수한 후에야 다음 단계라는 것이 존재한다. 그런 세계관 안에서 자라온 내게 안은미 선생님과의 만남은 굳어 있던 사고를 도끼처럼 깨는 계기가 되었다. 스승님의 가락과 시김새 하나라도 다르면 커다란 일이 나는 줄 알았던 내 사고에 큰 전환을 주었던 것이다.

하이델베르크에서 조용히 사색하는 시간이면 최대한 엉뚱한 상상력을 발휘해 보곤 했다. 핑크색 단발머리에 하얀 페이던트 소재의 반짝이는 미니스커트를 입고, 무릎 위로 올라오는 싸이하이 부츠를 신고 해금을 하는 내 모습이 떠오르곤 했다. 파격적이고 절대적인 인상을 줄 수 있는 나만의 작품을 만들고 싶다는 결의가 찬 상상력이었다.

안은미의 세계는 그만큼 전복적이고 강렬했다. 안주하지 않고 매번 새로움을 시도하는 용기와 극성, 눈치보지 않고 자신의 세계를 밀고 나가는 힘, 독특한 심미안으로 무장한 자기 자신, 그 자체로 매혹하는 힘. 안은미와 하이델베르크 성에서 리허설과 공연을 거듭하고, 도시의 곳곳을 한가로이 거닐고, 마트에서 장을 보고, 김치를 담그고, 자잘한 것들을 쇼핑하며 그녀의 Power, Energy, Spirit에 전염되는 하루하루였다.

알차이의 동요 연주

하이델베르크 공연 일정을 모두 마쳤다. 공연과 공연 사이 휴식이 주어지는 날에 근처 도시인 뮌헨에 1박2일 기차여행을 다녀오기도 했다. 고성 페스티벌의 다른 공연, <사랑의 묘약>을 현대적으로 재해석한 오페라를 감상하기도 했다. 하이델베르크 강가를 한가롭게 거닐다가 에스프레소 바에 들어가서 커피를 마시거나 하는 여유로운 날도 있었다.

이제 하이델베르크의 일정을 마무리 하고 이름도 생소한 알차이Alzey라는 도시에 공연을 다녀오면 귀국이다. 우리는 자동차 두 대를 렌트해 나눠 타고 악기도 모두 실었다. 아우토반을 2-3시간 질주해 알차이에 도착했다.

알차이는 우리에게 도무지 알려진 바가 없는 도시 아닌가. 도착해 보니 지평선 끝까지 라벤더 밭이 펼쳐져 있는 상상 이상으로 아름다운 곳이었다. 우리가 공연할 곳은 와이너리의 와인창고였다. 와이너리 주인 할아버지의 딸이 연극 연출가로 장영규 감독님과 인연이 있어 이곳까지 초대된 것이었다. 독일은 달콤한 리슬링Riesling 와인으로 유명한데 이곳이 바로 리슬링 와인을 재배하는 와이너리였다.

광활한 포도밭과 라벤더 농장 곁에 아름다운 게스트하우스가 있었다. 리모델링한 지 얼마 되지 않았다고 했다. 우리는 고급 리조트의 독채팬션같은 게스트하우스에 짐을 풀고 와이너리 내부의 와인창고로 악기를 들고 이동했다.

오래된 유럽식 벽돌바닥에 나무로 지어진 와이너리는 여행자를 위한 숙소와 레스토랑도 함께 운영하고 있었다. 오랜 시간의 흐름이 느껴지는 공간들. 우리가 공연할 와인창고는 한때 와인 저장고로 쓰였지만 지금은 연출가 딸을 위해 소규모 공연장으로 개조되었다. 어둑어둑한 공연장의 문을 여니 고요했다. 한켠에는 피아노 상부의 상판을 뜯어 88개의 철현에 망치와 못을 비롯한 섬세한 소품들을 매달아 놓은 설치미술 작품이 전시되어 있었다.

밤이 되어 알차이 동네 주민들이 모여들기 시작했다. 작은 공연장 안에서 비빙의 <이理와 사事, 불교음악프로젝트>가 공연되었다. 지금 생각해 보면 이 시골마을에 한국에서조차 실험적으로 분류되던 작품인 <이와 사>라는 작품이 초청되고, 마을 주민을 위한 향연이 펼쳐진다는 점이 놀랍다. 예산은 어떻게 마련했을까? 지금에 와서 궁금해진다. 와이너리 주인의 딸이라는 연출가의 주선으로 열린 공연이니, 이 지역문화를 일구고자 하는 열정이었을 것이다.

그 다음날 지역 신문에 우리 공연의 사진과 리뷰가 실렸다. 시골 마을이어도 고립되지 않고 다양한 문화가 오가고, 교류하고, 즐기고, 기록되는 문화에 대한 활발성이 부러웠다.

콘서트를 마친 우리는 와이너리 중정에 펼쳐진 또 다른 향연에 초대되었다. 와인파티! 와이너리인만큼 중정을 둘러싸고 대형 와인 오크통이 즐비했다. 공중에 방울방울 매달린 크리스마스 풍의 조명이 은은하게 빛나고 있었다.

와이너리 주인 할아버지의 환대에 밤이 늦도록 리슬링 와인을 종류별로 끝도 없이 마실 수 있었다. 여름밤 바람은 와인을 즐기기에 알맞은 온도였다. 대화를 나눠보니 와이너리 할아버지는 음악을 사랑하는 분이었고 우리의 공연을 좋아하셨다. 그 중 해금이라는 악기에 매료되었는지 나에게 많은 질문을 던지셨다. 할아버지는 2층 레스토랑에 피아노가 있으니 내일 아침 그곳에서 만나자고 하셨다.

다음날 아침 약속대로 악기를 들고 할아버지를 만나러 갔다. 레스토랑 한켠에 오래된 피아노가 있었다. 할아버지는 피아노 의자에 앉더니 귀여운 동요 악보를 내게 주시며 함께 연주하자고 제안하셨다.

할아버지는 더듬더듬 피아노를 치고 나는 초견으로 악보를 읽어 내려갔다. 왈츠풍의 순수한 동요였다. 할아버지는 이 곡 외에도 다른 몇 곡을 함께 연주하고 싶어 하셨다.

하지만 우리 동료들이 모두 짐을 꾸려 떠날 준비에 분주했으므로 그들을 오래 기다리게 할 수는 없었다. 아쉬운 마음으로 할아버지와의 짧은 음악회를 마무리했다. 아이들이 볼법한 귀여운 동요 악보는 어디로 사라졌을까? 오늘 꼭 찾아내리라!

덴마크 코펜하겐, WOMEX

WOMEX는 World Music Expo의 약자이다. 전 세계의 월드뮤직이 모이는 박람회라고 할 수 있다. 월드뮤직은 서구 음악을 중심으로 하는 클래식, 재즈, 팝 등의 음악과 각 나라의 민족음악이 결합된 형태의 음악을 뜻한다.

2010년, WOMEX는 덴마크 코펜하겐에서 열릴 예정으로 한국의 월드뮤직을 본격적으로 소개하고 싶어했다. 오프닝 무대에 한국의 음악그룹들을 선별하여 내세웠다.

비빙의 음악은 한국 전통음악을 기반으로 현대적인 해석이 가미된 형태이니 그에 적합했다. 전통음악의 정체성과 고유성을 지니고 있으면서도 영상작업과의 콜라보레이션, 새로운 사운드와의 결합 등 현대적인 터치로 인해 세계적인 보편성을 갖췄다.

비빙을 비롯해서 당시 활약하던 토리앙상블, 바람곶까지 총 3팀이 이 무대에 서게 되었다. 세계적인 음악가들과 음악 비즈니스맨들이 모이는 월드뮤직 박람회의 대표격인 이 무대에 대한민국 최초로 오프닝 무대에 서게 된 것!

덴마크 코펜하겐에서 열리는 WOMEX의 오프닝 무대와 연계하여 독일 베를린과 스웨덴 웁살라에서의 공연이 예정되어 있었다. 이 공연 투어를 위해 박차를 가하기 시작했다. 빅 이벤트는 무엇보다 WOMEX 오프닝 무대였다. 비빙의 단독공연은 20분 내외였고, 피날레는 비빙, 토리, 바람곶의 합동무대였다. 세 팀의 개성과 각 연주자의 개인기가 드러날 수 있는 피날레 무대를 위해 고양시 아람누리 극장에서 사전 리허설을 진행했다.

서울문화재단 산하기관인 예술경영지원센터에서 공연을 위한 모든 진행과 더불어 참여 예술가들을 위해 부단히 애써주었다. 비빙은 오프닝 무대 이후 박람회에서의 홍보를 위한 음반과 책자, 굿즈를 만들었다. 수 차례의 회의와 리허설을 거쳐 드디어 예술가와 평론가, 스텝 등으로 구성된 40여명의 한국공연단이 코펜하겐을 향해 날아갔다.

우리가 공연할 DR Koncerthuset이라는 공연장은 세계적인 건축가 장 누벨Jean Nouvel이 설계한 덴마크의 랜드마크였다. 현대적인 위용과 그 규모가 압도적이었다.

호텔에 짐을 풀고 극장을 오가며 리허설을 시작했다. 호텔과 극장은 트램을 타고 이동할 수 있는 거리였다. 시월의 코펜하겐은 추웠다. 북유럽의 새하얗게 차가운 공기를 가르며 거대한 자전거 바퀴를 저어가는 덴마크 사람들. 잠시 걸음을 멈추고 푸드트럭에서 먹었던 샌드위치와 콜라 덕에 깜짝 놀랄 정도의 높은 물가를 실감하기도 했다.

덴마크에 왔으니 꼭 봐야 한다고 성화를 해서 안데르센의 인어공주 동상도 봤고, 강가를 따라 지어진 연핑크와 브라운, 파스텔그린과 코발트블루 등의 동화적인 색깔만을 모아 칠해놓은 집이 차곡차곡 들어선 거리를 걷기도 했다. 예쁜 초콜릿상자 사이를 걷는 느낌에 마음이 한결 부드러워졌다.

공연날이 다가왔다. 리허설 준비와 현지 적응을 위한 기간이 넉넉했지만 여전히 시차적응이 되지 않은 상태였다. 공연날 무려 세 팀이 한 무대에 서야 하는 큰 규모의 공연이니 백스테이지는 분주했다. 리허설과 공연 사이, 대기실에서 혼곤히 잠이 들고 말았다. 이때 몸이 너무 풀려버렸던 탓인지 무대에 오르기 전 몽롱한 상태였다. 무대 위에서 제 컨디션을 발휘하지 못했단 생각이 들기는 했으나 준비한 무대는 재빠르게 지나갔다.

비빙의 <이理와 사事>는 영산재(靈山齋)라는 대규모 불교의식에 수반되는 음악과 춤, 시각미를 재해석한 작품이다. 불가(佛家)의 노래 <범패>와 더불어 스님들의 나비춤과 바라춤으로 영적이며 장엄한 한국의 예술미를 표현했다.

바람곶은 멀티 플레이어이자 팀의 리더인 원일선생님, 대금 이아람, 거문고 박우재, 가야금 박순아, 인도악기 시타르를 다루는 박재록으로 팀웍을 이루고 이에 더해 동해안 별신굿의 명인들을 모셨다. 전통무가와 춤을 선보이며 한국 무속음악의 원형의 일부를 차용해 그 개성을 드러냈다. 토리앙상블은 거문고 연주가인 허윤정선생님과 가객 강권순 선생님이 활약했다.

마지막 피날레의 합주 무대에서 한국전통음악의 여러 요소들 즉, 불교음악, 무속음악, 풍류음악, 현대음악 등이 혼재하는 카오스 가운데 앙상블을 이루었다. 클라이막스에서 가객 강권순 선생님의 노래가 독보적으로 뻗어 나왔고 관객들은 기립하여 박수를 보냈다.

세계인이 모인 이 거대한 음악박람회의 한가운데. 성대하게 차려진 음악축제의 오프닝이라는 중요한 무대에 설 수 있어 감격스러운 날이었다. 한껏 달아오른 밤. 이 무대에 참여한 예술가들은 다 감격스러웠으리라. 호텔에서 이어진 뒷풀이에서 우리는 많은 술을 마셨고 많은 해프닝이 벌어졌다. 역시나 예술가들은 무대 위보다 무대 아래, 백스테이지에서 훨씬 뜨겁다!

크리스티아나, 황홀경

코펜하겐에서 가까운 곳에 크리스티아나Fristaden Christiania라는 작은 나라가 있다. EU에 가입되지 않은 매우 작은 자치구역이다. 코펜하겐 무대에 함께 섰던 다른 팀의 한 친구가 이곳에 가보자고 제안했다.

친구는 이곳에 독립 예술가들과 히피들이 어울려 살고 있다고 했다. 크리스티아나는 그들이 점거한 도시로 대마초가 합법화되어 있는 무법천지의 도시라고. 호기심을 자극했다. 공연 이후 짧게나마 휴식의 날들이 주어졌으니 이런 비행과 일탈을 마다할 리 없다.

우리는 트램과 지하철을 갈아타고 그리 멀지 않은 국경지대로 향했다. 국경은 협소했다. 나라의 시작이라고 하기에는 더더욱 믿기지 않았다. 쇠락한 놀이동산의 입구 같기도, 자그마한 지하철역 입구같기도 한 느낌이었다. 온 벽이 그래피티 천지인 이곳을 한 바퀴 휘둘러 보았다.

'국가'라는 말이 무색한 극소의 마을로 서울에 있는 경리단길, 해방촌 정도의 규모로 이해하면 되겠다. 예술작품임이 틀림없는 페인팅과 조형작품이 거리 곳곳에 자유분방하게 자리잡고 있고, 걸인인지 예술가인지 모를 남루한 행색의 사람들도 종종 보였다. 무법천지라고 한 이 작은 마을은 생각보다 평화롭고 조용했다. 아이를 안고 나온 아이 엄마도 보였다.

마을 곳곳에 작은 Bar들이 있었다. 우리는 사람들이 꽤 들어찬 Bar에 들어갔다. 지금은 네덜란드를 비롯한 몇몇 유럽 국가들과 미국의 여러 주에서 대마초를 합법화한지 오래지만 그때만 해도 유럽 어느 도시에 가면 까페에 대마초 메뉴판이 있더라는 소문만 들었을 뿐. 대마초는 먼 나라의 이야기일 뿐이었다.

당시 유행했던 미국드라마 <섹스 앤 더 시티>에서는 뉴욕에서 지내는 네 명의 싱글 커리어우먼의 이야기를 다룬다. 한 에피소드에서 대마초가 살짝 등장한다. 클럽에서 밤늦게까지 흥겨운 시간을 보내던 여성들이 클럽 뒷골목에서 대마초를 몰래 피우다 단속의 대상이 되었지만 경찰이 슬쩍 눈감아주는 재미난 장면으로 그려진다. 경범죄에 가까운 유흥의 한 종류로 비춰지기도 한다.

우리나라에서는 예전에 예술가들을 대마초 사범으로 잡아들이며 보란 듯이 기강(?!)을 세우곤 했었다. 대마초는 미국에서 1960년대 히피들의 상징이다. 재니스 조플린과 같은 뮤지션들이 애연했을 거라 짐작케 하는 자유와 일탈의 상징이기도 하다.

대마초 하면 이렇게 여러 단상들이 떠오른다. 그런 대마초가 내 눈앞에 떡하니 나타난 것이다. 그것도 이렇게나 낯선 도시에서. 용기내어 이곳까지 오기는 했으나 담배를 한 번도 피워본 적 없는 내가 이 모험을 어떻게 소화해야 할지 막막한 순간이었다.

Bar 안은 연기로 자욱했고 시끄러운 켈틱 음악 같은 것이 흘러나왔다. 맥주를 마시며 대마초 혹은 담배를 피우는 사람들이 요란하게 떠들고 있었다.

이 Bar의 중심에는 영화 <나홀로 집에>에 비둘기 아줌마로 등장하는 여성과 비슷한 복장을 한 여인이 빙글빙글 돌며 춤을 추고 있다. 가끔 괴성도 지르고 술도 한 모금 마셔가며. 이것은 중세 이슬람의 신비주의를 추구하던 수피들이 추던 수피 춤 같기도 하다. 끝없이 빙글빙글 돌며 황홀경을 맞이하는.

황홀함이란 무얼까. 황홀함으로 가는 다리가 대마초이든, 눈 먼 사랑이든, 음악이든, 수피들이 추는 춤이든, 황홀함이 주는 찰나의 희열을 잘 낚고 싶다. 때로는 이성의 눈을 질끈 감고, 오렌지향이 가득한 황홀의 숲으로 가고 싶다.

대마초가 꼭 필요할까, 나는 담배도 못 피우는데. 대신 악기 한 대만 있으면 될 것 같다. 그리고 마음이 꼭 맞는 음악친구 한명이면 된다. 나이를 먹을수록 음악을 생업 삼아 살아가는 삶이 녹록치 않다고 생각한다. 하지만 음악을 하며 온 몸과 마음이 합일되어 자유로워지는 순간도 느낀다.

'내가 이 경지를 위해 살아왔지'

음악을 통한 자유함, 황홀함의 경지를 맛보기 위해서 말이다. 그런 초월의 순간은 돈 주고도 도저히 살 수 없는 것이란 것을 아는 나이가 되었다. 남들이 중요하다 손꼽는 것들을 포기하며 음악에 헌신한 댓가가 바로 이 자유와 황홀이란 것을.

스웨덴 웁살라, 조르디 사발과의 조우

코펜하겐을 떠나 스웨덴의 웁살라Uppsala로 이동했다. 웁살라 대학이 있는 이 도시는 기품있고 온화했다. 도시에는 빨간 벽돌집들과 벽을 따라 무성하게 진을 친 담쟁이넝쿨과 하늘을 향해 높이 손을 뻗은 떡갈나무가 많았다. 햇살 반, 구름 반의 하늘은 채도를 낮추는 필터를 끼운 것처럼 모든 사물의 빛을 차분하게 만들었다.

어린 시절 『메르헨 동화전집』을 곁에 두고 읽었다. 세계 각국의 좋은 동화들이 선별되어 있었다. 우리에게 영화로 친숙한 로알드 달의 『초콜릿 공장의 비밀』이라던가 마이켈 볼드의 『아기곰 패딩튼』을 나는 이 전집을 통해 읽었다. 우리에게 낯선 북유럽의 동화들까지 포함되어 있을 정도로 이 전집 안에는 다양한 나라의 수작들을 선별했기에 도시의 배경과 등장인물의 이름, 이야기까지 생경하고 다양했다. 동화책을 읽으며 이름 모를 사물들을 상상하고 그 세계에 매료되곤 했다.

깊숙이 저장되어 있던 상상 속의 사물들이 웁살라 도시 곳곳에서 빛을 내기 시작했다. 작가가 살아온 도시의 색채와 공기의 온도가 글에 스미는 것인지, 웁살라를 산책하며 아! 바로 이거구나! 동화집의 어느 풍경! 하며 탄성을 질러댔다. 꿈속에서 선연히 본 것 같은 풍경들. 어린 시절 책 속에서 길어올린 단어와 문장 사이, 내가 그려낸 상상의 조각들이었다.

웁살라 산책을 하며 현지인들을 바라본다. 스카이블루의 눈동자, 백발에 가까운 금발에 거인족에 가깝다 느낄 정도로 키가 큰 사람들. 차분하게 톤다운된 니트 셔츠에 면바지, 로퍼까지 단정한 차림을 한 사람들이 대부분으로 지적인 인상을 준다. 열심히 자전거 바퀴를 굴리는 초저녁 퇴근길이 여유로워 보인다.

긴 산책을 마쳤다. 극장으로 돌아가 도시락을 먹은 후 공연 준비를 시작했다. 이번 공연은 <웁살라 종교음악 페스티벌>로 세계의 다양한 음악들이 초청된 모양이다. 우리는 중극장 정도 되는 규모의 공연장에서 <이理와 사事, 불교음악프로젝트>를 공연했다. 공연이 올려진 극장 내 분위기는 엄숙하기도 했고 긴장감이 흘렀다. 차분한 스웨덴사람들의 정서만큼이나 조용한 박수가 이어졌다.

공연 후 극장 루프탑 층에서 리셉션이 열렸다. 사방이 탁 트인 통유리로 되어있는 아름다운 공간이다. 이 곳 어디에 서든 사방으로 웁살라 도시의 전경이 보인다. 붉은 노을이 짙게 깔려 장관을 이루었다.

이 페스티벌 기간에 조르디 사발의 공연을 볼 수 있었던 것도 큰 수확이다. 조르디 사발은 영화 <세상의 모든 아침> OST로 많은 이에게 각인되었을 것이다. 그는 고악기인 비올라 다 감바를 연주하는 음악가로 서양의 고악기를 기반으로 바로크 음악을 자신만의 스타일로 새롭게 연주하기도 한다.

이번 공연은 이슬람교의 음악적 정체성을 담아낸 특별한 프로젝트였다. 스무 명 가량의 악단으로 구성된 공연단이 무대에 올랐다. 조르디 사발이 지휘자 겸 연주자 역할을 했고 서양 클래식 악기들과 함께 중동, 이슬람 지역에서 볼 수 있는 전통악기의 연주자들도 무대에 섰다.

이것 역시 다양한 문화적 배경과 음악적 요소가 믹스된 월드뮤직의 한 종류로 보면 되겠다. 이슬람의 이국적인 색채가 스며있고 영적인 기운으로 가득한 음악회의 현장이었다. 가수는 음악에 맞춰 노래하기도 하고 때로 코란 경전을 암송하기도 했다.

해가 작열하는 태양과 뜨거운 사막 아래, 이슬람 교도들이 알라신을 향해 절을 올리며 읊조리던 기도문, 그것은 신을 향한 노래가 되어 이곳 스웨덴까지 왔다.

내가 공연한 불교음악 역시 인류의 문명 어딘가에서 태어나 동양과 서방세계를 두루 여행하다 시대별로 새로운 옷을 입었을 것이다. 나는 그 불교음악을 가지고 이곳 웁살라의 한 극장에서 노래하고 해금을 연주한다. 멀고 먼, 대가 연주자라고 여겼던 조르디 사발의 음악과 이 세계 어느 지점에서 만났다는 것만으로도 신비로운 일이다.

호주 다윈, 밀림에서 수영하기

다윈 페스티벌에 초청받았다. 다윈Darwin은 호주 북부에 있는 도시로 시드니와는 정반대에 위치한다. 호주하면 휴양지가 떠오르는 바람에 <이理와 사事, 불교음악프로젝트>가 갖는 종교적 분위기라든가, 명상적인 분위기와는 왠지 어울릴 것 같지 않았다.

어쨌든 우리는 떠났다. 다윈이라니 어쩐지 가벼운 마음이 들었다. 공연에 대한 비장한 마음보다는 다윈에서 무얼 먹고, 무엇을 하며 놀 것인가를 두고 열심히 알아보고 의견을 나눴다.

다윈은 생각보다 훨씬 느리고 여유로운 도시였다. 우리의 숙소는 콘도미니엄 같은 곳으로 숙소 내부에 거실과 방, 키친이 널찍하게 있고 수영장과 바비큐장까지 갖춘 곳이었다. 숙소에서 나와 도시 산책을 하고 쇼핑 타운도 방문했다.

호주에서 유명하다는 치약이라든가, 꿀, 영양제를 사는 것에 열을 올리며 10명의 멤버가 우르르 몰려다녔다. 어느 도시에서나 그 지역 특산품을 사느라 열심히 몰려다니는 편인데, 이곳에서는 이렇게 열정적으로 돌아다니는 우리가 도시의 구경거리였다.

둘러본 결과 무언가를 사겠다는 열정 자체가 무색할 정도로, 이런 도시에서 음악 페스티벌이 열린다는 것이 의아할 정도로, 현지인들의 격한 이완과 게으름이 느껴졌다.

공연 날. 콘서트장에는 트로피컬한 셔츠에 반바지, 샌들 차림의 가벼운 복장으로 오는 관객들이 많았다. 관객들은 역시나 가벼운 마음으로 공연을 보고 홀연히 떠났다. 공연 후 다윈에서 며칠 지내며 휴식을 했다.

호주는 소고기가 저렴하다. 호주 청정우의 나라 아닌가? 우리는 매일 밤 소고기 파티를 했다. 어느 도시를 가든 그 도시의 분위기에 젖어들게 마련이다. 이곳에선 매일 밤 바비

큐 파티를 하고, 밀림에서 수영을 하고, 흥겨운 음악을 들으며 그야말로 '칠 아웃 chill out' 하는 것이 어울린다.

그렇다. 밀림에서 수영도 했다.

숙소 근처 숲을 향해, 그 곳에 무엇이 있을 것이라고 상상하지 못한 채 슬렁슬렁 걸어 들어갔다. 숲길을 따라 낮은 강이 반짝이며 흐르고 있었다. 무성히 우거진 열대 우림과 깨끗한 강물이 어우러져 있는 꿈결 같은 밀림. 이런 자연경관은 처음이다!

10명의 멤버가 한 명씩 서로를 물에 빠뜨리며 놀이를 시작했다. 슬리퍼에 반바지 티셔츠 차림의 옷은 이미 다 젖어버렸고 순식간에 자유의 몸이 되어버렸다. 아무 준비없이 왔지만 너나 할 것 없이 수영을 시작했다. 개헤엄부터 개구리헤엄까지 영법들이 다양했다. 따사로운 햇빛 아래에 널찍한 잎사귀들을 헤치며 밀림의 긴 강줄기에 몸을 맡겼다.

사색적인 도시에 가면 사색을 하고, 이완의 도시에 가면 이완을 한다. 도시의 분위기에 젖어 들게 마련이다. 우리의 불교음악이 그들에게 어떤 자극을 주었을지 모르겠다. 좀 이상했을 수 있을 것이다. 불교음악과 밀림에서의 수영이 어울리지 않듯이.

그럼에도 그들은 왜 우리 음악을 초청했을까? 정신적으로나 육체적으로 느슨하게 살아가더라도 가끔은 어떤 종류의 자극이나 충돌은 필요할 것 같기도 하다. 그것을 진지하게 받아들이든, 가벼운 마음으로 받아들이든, 관객 중 적어도 한 명은 자신의 마음을 돌아보고 어떻게 살아야 할 것인가에 대한 사색을 시작했을지도 모르겠다.

내가 갔던 어느 도시와도 달랐던 다윈. 나도 오랜만에 생각을 비우고 밀림이라는 대자연에서 수영을 하며 햇볕 아래 많이 웃을 수 있었다.

덴마크 로스킬데Roskilde, 락 페스티벌

이듬해 2011년. 비빙은 새로운 프로젝트인 <가면극 프로젝트 이면공작裏面工作>으로 투어를 시작했다.

우리는 유럽으로 다시 날아가게 되었다. 투어 스케쥴이 잡히면 어느 나라, 어느 도시를 가는지 정도의 정보만 체크를 한다. 페스티벌의 성격이나 전통같은 것을 체크해 볼만도 한데 팀의 매니저와 음악감독님을 믿고 속편히 다니던 시절이다. 보통은 도시를 대표하는 잘 세워진 극장이거나, 작게는 대학교 내 극장 정도의 규모였다.

이번 덴마크 코펜하겐 공연장은 어떤 극장이라는 이름이 없고 '페스티벌 베이 에어리어 Festival Bay Area'란다. 뭐지? 내가 상상하던 극장의 모습을 벗어난 것인데. 비가 부슬부슬 내릴 것처럼 흐린 날씨에 Festival Bay란 곳에 도착하니 온통 천막으로 이루어진 끝없이 넓은 운동장이다. 대기실도 천막 같은 곳이어서 어리둥절했다.

페스티벌 스케쥴표를 보니 시간별로 빽빽하게 A1, B3, D4와 같은 방식으로 구획되어 장소와 낯익은 아티스트 이름들이 보인다.

이제야 이해가 간다. 여기는 락 페스티벌인 것이다. 천막 여기저기는 쓰임이 다 달랐다. 우리는 천막 식당으로 안내되었다. 아티스트 레스토랑으로 쓰이는 곳으로 유럽식으로 배식을 하고 있다. 중요한 것은 아무리 캐주얼한 공간이어도 반드시 순서대로 먹어야 한다는 것. 스프와 빵, 소세지, 가벼운 파스타 같은 것들을 먹으며 분위기 파악을 했다.

아, 여긴 정말이지 우리가 상상도 하지 못했던 락 페스티벌인 것! 락이라는 음악에 무지한 나도 알 법한 세계 최정상의 락 밴드인 뮤즈, 레드 핫 칠리페퍼스와 같은 초대형 밴드가 참가하는 페스티벌. 세계에서 가장 큰 락 페스티벌인 글라스톤베리 페스티벌에 필적할만한 유럽을 대표하는 락 페스티벌인 것이다.

이 어리둥절함도 잠시, 리허설을 하며 감을 잡게 되었다. 가설무대처럼 세워진 우리 극장은 소극장 규모의 실내 공간이었다. 우리 공연에서 잘 쓰이지 않는 화려한 오색빛깔의 조명이 360도로 회전하며 움직인다.

<가면극 프로젝트 이면공작裏面工作>은 한국의 전통 가면극인 봉산탈춤, 고성 오광대놀이, 북청사자놀이, 남사당놀이와 같은 연희에서 음악과 춤의 요소를 가져와 현대적으로 재해석한 작품이다. 그렇기에 <불교음악프로젝트, 이理와 사事>에 비해서는 역동적이고 힘차다. 그러고 보면 우리의 가면극도 전통적으로 지배층의 권위와 위선에 도전하는 해학과 재기가 그 근본이다. '락'이라는 장르의 체제 전복적인 특성과 맥이 닿는 부분이 있다.

첫 곡부터 북과 각종 타악기의 빠른 리듬으로 긴장감을 조성하고 해금과 피리가 짧은 패시지의 리듬을 반복적으로 쌓아 올려간다. 커다랗게 찢어진 눈에 볼빨간 가면을 쓴 2인조 광대가 스테이지에 사선으로 땅줄을 간다. 이어 땅줄에서 떨어질까 두려워하며 아슬아슬하게 줄을 타는 모습을 연출해 낸다.

다음 곡으로 넘어간다. 북이 신명나는 장단을 치면 북청사자놀이에 등장하는 사자가 덩실덩실 춤을 추며 무대를 장악한다. 클라이막스 부분에 2인조 광대 중 한 사람이 다른 사람의 어깨에 무등을 타며 사자탈이 번쩍 서는 장면을 연출한다. 사자의 기백과 힘을 나타내는 것이다. 이것은 양반과 탐관오리를 벌하고자 하는 민초들의 힘을 상징하는 것인지도 모르겠다.

마지막 곡은 고성오광대놀이의 한 장면 중에서, 한 소절의 노래를 모티브로 하여 창작된 것이다. 눈 먼 무당이 아이를 낳는 산모 옆에서 '수리수리마하수리' 라는 만트라와 함께 재담을 하는 우스꽝스러운 장면! 이 음악은 강렬한 타악 비트와 함께 '수리수리마하수리' 를 끝없이 반복하며 절정으로 향한다. 음악으로 인한 환각상태로 향하게 하는 힘이 있는 곡. 전자음향을 사용하는 '트랜스' 라는 장르와도 비슷한 면이 있다.

우리 공연이 시작하자 관객이 우르르 몰려 들어오기 시작한다. 이미 락음악에 잔뜩 취해있는 젊은이들은 찢어진 청바지에 컨버스, 티셔츠 차림이다. 머리는 젖어 있고 흥에 겨웠는지 무엇에 취했는지 모른 채다. 첫 곡을 마칠 때쯤 극장은 관객으로 꽉 차고 넘칠 지경이다.

우리가 내는 비트를 타며 꾸역꾸역 사람들이 더 밀고 들어온다. 서로의 몸을 밀치고 때로는 그 인간 물결의 흐름에 몸을 맡기며 모두가 헤드뱅잉을 하고 있다. 나도 미친 듯이 헤드뱅잉을 하며 해금을 했다. 해금을 하며 이런 광경 속에 있으리라고 상상해 본 적이 있었던가. 인생은, 해금은 참 신비로운 곳으로 나를 끌고 다니는구나!

한강에서

'대한민국을 대표하는 세계적인 영화감독' 하면 누가 떠오르는가? 박찬욱! 믿을진 모르겠지만 바로 그 박찬욱 감독 영화에 출연하게 되었다. 형제인 박찬욱과 박찬경은 <PARKing CHANce>라는 팀을 만들고 '서울이 주제인 필름은 무엇이든' 이라는 조건으로 세계 각국에 모집공고를 낸다. 이렇게 모여든 필름을 꼴라쥬 형식으로 연결해 새로운 형식의 영화를 만들었다.

제목은 <고진감래Bitter, Sweet, Seoul>. 서울을 상징하는 '한강' 이 영화의 주요 메타포로 인트로와 아웃트로에 등장한다. 한강이 제 모습을 갖추기 전부터, 천변만화하여 개발되고 화려해진 후의 한강의 모습까지 한강을 중심으로 서울의 현재를 비추는 것.

바로 이 장면에 한강에서 유람선을 타고 바람을 가르며 음악그룹 비빙이 연주하는 장면이 삽입되었다. 소리하는 내 친구 승희는 '버들은 실이 되고 꾀꼬리는 북이 되어 구십 삼춘에 짜내느니 나의 시름 누구서 녹음방초를 승화시라 하든고' 라는 가사의 전통가곡 이수대엽의 한 대목을 멋들어지게 불렀고, 나는 해금을 연주했다.

영화에서 격한 바람을 가르고 넘실대며 흐르는 한강. 그 위에서 검은 두루마기를 입은 5인의 연주자가 이 세상 사람이 아닌 듯 연주하고 있다. 세찬 바람에 넘실대는 강물은 모두 아무 것도 아니라는 듯 세파에 무심해 보인다.

때는 여전히 겨울이었다. 봄이 오기 전, 겨울보다 매서운 바람이 불어 닥친 날이었다. 아이를 출산하고 몸의 붓기가 채 가시기 전이다. 무슨 열정이었을까. 아마도 박찬욱 감독의 영화라니, 게다가 이토록 재미난 프로젝트라니! 임신과 출산을 이유로 놓치고 싶지 않았을 것이다. 도무지 산후조리를 하며 마음 편히 누워 있을 수만은 없었다. 해금을 들고 검은 두루마기를 챙겨 촬영 현장으로 나갔다.

현장에 나온 스텝들이 온 몸에 핫팩을 붙여주었다. 빈 공간이 없을 정도로 붙이고 또 붙였다. 유람선 선두 부분에 자리를 펴고 앉았다. 돗자리인지 카페트인지 여러 장의 매트를 깔았지만 바람은 모든 걸 날려버릴 기세로 불어댔다.

손은 이미 꽁꽁 얼었다. 산모 몸에 찬 기운이 들면 절대 안 된다는데. 그래서 몸을 아끼고 아껴가며 산후조리를 했건만. 그러나 현장에서는 산모이기 전에 예술가다. 몸을 사리지 않고 해내고 싶은 열정으로 마음만은 뜨거웠고, 현장의 열기에 신이 났었던 기억이다. 바람이 매섭게 불던 한강.

폴란드 바르샤바, 호러블한 호텔

박찬욱, 박찬경 감독의 영화 <고진감래Bitter, Sweet, Seoul>에 참여한 후 폴란드 바르샤바에서 열리는 영화제에 초대받게 되었다. 영화제에 연계하여 비빙의 단독 콘서트도 열리는 일정이었다.

폴란드는 몇 해 전 브로츠와프에서 열린 <브레이브 페스티 Brave Festival>에 초대받은 바 있기에 친숙한 나라이기도 했다. 브로츠와프는 폴란드의 제2, 3도시에 해당한다고 한다. 그래서인지 방문했을 당시 여전히 공산 국가의 잔향이 남아 있었다. 우리가 공연한 곳은 쇼팽 피아노 협주곡이 어울릴 것 같은 대형극장으로 곳곳이 붉은빛으로 채색되어 있었다. 붉은 커튼에 붉은 발코니까지. 행정직원부터 극장을 지키는 젊은 경비원까지 딱딱하고 절도 있는 태도로 임무를 수행하던 기억이 난다.

바르샤바에 도착하니 활기차고 화려했다. 자본주의의 물결에 젖은지 오래인 것으로 보였다. 밤의 펍과 바의 자유분방하고 세련된 분위기가 묘하게 매력적이었다. 우리가 묵게 된 호텔은 비즈니스 호텔도, 별 몇 개짜리 근사한 호텔도 아니었다.

당시 유행하기 시작했던 부띠끄호텔에 해당된다고 해야 할까. 호텔의 컨셉과 개성이 분명한 것이 부띠끄호텔의 정의라면 맞을지도 모르겠다. 컨셉과 개성이 심각하게 난무하는 호텔에 들어서자 우리는 어리둥절하다가 박장대소하기 시작했다.

보통 2인 1실로 방 배정을 하니 '설마, 우리 방만 이런 걸까?' 하며 서로의 방을 구경다니기 시작했다. 방은 이랬다. 수술실을 모티브로 한 방- 그것도 변태 의사나 <지킬 앤 하이드>의 미친 의사 컨셉이다 - 으로 침대는 수술대 같고, 벽에는 수술용 메스같은 도구들이 오브제로 달려있다. 다른 방은 각종 동물 박제품과 같은 것들이 즐비한 사냥꾼의 방. 또 다른 방은 사랑을 모티브로 의자와 테이블은 하트가 아니면 입술 모양으로 도발적이고 야한 19금의 방이었다.

프론트에 위치한 호텔리어들은 모두 멋쟁이 젊은이들로 핏이 좋은 청바지에 티셔츠 차림으로 몸 여기저기 근사한 문신을 새기고 있어 그들의 분위기도 '한 아트' 한다. 다행인 건 이 제각각의 상상력 넘치는 컨셉이 아티스틱한 미감으로 마감되어 있었다는 것이다. 방 투어를 마치고 호텔의 조용한 키친에 모였다. 우리는 이곳에 앉아 다같이 한숨을 내쉰 후 호러블한 방에 관한 이야기로 화기애애해졌다.

영화제가 열린 영화관은 우리나라로 치자면 예술영화를 주로 다루는 광화문 '씨네큐브' 같은 곳이다. 이곳에 모인 사람들은 영화관계자이거나 영화애호가들일 것이다. 젊고 시크한 사람들, 지적으로 보이는 바르샤바 사람들이 자리를 메웠다. 영화 상영 후 음악에 초점을 맞춘 아티스트 토크가 이어졌다. 다음날은 비빙의 <이理와 사事, 불교음악프로젝트>, <가면극 프로젝트 이면공작裏面工作>, <궁중음악 프로젝트>의 음악을 엮은 콘서트를 했다.

공연의 기억은 홀연히 사라졌고 기상천외한 호텔의 기억만이 남았다. 이 호텔을 예약해 준 건 영화제 관계자의 아이디어 넘치는 선물일지도 모르겠다. 자고로 선물은 기억에 오래 남아야 제 값을 하는 게 아닐까? 이 호텔에서의 추억은 바르샤바와 이 영화제를 영원히 기억할 수 있는 최고의 선물로 남아 있다.

영국 에딘버러, 프린세스 바리와 안은미

비빙과 현대무용가 안은미 선생님은 지속적으로 콜라보레이션을 했다. <Princess Bari>라는 작품으로 국내에서 뿐 아니라 벨기에 브뤼셀, 독일 뒤셀도르프, 프랑스 파리, 중동의 바레인이라는 조그만 나라에 이르기까지 다양한 도시를 다녔다. 이 공연으로 말로만 듣던 에딘버러 페스티벌 Edinburgh Festival에도 가게 되었다.

에딘버러 페스티벌은 세계적인 공연예술제이자 축제로 음악, 오페라, 무용, 연극 등의 장르를 아우른다. 이 페스티벌은 영국 스코틀랜드의 에딘버러 지방에서 매년 여름 개최된다. 안은미 컴퍼니 <Princess Bari>는 이 페스티벌의 공식 선정작으로 초대받으며 영예를 안았다.

<Princess Bari>는 한국전통설화인 <바리데기>를 근간으로 한다. 병든 부모님의 병환을 고치기 위해 이승과 저승에서의 고생을 마다하지 않고 용감한 여행을 떠나는 여주인공 바리의 일대기를 무용극으로 만든 것이다. 나는 비빙에 입단하며 이 작품에도 바로 합류하게 되었다.

연주자 좌석은 댄서들이 춤추는 공간 뒷편, 댄서 스테이지보다 한 단 높은 무대로 댄서와 뮤지션은 신비로운 샤막으로 경계를 둔다. 이 공연에는 안은미를 중심으로 십여 명의 무용수와 4인의 소리꾼, 5인의 연주자가 출연한다.

나는 해금과 운라(雲鑼)라는 악기를 담당한다. 운라는 실로폰과 비슷한 한국의 전통 유율 타악기이다. 놋쇠로 된 작은 밥공기 뚜껑처럼 소박하게 생겼다. 음정이 살짝 빗나간 듯 묘한 울림을 주는 악기로 이것을 실로폰채로 두드리면 먼 과거의 소리가 난다. 오래된 다락방에서 발견한 먼지 묻은 앤틱 거울을 어루만지는 느낌이랄까.

12현 가야금과 양금, 단소와 피리, 장구와 각종 쇠악기들, 드럼. 여기에 전통 판소리와 경기민요, 정가까지 더해져 이 무용극 안에 오색찬란한 소리의 향연이 펼쳐진다. 무대 위에 오른 무용수 안에는 비빙의 소리꾼인 승희도 합류하여 그 존재감을 드러낸다.

뿐만 아니라 바리 역할을 맡은 소리꾼 이희문 역시 춤추고 노래하고 다양한 연기와 움직임을 통해 캐릭터에 독특한 생명력을 부여했다. '무용극'이라는 이름 아래 춤, 노래, 음악이 총체적으로 빛나는데, 여기에 시각미가 화룡점정을 이룬다.

안은미는 특히 색(色)을 고르는 감각이 타의 추종을 불허한다. 현대무용이라는 장르가 관념적인 형태를 띄는 경우가 많기에 현대무용의 색을 떠올린다면 무채색의 화이트, 블랙, 그레이의 모던함이다.

안은미는 기존의 관습이나 관념을 거침없이 깨부수며 늘 이와는 정반대편에 깔깔깔 웃으며 서 있는 느낌이다. 네온 핑크, 옐로, 그린과 같은 색에 블랙 혹은 화이트 땡땡이 무늬 의상과 무대 장치에 안은미가 즐겨 쓰는 색깔이다.

전통의상에서 사용되는, 짙은 붉은색 빛깔을 띤, 화려함의 극치인 한복과 커다란 가채가 더해진다. 전통과 안은미 스타일이 믹스매치되어 어디를 가나 음악과 더불어 의상의 아름다움이 찬사를 받는다.

극의 클라이막스로 가기 전 단계, 안은미가 신적인 존재로 등장한다. 나는 이 대목을 이승과 저승의 연옥 쯤으로 해석한다. 안은미는 흰 소복을 입고 지극히 고요한 독무를 춘다. 전통춤의 살풀이를 안은미 식으로 재해석한 것일까. 정중동, 움직이는 가운데 멈추어 있고, 멈춘 가운데 움직이는 한국 춤 철학으로 서두를 낸다. 흐르는 선이 느리게 확장되며 점차 안은미의 춤으로 승화된다.

여기부터는 한국의 춤도 서양의 춤도 아닌 안은미 스타일이다. 가파른 호흡과 빠른 템포의 움직임으로 가열차게 상승하는데, 여기서 피를 터뜨리며 흰 소복에 붉은 핏물이 든다. 그로테스크한 아름다움으로 마무리되는 장면이 독무 스테이지의 클라이맥스다.

나는 안은미의 몸짓을 따라가며 해금으로 갖은 소리를 내어본다. 긴장과 이완, 쌓음과 무너뜨림, 고요함과 치열함의 배치에 대해 배우게 되었다. 안은미의 몸짓과 몸짓은 호흡으로 연결된다.

음악에서도 '프레이징' 이라는 호흡의 단위가 있는데 무용도 마찬가지임을 배웠다. 이 호흡감을 해금으로 따라가며 나의 어딘가에 그녀의 호흡이 각인되었다는 생각이 든다. 춤의 리듬은 나의 리듬이 되어 주거니 받거니 그녀의 춤에 추임새를 넣어주며 북돋거나 진정시킨다. 언젠가 안은미 선생님은 자신의 몸이 소리를 흡수해 커다란 스피커가 된 듯, 춤으로 소리의 울림을 확성시키는 것이라 했다. 결국, 소리는 춤이, 춤은 소리가 된다는.

느리게 이완하여 움직이는 춤의 표정이 마치 무의식 깊은 곳, 정신의 한 조각을 길어 올려 늘어놓은 것 같다거나, 급작스레 뜨거운 철판 위를 뛰듯, 파닥거리고 도망 다니는 광기 어린 모습은 어쩐지 무섭기까지 하다.

인생을 살며 맞닥트리게 되는 알 수 없는 감정들을 안은미다운 솔직한 춤으로 엮어낸다. 나는 무대 위에서 그녀의 춤을 보면 없던 가락이 샘솟고 때로는 광기 어린 연주적인 실험을 펼치기도 했다. 나의 즉흥 연주에 기묘한 바이브가 있다면 안은미로부터 유전된 것들이다.

영국 런던, 올림픽과 임신부

에딘버러 공연 이후 다시 영국에 가게 되었다. 2012년 런던 올림픽이 개최되어 런던한국문화원에서 개최하는 K-music 페스티벌에 참여하게 된 것이다. 런던 올림픽을 기념하여 한국 영화와 문학, 음악과 미술이 대대적으로 소개되는 페스티벌이다.

비빙은 <이면공작裏面工作>이라는 작품으로 초대되어 템즈강과 런던 브리지, 회전전망차 등 런던의 명소가 한눈에 보이는 사우스 뱅크센터 퀸엘리자베스 홀에서 공연하게 되었다. 미술작가인 최정화와 이불의 설치작품이 극장 곳곳에 전시되어 있었고, 비빙 뿐 아니라 바이올리니스트 장영주, 소프라노 조수미와 같은 클래식 음악가들도 초대되었다.

나라의 큰 행사이니만큼 임신한 몸을 이끌고라도 런던에 가고 싶었다. 비빙에 입단한 것이 이십대 후반 즈음인데 이제는 삼십대에 진입했고 결혼과 임신, 박사과정이라는 삼관왕의 무게를 짊어지는 신분으로 변화했다.

투어 일정이 잡히면 어디든 자유로운 마음으로 훌쩍 떠나고, 밤새도록 뒤풀이를 해도 누가 뭐랄 것 없던 싱글 시절을 졸업한 것이다. 다행이 페스티벌이 열리는 기간은 임신 초반을 넘어서 5개월 가량 된 시점이었다.

산부인과 주치의 선생님께서는 임신 초반을 지나 안정기에 들어섰으니 잘 다녀오라며 "분홍색 아가 옷을 사오면 되겠네요." 라고 넌지시 말씀해주셨다.

런던에 도착해 극장 근처의 호텔에 짐을 풀었다. 아름다운 런던의 거리 곳곳을 거닐 생각을 하며 마음이 두둥실 부풀었다. 보통 호텔 체크인 후 극장 답사를 하고 하루를 마무리하는 것이 투어 스케쥴 첫날의 할 일이다.

둘째 날부터는 리허설에 돌입한다. 아침식사 후 극장에 들어가서 극장 직원들이 퇴근해야 하는 저녁 시간까지 음향, 조명 등의 테크 리허설과 음악 리허설을 하게 된다. 그것이 해외 공연을 갔을 경우 보통의 스케쥴이다. 여태껏 이런 일정을 한 번도 고되다 느껴본 적이 없었다. 이번에는 달랐다. 뱃속의 아기로 인해 극장에서의 리허설 일정을 소화하는 일이 몹시 버겁게 느껴졌다.

테크 리허설은 기다림의 연속이다. 사운드 체크를 하며 소리를 내고 다른 연주자의 소리를 체크하는 동안 기다린다. 비빙의 경우 5인의 연주자가 여러 악기를 다루는 만큼 이 시간이 꽤나 길다.

내 머리 위로 떨어지는 조명의 위치를 맞추고, 다른 연주자들의 조명을 체크한다. 음향 감독과 조명감독, 무대감독을 비롯한 여러 스텝, 연주자들이 호흡을 맞춰 나가야 하는 시간이다. 극장의 시설 상황과 기술 감독의 숙련도와 무대 감독, 스텝의 배치가 중요하겠다. 무대 위 아티스트의 사운드 모니터링 상황과 하우스라 불리는 객석의 모니터링 상황 즉, 무대와 객석 간 커뮤니케이션 속도에 따라 이 시간은 길어지기도, 짧아지기도 한다.

전반부의 테크 리허설에 앉아 있는 동안 이미 피로감이 몰려오고 있었다. 손과 발이 퉁퉁 붓는 것은 물론 무조건 누워 쉬고 싶은 생각으로 가득했다.

후반부 리허설은 음악 리허설로 실제 공연처럼 음향, 조명 시스템을 가동시킨다. 때로는 포토 세션과 조명과의 색을 맞추기 위해 의상을 입고 리허설에 임하기도 한다. 우리 의상이야 셔츠에 바지로 심플했기에 부담 없지만 이마저도 큰일처럼 느껴졌다.

몸이 천근만근. 조금만 틈이 생기면 의자 앞 각종 악기와 악보를 놓기 위한 테이블에 피로에 절은 고3 수험생 마냥 엎드려 있었다.

리허설은 해가 저물어서야 끝이 났다. 일을 거뜬히 마치고 런던의 밤거리를 거닐다 근사한 펍에 들어가서 식사와 맥주 정도는 먹고도 남았으련만. 요원한 일이 되어버린 채 우리 팀의 멤버인 가야금연주가 박순아 선생님의 보호 아래 숙소로 돌아가야 했다.

임신으로 인한 몸의 변화는 생각보다 큰 것이었다. 뱃속의 아기는 '엄마 제발 누워 있을래? 나도 좀 쉬자!' 라며 아우성을 치고 있었나 보다. 1+1이 된 낯선 몸에 적응이 되기도 전에 비행기를 타고 이곳까지 날아왔다. 열정과 의욕은 가득한데, 철 없고 가혹한 엄마였을까? 아무리 그래도 다시 그 시간이 된다면 런던행을 택했을 것이 분명하다.

런던의 거리

공연은 잘 마쳤고, 이후 출국까지 며칠의 시간이 더 남았다. 역시 박순아 선생님의 따스한 배려와 보호 아래 테이트 모던 미술관에 전시를 보러가기도 했다. 아기를 위한 것이라며 입장권을 사주셨던 고마운 기억이 난다.

다음 날은 아기를 위한 옷을 고르러 다녔다. 현지 적응이 좀 된 걸까? 무대 위에서가 아닌 쇼핑타임에는 왜 힘이 나는 걸까? 신명나게 쇼핑을 했다. 아기를 위한 분홍색 옷을 찾으러 다녔다. 산부인과 주치의 선생님의 말씀에 따르면 뱃속의 아기는 딸. 몇 벌의 핑크색 옷들을 사서 한국으로 돌아왔다.

다음 달 진료일에 다시 뱃속 초음파를 보는 날 이 핑크색 옷들이 쓸모없어졌다는 것을 알게 되었다. 아기가 몸을 살짝 가리고 있었던 탓에 의사선생님께서 착각을 한 것이었다. 이것도 기념이고 역사이리라 싶었다.

핑크색 옷들은 모두 아들에게 입혀졌다.

한국 서울, 만삭의 몸에 치른 박사연주회

박사과정은 5학기로 이루어지고 학기마다 독주회를 해야 수료가 된다. 수료 이후 논문학기로 넘어가고 논문을 쓰고 나면 최종적으로 박사학위를 받게 된다.

한 학기 동안 배우고 연습한 바를 전곡 암기하여 독주회로 마무리 짓는 것은 매번 어려운 일이기도 했지만 그만큼의 성장을 느낄 수 있었다. 등록금이 비쌌던 만큼 허투루 하고 싶은 마음은 없었다.

임신한 해 6월에 3학기 박사독주회를 했고, 11월 만삭에 가까웠을 때 4학기 박사독주회를 했다. 임신 막달에 이르러 1시간 동안 꼬박 가부좌를 틀고 앉아 전통음악을 연주한 것에 비한다면 런던에서의 몸은 가뿐한 것이었다.

박사독주회는 전통음악적 내공을 닦는 것이 주요 목표다. 때문에 오리지널 전통음악을 반주자가 최소한으로 개입하는 형태로 날것의 해금 소리를 연마하는 것이 중요한 바다. 전통음악의 긴 호흡을 몸에 새기는 것 또한 다른 과정에서는 채우기 어려운, 귀한 지점이기도 하다. 60분 공연이라면 20분짜리 곡을 세 곡 연주한다거나, 각 30분씩 두 곡을 연주하는 식이다.

그러니 몸이 정상화되었을 때도 30분짜리 곡을 연주하고 일어서면 다리가 저려 일어서 무대 인사를 하는 순간 휘청이기 쉽다. 무대 위에서는 정신적 긴장도가 더 높아지기 때문에 몸도 이에 반응할 수밖에 없다. 연습 때 수도 없이 부분 연습과 전체 연습을 병행하여 무대 위에서 연주 시간의 몇 배로 하루하루 단련을 하지만 막상 무대 위에서는 연습 시간에 경험하지 못할 만한 어려움이 닥치고 이에 순간적으로 대응하는 수밖에 없다. 만삭에 이르니 혈액순환이 잘 안되는데 가부좌를 틀고 쉬지 않고 솔로로 60분을 연주해야 하는 상황이었으니 오죽했을까. 어려움이 있을 것이라는 각오를 하고 무대에 오르는 수밖에.

발이 저리리라는 예상은 했다. 처음에 발이 좀 저리기에 그러려니 했다. 연주가 진행되기 때문에 견디는 수밖에 없다. 발에서 종아리로 쥐가 전이되고 곡의 중반쯤 되니 온 다리에 감각이 없다. 쥐가 온 다리에 퍼져 내 다리가 아닌 듯 악기를 발 위에 얹어 놓고 곡이 끝날 때까지 연주에 임해야 하는 것이다. 발과 다리가 아무런 감각 없이 차디차게 식었다. 나와는 관계 없는 물체가 내 몸의 일부가 된 것 같다. 마치 나무의 뿌리가 흙에 깊이 묻혀 있어 옴짝달싹 못하는 상황이랄까.

하체는 나무 뿌리, 상체는 사람인 반인반목(半人半木)이 된 듯했다. 보통 가부좌 상태에서 오른쪽 다리가 왼쪽 다리 위로 올라간다. 오른발의 감각으로 해금을 지탱하는데, 하체에 아무런 감각이 없으니 발 역시 아무런 힘이 없다. 해금이 이대로 미끄러져 바닥으로 내동댕이쳐지지 않을까 조마조마하는 심정으로 마지막까지 연주를 마쳤다.

이렇게까지 어려우리라 상상하지 못했다. 대응이라고는 그저 아무 일 없다는 듯 견디는 것. 연주를 마치고 학위연주회다운 조용한 박수가 나왔고, 조명이 다시 어두워질 때까지 자리에서 일어나지 못했다. 나무 뿌리가 일어서서 걷는 기적이 있을 리가. 무대 밖으로 반주자 선생님의 부축을 받고 업혀 나가다시피 했다.

질질 끌려나오며 그래도 행복했다. 연주회를 이만하면 무사히 마친 것이니. 작은 산을 하나 넘었다.

예술과 현실

고된 경험이었다. 박사과정의 여러 순간, 인내가 필요했다. 머리를 써야한다거나, 혁신적인 아이디어가 필요한 것이 아니라 묵묵히 순간을 견뎌내는 힘이 가장 중요했다. 공부 외에 여러 어려움이 있는 것은 당연했다.

한국예술종합학교와 이화여자대학교는 학교의 규모도 달랐고, 교육철학과 목표에도 큰 차이가 있었다. 한국예술종합학교는 예술학교로 예술가들을 길러내는 학교이고, 이화여자대학교는 여성교육기관이자 종합대학으로 여성인재를 길러내는 것이 목표다.

'예술이 최고의 가치' 이것에 대한 한치의 의심없이 예술에 전념할 수 있는 분위기이며, 자유분방한 학풍의 한국예술종합학교의 분위기에 6년 이상 젖어 있었다. 이화여자대학교로 공부의 터전을 이동하며 내면에 많은 갈등과 반항이 있었던 것도 사실이다.

하지만 이렇게 다른 시스템을 경험하는 것은 나에게 고마운 자극이 되었다. 이 세상의 중심은 정치와 경제임을 인정하게 된다. 이 세상 대부분의 보통 사람들에게는 먹고 사는 문제가 생의 최전방의 고민거리이자 생존이 걸린 절실한 문제임을 알게 되었다. 문화와 예술은 그 다음 순위일 것이다. 당연한 진실을 이해하게 된 시간이다.

한국예술종합학교는 예술가를 지망하는 학생들에게 천국과도 같은 곳이다. 이화여자대학교는 종합대학으로서 보다 큰 차원의 우리 사회를 보여주었다. 예술가도 현실에 두 발 딛고 살아가야 한다. 이화여대에서의 박사과정은 그러한 현실 세계를 조금이나마 체감할 수 있었고, 현실에 대한 감각과 실력을 키워나갈 수 있는 토대를 마련할 수 있는 시간이었다.

박사과정의 여러 순간 고되어 눈물바람을 한 적도 있었다. 한예종은 국립대학인데다 여러 예산이 국가지원으로 넉넉하게 제공되는 편이었다. 조금만 애를 쓰면 장학금이 지급되어 한번도 등록금 걱정을 해본 적이 없었다. 반면 이화여대는 사립대학인 만큼 등록금이 엄청났다. 박사과정은 학부에 비해 더 높은 편이고, 매학기 박사독주회에 드는 비용까지 합하면 허리가 휘청거릴 정도였다.

이화여자대학교의 캠퍼스는 아름답기로 유명하다. 그런데 그것을 고운 시선으로 바라보지 못할 정도로 마음이 힘든 날도 있었다. 하지만 묵묵하게 견뎌나가고 어떠한 시스템이든 그에 순응하여 잘 적응하고 그것의 장점을 바라볼 줄 안다면 그만큼 무언가 쌓이고 성숙한다는 것도 배웠다.

2010년에 입학하며 2015년에 박사학위를 받기까지 나는 조금씩 다른 사람이 되어갔을 것이다. 나를 이룬 곳, 내게 익숙한 곳과는 지극히 다른 곳들을 경험해야 하는 이유가 그것일 것이다.

변화는 존재의 기본 옵션이다. 변화하지 않은 인간은 지루하고 뻔하다. 나를 예술가적 외골수에서 조금이나마 끌어내 주고 현실과 절충할 수 있는 감각을 준 것이 바로 박사과정의 시간들이다.

프랑스 파리, 여름 축제

아이를 낳았다. 아마 짧은 내 인생을 통틀어 가장 커다란 변화 아닐까. 부모님으로부터 늘 보호받는 입장이었다면, 이제는 내 힘으로 24시간 돌봐야 할 핏덩이가 눈앞에 있다. 내가 평생 지켜내야 할 아이라는 존재가 생기며 모든 관점이 뒤집히는 내면의 혁명이 일어나기 시작했다. 결혼하고 허니문 베이비로 아기가 생기니 생의 템포가 급격하게 빨라진 것이기도 하다.

출산 후 6개월쯤 되었을까. 프랑스 파리로 공연을 가게 되었다. 아가와 떨어지는 마음이 안타깝기는 했으나 한편으로는 신이 나기도 했다. 근근이 먹이던 모유를 끊었고, 친정 식구들이 아기를 열심히 봐주겠노라 약속도 했으니 떠나기 위한 준비는 대략 된 것 같았다.

프랑스로 떠나는 비행기를 탔다. 이륙 전 비행기 문은 닫혔고 승무원들이 여러 차례 기내를 분주히 오가며 이륙 준비를 한다. 드디어 이륙. 나는 어느새 까무룩 잠이 들었다. 꿈인가 생시인가, 저 멀리서 아기 우는 소리가 들린다.

"응애, 응애, 응애" 여긴 어디? 난 누구? 아가가 쉬지 않고 우는 내 집으로 강제소환된 것인가? 공연이 꿈이었던가? 화들짝 놀라 깨어 둘러보니 기내 저편에 탑승한 아기가 우는 소리다. 아기 우는 소리만 들려도 나의 현실인 집구석으로 영혼이 이동해 버리는 기적이 일어난다. 그만큼 나의 마음은 아기 옆에 붙어 있었고, 이렇게 해외로 공연을 간다는 것이 비현실의 일로 느껴졌다.

파리에 도착했다. 얼마 만에 와보는 파리인지! 안은미컴퍼니와 비빙이 합동 공연을 하는 만큼, 공연단과 함께 북적북적 다니는 재미도 있었다. 아기가 빽빽 울어대는 현실을 떠나 전혀 다른 시공간으로, 전혀 다른 존재가 되어 이곳에 온 것이다. 함께 간 동료들과 재미난 시간을 보냈다. 선물 같은 시간이었다.

게다가 공연장은 파리 시내 팔레 로얄Palais-Royal이라는 아름다운 로케이션이었다. 지금은 문화부가 들어가 있는 17세기 지어진 궁전이다. 이곳을 비롯해 파리 시내 여러 명소에서 <파리 여름 축제>가 열리는 것이다. 우리는 이곳 팔레 로얄에 지어진 무대에서 며칠간 안은미컴퍼니의 <Princess Bari>를 공연했다.

리허설을 하며 나는 다시 한 번 출산으로 인한 고난을 겪게 된다. 출산 전 런던에서 겪었던 번아웃과 같은 증상과는 달랐다. 무용음악은 음악콘서트에 비해 수월한 점이 있다. 그럼에도 나는 리허설 동안 너무 아파서 무대 위에 누워있어야 할 정도였다. 한 번도 겪어보지 못한 아픔이었다. 아랫배가 너무 아프고 앉아 있는 것 자체가 찌르는 듯한 고통이었으니. 알고 보니 출산 후 앞으로 나에게 만성이 될 방광염 증상이었던 것이다.

리허설부터 공연까지의 과정은 모두 신나고 재미있다. 여러 번 재공연하는 것이어도 무대 위에서 움직이는 무용수를 보는 것도 재미있고, 소리꾼들의 노래도 늘 새롭게 들린다. 늘 보는 것이지만 조명에 화려하게 빛나는 의상과 여러 겹의 아름다운 무대 커튼막을 보는 것도 황홀하고 좋다. 같은 음악이라도 수십번 연주해도 매번 재미있고 또 재미있는 것이 내가 참여하는 작업들이란 말이다.

그런데 출산 후 몸이 많이 축나기는 했나 보다. 몸 여기저기 염증이 돌아다니며 찌르고 깨물리는 듯한 아픔이 오니 그저 힘들기만 했다. 리허설 후 약국에 가서 여러 단어를 찾아 보여주며 나의 증상에 대해 전달했다. 유럽은 항생제 처방을 여간해서는 하지 않는다. 생약 성분의 약들을 주었다. 물을 많이 마시라고 했다.

출산 후 방광염을 10년째 만성으로 달고 사는 중이다. 그때는 방광염의 시작점이었기에 항생제 없이 생약 성분만으로도 다행히 증상이 가라앉았다. 뭐니뭐니해도 마음이 신나고 재미나면 병은 사라지게 되어있다. 그렇게 방광염은 소멸되었다.

<Princess Bari> 공연을 무사히 마쳤다. 팔레 로얄 중정에서 꿈처럼 아름다운 파티가 열렸다. 파리문화부 직원들과 우리 공연단이 서로 인사를 나누며 샴페인을 마시며 성황리에 마친 공연을 축하했다.

좋은 밤이었다. 팔레 로얄로 출근하는 며칠 동안 리허설과 공연의 비는 시간에는 궁전 여기저기를 산책하기도 하고, 사진을 찍기도 했다. 샴페인은 향긋했고, 사방을 비추는 은은한 불빛들은 두 눈에 아롱아롱 새겨졌다.

여름밤 파리의 공기는 기분 좋게 온몸을 감싸 안았다. 팔레 로얄에서의 시간은 파티를 마지막으로 마무리되었다.

케브랑리 박물관, 음악의 힘을 다시 한 번

우리 비빙은 다음 공연 준비에 들어갔다. '케브랑리 뮤지엄 MUSEE DU QUAI BRANLY'이라는 세계민속박물관이다. 우리가 공연할 공간은 박물관의 야외마당과 같은 공간이었다. <불교음악프로젝트, 이理와 사事>를 공연했다.

리허설을 마치고 본 공연에 들어간 시간은 환한 낮이었다. 장내를 메운 관객들이 엄숙하고 진지하게 공연에 집중했다. 야외 마당에는 여러 식물과 나무가 어우러져 있었다. 그 사이사이 관객이 앉아 있었으니 무대에서 관객석을 바라보기에도 눈이 시원했다. 나는 해금을 연주하기도 하고, 불교의 교리가 담긴 산스크리트어로 된 범패를 부르기도 했다. 우리의 음악이 공간 구석구석 전달되었다. 관객들은 신비로운 듯 새로운 세계를 영접한 듯 이 작품에 깊이 빠져드는 모습이었다.

불교는 수천 년의 인류 역사를 관통해왔다. 이 음악과 노래, 춤은 자신이 거하는 물리적인 공간 뿐 아니라 마음과 정신도 청정하게 정화하라 한다. <복청게>, <쇄향수>, <천수바라>, <사방요신>, <축원화청>, <가지게>, <간다르바>와 같은 음악들이 이어졌다.

종교적인 색채가 짙은 음악이지만 현대적으로 재해석되었기에 이곳에 모인 파리 시민들도 거부감 없이 음악에 흡수됐다. 이들은 이 작품 안에서 명상하고 영혼을 정화하는 의식을 각자 거행하는 듯 했다. 무대와 객석 곳곳에 장엄하게 흐르던 영적인 분위기. 음악에 깊이 빠져들고 새로운 영혼을 길어 올리는 상호작용을 느낄 수 있었다.

야외마당에 조성된 아름다운 정원수들이 바람에 흔들렸다. 관객과 나무 사이를 스치는 바람은 나에게도 부드럽게 와 닿았다. 음악의 진동과 바람은 하나가 되어 관객과 나의 영혼을 연결하며 공간 여기저기 흘러다녔다. 음악은 가치로운 것이구나. 인간의 영혼을 관장하는 일이구나. 이건 정말 기적처럼 놀라운 일이구나! 눈물이 날 것만 같았다.

출산 후, 방광염 증세처럼 찾아오는 마음의 증상이 있었다. 내면에 해일처럼 일어나는 예술에 대한 냉소였다. 이런 온도의 마음은 해금을 하며 한번도 가져본 적이 없던 것이다.

나는 결혼하며 새로운 가족을 맞아들이고 새로운 가치관과 만나게 된다. 시댁의 가치관은 **자본**과 매우 가깝고 친했다. 나에게 어떠한 압박도 주지 않았지만 그들이 자연스레 나누는 대화에 나는 위축되곤 했다.

박사과정까지 긴 공부와 음악활동에 집중해왔기에 레슨과 공연으로 돈 버는 일을 해왔을 뿐. 나의 활동에 자연스럽게 돈이 따라온 것이지 돈에 목숨 걸고 살아본 적은 없었다. 돈에 대한 나의 가치관은 없는 것이나 다름없는 실정이었다. 돈을 둘러싼 치열한 삶을 살아가는 시댁식구들은 대한민국의 보통 사람들이었다. 내가 살아온 환경이 특별(?)했을 뿐.

그것을 인정하기 시작하자 와르르 무너져 내리는 것 같았다. 그것은 나의 돈에 대한 무능을 인정하는 것과 같았다. 해금을 하며 나름대로 치열하게 살아온 것 같은데 무능하다니 억울하기도 했고 내가 무엇을 향해 달려왔는지 알 수 없었다. 이 무형의 재능이 다 무슨 소용일까? 라는 생각이 들자, 존재 자체가 흔들렸다. 음악이나 예술에 대한 현실적인 회의감은 처음이라 당혹스러웠다.

내가 여태껏 사랑한 해금도, 나의 예술 영웅인 안은미나 장영규도, 신나게 구르고 놀던 연극판에서의 추억들도 한낱 철없고 무의미한 일들로 여겨지기 시작했다.

음악은 세상에서 무슨 일을 하고 있는 걸까? 예술은 아무런 힘이 없는 것 같다는 생각이 스멀스멀 올라와 마음을 갑갑하게 채워갔다. 내가 하는 일은 특별하고 세상 어떤 것보다 멋진 일이라 믿어왔던 자부심이 돈이라는 가치 앞에 산산이 흩어지는 기분도 들었다. 음악은 무력하다, 음악가인 나는 무능하다, 라는 생각이 나의 한 편을 잠식해 가고 있었다.

이곳에 오기 전, 스승님께 속내를 털어 놓았었다. "선생님, 저 이제껏 뭐했는지 모르겠어요. 음악하는 일이 참 무력하게 느껴져요." 라고 말씀드렸다. 스승님께서는 이렇게 말씀해주셨다. "지윤아, 돈 버는 일은 누구나 할 수 있어. 하지만 종교, 철학, 예술은 아무나 못하는 일이야." 라고. 그 말씀을 이곳 파리 케브랑리 박물관 공연을 통해 깨닫게 되었다. 음악의 유능함을! 음악의 힘을! 음악의 가치로움을! 흔들리던 내 존재는 다시, 바로 서기 시작했다.

케브랑리 공연의 추억은 현실에 두 발 딛고 살아가며 음악에 대한 회의가 종종 찾아 올 때면 다시 찾아 볼 수 있는 인생의 한 페이지가 되었다. 중요한 진실을 몸으로 알게 되는 때가 있다. 케브랑리 박물관에서 불어왔던 바람과 관객과 나 사이의 진동과 연결. 그것은 눈에 보이지 않는 음악이란 세계의 본질을 느끼게 해주었다.

프랑크푸르트 공항, Vitra 의자에서의 하룻밤

이탈리아 포르데노네Pordenone로 떠난다. 나와 가야금 박순아 선생님은 다른 일정이 있어 후발대로 출발하는 일정이 되었다. 선발대로 떠난 비빙 단원들은 이미 이탈리아에 도착해서 우리를 기다리며 휴식하고 있다.

포르데노네는 이탈리아 북동부에 위치한 도시로 조금은 생소한 도시다. 인천공항에서 독일 프랑크푸르트로 가서 이탈리아행 비행기로 갈아타야 한다. 어려운 경로는 아니다. 유럽의 여러 도시를 갈 때 프랑크푸르트 공항을 경유해 본 적이 있었기에 익숙하고 알 만한 코스라고 생각했다.

후발대로 동행한 박순아 선생님은 내게 음악 멘토와 같은 분이시다. 음악을 위해 일본-북한-남한을 용감하게 넘나드는 분이라 설명하면 될까? 일본 조총련 계열로 태어나서 북한 평양 음악대학에서 10년간 유학하고 남한 한국예술종합학교로 다시 유학을 오셨다. 이후 남한에서 음악활동을 해오고 계신 분이시다. 인천에서 독일 프랑크푸르트로 날아가는 비행기 안에서 음악에 대한 이야기부터 일상의 이야기까지 시간을 아껴가며 많은 대화를 나눴다.

드디어 프랑크푸르트 공항에 도착했다. 시차가 뒤바뀌었기에 몽롱한 상태가 되었다. 프랑크푸르트에서 포르데노네로 떠나는 루프트한자 비행기를 타야한다. 비행일정이 여유로웠기에 느긋한 마음으로 경유할 비행기의 게이트를 찾았다. 탑승객이 많지 않은지 게이트 앞 대기공간은 한산했다.

게이트 바로 앞에 앉아서도 우리는 대화를 나눴다. 살짝 몽롱한 상태지만 할 이야기만큼은 끊임없이 생성됐다. 마르지 않는 샘처럼. 그러던 중 시계를 바라봤다. 아직 탑승까지 시간이 남아있을 거라는 심정으로. 이상하다. 우리 주변에 대기 인원이 아무도 없다.

아뿔싸!(라는 말이 어울린다). 갑자기 초조해진 마음으로 게이트 앞 승무원에게 가서 탑승이 언제 시작되는지를 물어봤다. 방금 모든 탑승이 끝났고 비행기 문을 닫았다는 것이다. 우리는 탑승을 위한 방송이 흘러나오는지 모른 채 계속 수다를 떨고 있었던 것이다.

프랑크푸르트 공항의 직원들은 칼같이 원칙주의를 고수한다. 이 루프트한자의 직원 역시 그랬다. 우리가 이 비행기를 타야할 것은 알지만 방송을 못 듣고 계속 떠들고 있는 우리에게 따로 와서 알리지는 않았다. 출발 전이기는 하지만 비행기 문을 닫았으니 절대로 다시 열어줄 수 없다는 것이다. 다음 비행기를 타라는 말 뿐이었다. 좋게 말해 독일식의 원칙주의, 나쁘게 말해 싸가지가 없다. 코 앞에서 비행기를 놓치다니. 게다가 아직 떠나지도 않은 비행기를!

다음 비행기는 다음 날 이른 아침이었다. 눈물이 날 것 같았다. 공항을 나가 호텔에 투숙하기에는 시간이 부족했다. 프랑크푸르트 공항을 나가서 다시 들어올 때 여러 심사와 짐 검사 등을 받기 귀찮기도 했다.

공항에서 시간을 때우기로 결정했다. 항공사 라운지에서 식사도 하고 와인도 마시며 시간을 보내면 충분하리라 생각했다. 프랑크푸르트 공항 내에 수면을 위한 캡슐 호텔을 본 것 같기도 하고 말이다. 그런 두루뭉술한 계획으로 공항에서 시간을 보내기 시작했다.

밤이 늦어지자 항공사 라운지를 비롯해서 공항 내 여러 시설들이 문을 닫기 시작했다. 우리는 어디에서 밤을 지새워야 할지, 장소를 물색하기 시작했다. 프랑크푸르트 공항은 생각보다 광활했고 어렴풋이 본 듯 했던 캡슐 호텔은 아무리 찾아봐도 보이지 않았다. 캡슐 호텔은 포기했다. 그리고 본격적인 공항 노숙에 돌입했다. Vitra 라는 가구와 조명 회사에서 근사하게 차려 놓은 공항용 쇼룸에 세련된 가구들이 놓여있다.

이왕이면 아름다운 의자에 앉기로 마음먹었다. 세련되고 아름답지만 앉아보니 매우 차갑다. 밤이 이슥할수록 공항은 너무 추웠다. 우린 이곳저곳에 놓여있는 신문을 모았다. 신문을 여러겹 몸에 두르니 추위는 조금 가신다. 그렇게 아무도 없는 공항에서 신문지를 덮고 차디찬 Vitra 의자 위에 비스듬히 누워 뜬 눈으로 밤을 지새웠다.

새벽이 되자 공항은 다시 활기를 띠고 여러 시설이 오픈하기 시작했다. 공항 노숙을 마친 우리는 다시 공항 라운지에 가서 커피를 마시고, 없는 정신을 차려보았다.

드디어 포르데노네행 비행기에 몸을 실었다. 몇 시간 가볍게 날아 이탈리아에 도착. 그곳 공항에 도착하자마자 까페에 들어갔다. 우린 다시 느긋한 마음으로 수다를 떨며 이탈리아 카푸치노와 이탈리아 파니니를 주문했다.

신선한 바질과 토마토가 듬뿍 들어있던 파니니, 분주한 까페의 아침 분위기, 부르르르 요란하게 울리던 에스프레소 머신의 소리, 포르데노네에 무사히(?) 도착했다는 안도감! 공항 노숙의 악몽은 사라졌고, 여전히 느긋한 두 사람은 이탈리아의 신선하고 행복한 아침을 맞이했다.

이탈리아 포르데노네, 올리브오일

포르데노네Pordenone는 조용한 도시였다. 공연장을 찾은 관객층은 대부분 중·노년층으로 내가 가봤던 어느 도시보다도 느리고 한적했다. 오전 리허설을 마치고 점심을 먹으러 나오면 브레이크 타임이란다.

점심시간에 이 식당 운영자들은 자신들을 위한 점심식사를 하는 듯하다. 레스토랑거리 근처의 샵을 둘러보아도 오래된 물건들뿐이다. 오래도록 팔리지 않아 유행이 지난 지 몇 년은 되어 보이는 올드패션으로 가득한 도시. 레스토랑이든 부띠크숍이든 장사에는 관심없는 무심한 태도로 일관한다.

우리가 머문 숙소는 호텔이 아닌 작은 단독주택이었다. 고맙게도 이 공간에는 요리가 가능한 키친이 있다. 장을 보러 갔다. 대형마트가 아니라 진짜 시장을 찾아갔다. 시장은 다른 숍과는 다르게 활기가 넘쳤다. 신선한 과일과 꽃이 가득했고 각종 채소, 생선과 육류, 소시지 등을 판다.

우리는 이 시장에 반하고 말았다. 시장을 몇 바퀴 돌고 돌아 '이건 사야해!' 필이 팍 꽂힌 것은 올리브 오일이었다. 올리브가 자라기에 천혜의 환경인 곳이 이탈리아다.

아테나 여신은 불쌍한 인간에게 올리브나무를 선물하며 인류 구원에 이바지한다. 그리스로마 신화에 등장할 정도로 오랜 역사를 지닌 올리브오일 근원지에 온 것이다.

아무리 이탈리아라지만 하이패션과 관계없이 올드패션으로 가득한 도시. 다만 시골마을답게 시장만큼은 호화롭다. 도시의 분위기를 알 것 같다. 우린 올리브오일을 사야 한다는 사명감에 올리브오일 쇼핑을 시작했다.

올리브오일 파는 곳들을 돌아보며 맛을 보았다. 저마다 조금씩 달랐다. 우리는 푸근해 보이는 할아버지가 파는 오일 집에서 발길을 멈췄다. 극성맞아 보이는 통통한 아주머니가 이탈리아말로 열심히 오일에 대해 설명하셨다. 알아들을 길은 없지만 커다란 알루미늄캔에 담긴 올리브오일을 샀다.

숙소로 돌아와 우리는 이 오일로 매일 파스타와 샐러드를 만들어 먹었다. 매콤하고 알싸한 맛을 내는 올리브오일, 첫 경험. 올리브오일에 대한 새로운 지평이 열렸다.

올리브오일은 우리나라의 고추장이나 된장처럼 집집마다 다른 맛을 낸다. 집안마다 내려오는 비밀의 레시피 혹은 그 집 엄마의 손맛이 있는 것이다. 다양한 맛의 변주가 가능한 홈메이드 올리브오일에 반했다.

커다란 들통에 담겨있는 올리브오일을 어렵게 구한 코르크 마개가 달린 도자기 공병이며 푸른 유리공병에 담아 공평하게 소분한 채로 한국까지 고이 모셔왔다. 이탈리아 명품 중의 명품, 매콤한 맛이 나는 올리브오일. 언제 다시 그 맛을 볼 수 있을지!

밤의 레스토랑

우리의 황당한 비행기 사건이 마무리 되어 포르데노네에 무사히 모든 단원이 결집하게 되었다. 처음으로 방문한 레스토랑은 공연 주최 측에서 예약해둔 곳이었다. 작지 않은 규모의 레스토랑이었다. 애매한 오후 시간이었음에도 와인과 함께 식사를 즐기는 사람들로 화기애애한 분위기였다.

각종 파스타와 샐러드의 맛은 좋았다. 시큼한 효모향이 올라오는 식전 빵도 훌륭했다. 리허설을 앞둔 시간이기에 와인은 삼갔지만 소박하게 맛을 낸 포르데노네의 맛이 마음에 들었다.

이 공연은 우여곡절 끝에 오게 된 것이기도 하다. 보통 투어스케쥴이 일 년 전 혹은 몇 달 전 일찌감치 확정된다. 이 공연은 희한하게 확정과 비확정 사이를 오갔다. 연락두절 상태를 여러차례 반복하는 해프닝이 있었던 것이다.

이 공연이 성사될 것인가에 대한 의문과 불신이 있었던 중 결국은 실행하게 된 것도 신기한 일이었다. 막상 포르데노네에 도착하니 그럴 만도 하다는 생각이 들었다. 문화적인 수혜가 넘치는 곳은 아니었다. 조용하고 소박한 도시였다.

그럼에도 누군가는 어떤 열정을 가지고 한국의 비빙이라는 음악그룹의 <이理와 사事, 불교음악프로젝트>를 초청하고 싶었던 것일 것이다. 도시의 열정치로 보아서는 초청까지 여러 난관이 있었으리라 짐작하게 됐다. 공연은 조용한 잔치처럼 끝이 났다.

공연 후 우리는 공연 주최 측에서 마련한 저녁 만찬에 초대되었다. 레스토랑과 펍이 결합된 곳으로, 오래된 통나무로 된 구조가 근사했다. 타국에서 온 우리 공연단은 레스토랑 한 켠에 자리잡고 공연에 대한 소회를 나누었다.

밤이 이슥했는데 레스토랑에는 포르데노네의 나이 지긋한 아저씨들이 총출동해 있는 듯 했다. 이 마을에 사는 주민들이 분명하다. 나이 지긋한 이탈리아 아저씨들은 영화배우처럼 꽤나 멋쟁이이다. 공연장에서는 쥐죽은 듯 조용했는데, 이곳에서 먹고 마시는 밤에는 꽤나 흥이 흐른다.

이 마을에는 별일 없이도 밤마다 이렇게 작은 파티가 열리는 것일까? 이탈리아인들은 먹고 마시는 일에 열심이구나. 어느 레스토랑을 가든 먹고 마시고 수다 떠는 일에 대한 뜨거운 열정이 자욱한 연기처럼 장내를 메우고 있다.

관념적인 예술에 대한 경외보다는 소박한 음식이 주는 경쾌한 즐거움이나, 한낮에 와인을 마시며 한껏 릴랙스할 수 있는 마음의 여유나, 일과를 마치고 해질녘 모여들어 밤이 깊어질 때까지 친구들과 가벼이 취할 수 있는 이들의 느리고 한산한 낮과 밤이 부러워진다.

세상 어딘가에는 이런 일상도 있는 것이로구나. 그 밤의 분위기는 오래도록 기억에 남는다. 일상이 과도하게 바쁘다거나 마음이 무겁다거나 긴장이 고조될 때면 떠올린다. 포르데노네의 가벼운 흥겨움을!

한국 서울, 회오리 그리고 세월호

핀란드의 안무가 테로 사리넨(Tero Kalevi Saarinen, 1964-)과 국립무용단, 그리고 비빙은 <회오리>라는 작품 만들기에 돌입한다. 국립무용단의 첫 해외안무가 프로젝트로, 시작부터 많은 주목을 받았다.

2014년 세월호가 진도 앞바다에서 침몰하기 시작했다는 속보와 전원 구조가 되었다는 오보가 오가던 날 아침. 나는 <회오리>의 극장 리허설을 위해 국립극장으로 향하고 있었다. 믿어지지 않는 뉴스 속에 머리가 멍해져 국립극장 안 뜰을 걸었다.

이 작품은 몇 달에 걸쳐 안무가, 무용단, 연주단이 삼인 삼각 경기를 펼치듯 공들여 만들어진 것이다. 비통한 소식과는 별개로 무용수들과 연주자들이 극장 리허설을 2-3일간 하고나면 공연이 오픈될 예정이었다.

우리는 공연 여부에 촉각을 모았다. '침몰' 이라는 단어와 '회오리' 라는 단어는 어쩐지 인과관계를 띤 듯했다. 국가적 슬픔에 기름을 붓는 듯한 불경한 제목의 공연이 지금 세상에 나와도 되는가에 대한 논의가 이어졌다.

이미 포스터를 비롯한 대형 현수막까지 홍보가 진행되고 있었다. 국립극장으로 향하는 남산의 길목마다 <회오리> 라는 깃발이 흩날리고 있을 터였다. 국립극장 측에서는 계획대로 공연을 올리는 것으로 결정했다.

온 나라가 뒤숭숭한 가운데, 공연은 올려졌다. 국립극장 해오름극장을 3일간 가득 메울 정도로 성공적이었다. <회오리>는 비빙의 역대 레퍼토리인 불교음악, 가면극음악, 궁중음악 프로젝트 가운데 테로의 안무와 결을 같이 하는 곡목들을 뽑아냈다.

80분에 달하는 공연 러닝타임 동안 음악의 휴지부가 거의 없이 촘촘하게 음악과 춤이 엮여 있다. 연주자도, 무용수들도 땀을 사방으로 튀기며 엄청난 체력을 소모해야 하는 역동적인 작품이다. 조명과 의상까지 테로의 능력있는 오랜 스텝들이 가세했다.

테로는 자그마한 체구의 안무가였다. 세계적으로 이름 난 안무가라고 하는데 아이처럼 순수하고 소탈했다. 늘 밝게 웃으며 "TOI TOI TOI!"를 외치며 무용단과 연주단에 활력을 불어넣었다. 그는 종종 연주자석 쪽으로 다가와 해금 소리를 너무 좋아한다며 "Sounds so- good, I love so-- much the instrument 해금!" 이라며 외국인식 too much 감정 표현으로 나를 기분좋게 해 주곤 했다.

<회오리>에 대한 테로의 메시지는 '물결-전파-회오리'로 요약할 수 있다. 예술가가 시대를 초월해서 미래 사회를 예견하는 일은 종종 있어왔다. 조지 오웰의 『1984』와 같이 수십 년 후의 미래 사회를 다녀온 것처럼 그려낸 작품부터 알베르 까뮈의 『페스트』처럼 현 코로나19 시국과 유사한 과거를 문학 작품 속에 그리기도 한다. 테로가 예술가다운 혜안으로 부조리함을 예견한 것일까?

초연 이후, <회오리>는 국립극장 레퍼토리 공연으로 재공연을 하게 된다. 이듬해엔 프랑스 깐느 무용 페스티벌에 개막작으로 초청되기도 했다. <회오리>를 재공연할 때마다 먹먹한 마음으로 극장을 향하던 때가 떠오른다. 이제껏 열린 공연과 앞으로 열릴 공연이 아이들에 대한 자그마한 추모와 진혼이 되기를.

테로의 작품노트를 옮기면 다음과 같다.

1. 물결 - 바다는 모든 것을 덮어버리며 침잠하고, 또 새로운 것을 드러내는 거대한 움직임과 부피감은 매혹적인 요소이다. 반복적이고 순환적인 물결의 속성은 인생의 다양한 흐름에 대한 메타포가 된다.

2. 전파 - 우리가 자신의 내면, 그 깊은 과거 속으로 탐험한다면 우리는 무엇을 배울 수 있는가? 그것을 어떻게 다시 전파할 수 있을 것인가.

3. 회오리 - 힘의 탐구, 내면의 탐구에 이어 본 파트는 부활과 변화, 전진에 대한 이야기다. 힘차고 역동적이며 새로운 것으로 도약할 수 있는 강화되고 정화된 회오리를 만들어낸다.

<회오리> 그리고 즉흥

무용은 20세기 들어 유럽의 선진적인 무용수들, 이를테면 피나 바우쉬와 같은 명인들에 의해 '탄츠 테아터Tanz Theater'라는 장르로 승화되었다. 장르적 확장으로 '무용극' 정도로 이해하면 된다. 이 극 안에는 스토리나 드라마와 같은 요소가 가세하고, 영화에서나 쓸 법한 미술적 요소인 '미장센'이 중요하게 여겨진다. 무용, 음악, 문학, 미술이 결합한 총체극으로서 어떤 장르든 녹여낼 수 있는 커다란 예술 용광로와 같다.

<회오리>도 '탄츠 테아터'와 같은 현대무용의 맥락이다. 한국 전통무용과 전통무용을 기반으로 한 창작무용을 계승해 온 국립무용단의 오랜 전통이 안무가 테로 사리넨의 유럽식 현대무용과 만나서 혁신을 이루게 된 작품이기도 하다.

안무가, 음악감독, 20인조의 무용수와 5인의 연주단, 음향감독, 조명감독, 의상감독, 무대감독을 비롯한 많은 스텝들이 하나의 세계를 창조한 것이니만큼 이 무대 안으로 들어가면 황홀해진다. 현실과는 전혀 다른 세계 안으로 들어가게 되는 것이다. '이생축' 이번 생의 축복이란 생각이 들 때는 바로 이러한 순간이다.

현실과 다른 인터스텔라적인 공간에 때때로 발 딛으며 살 수 있는 것은 예술가만이 누릴 수 있는 기쁨 아닐까? 활기차게 뛰고 구르는 무용수들의 몸짓은 생명력으로 충만해 아름답다. 무용수가 몸을 푸느라 느슨해진 연습복 차림으로 조명이 덩그러니 드리워진 빈 무대를 오가기만 해도 예술적인 느낌이 든다.

암전 속, 본 공연을 위한 큐사인이 떨어지면 가슴이 기분 좋게 떨리기 시작한다. 씬이 전환될 때마다 거대한 조명 셋은 무대를 매번 다른 모양으로 가른다. 이것에 의해 내가 발 딛는 세계가 전환되는 것이다.

<회오리> 안에서는 남녀가 각각 두 짝을 이룬 4인무가 인상에 남는다. 음악은 무용수들의 움직임에 반응한다. 남녀 무용수가 격렬한 사랑이나 대립, 단절과 화해와 같은 이야기를 온몸으로 표현하면 나는 그러한 감정의 선을 따라가며 즉흥연주를 한다. 때론 사랑의 환희에 가득 찬 몸짓에 고음으로 치받는 선율을 그려내기도 하고, 때론 절망적인 마음을 담아 낮은 소리로 목놓아 울기도 한다.

무대 밖에서 이 씬을 위해 무용수들과 따로 대화를 나누지는 않는다. 무대 위에서 춤을 바라보며 즉흥적으로 선율을 뽑아낼 뿐이다.

즉흥이란, 시작점이 있고 끝점이 있다는 것을 알지만 그 길을 어떻게 낼지는 모른다는 것이다.

나는 혼자의 즉흥보다 함께하는 즉흥을 좋아한다. 우선 외롭지 않아 좋다. 상대방의 말 한마디, 눈빛 하나에 새로운 길이 난다. 그 길을 따라가다 보면 오아시스를 만나기도 하고 절벽을 만날 수도 있다. 다양한 경험이 곧 풍부한 인생이 되는 것이라 믿는다. 함께하는 즉흥은 예상치 못한 경이로움이나 암담함을 느끼며 큰 낙차로 인생의 묘미를 즐길 수 있게 한다.

물리학자, 에세이작가, 미술작가, 가수 CL의 아버지 이기진 교수님이 이렇게 말씀하셨다. "어떻게 해도 인생이 된다." 즉흥연주도 마찬가지다. 일단 무슨 말이든, 한 소절의 연주든 던져보라, 그리고 상대방의 이야기 혹은 한 소절의 연주를 들어보라, 그리고 손잡고 어디든 용감하게 가 보면 음악적 상승은 저절로 이뤄진다.

곁길로 새도 좋다. 한참 쉬었다 가거나 농땡이를 부려도 좋다. 삶에도, 즉흥에도 정답은 없다. 즉흥의 길에 들어서며 스스로의 영토를 확장하고 삶의 지도를 다채롭게 그릴 수 있게 되리니. 즉흥이란 풍성하게 존재할 수 있는 한 가지 방법임에 틀림없다.

<회오리> 그리고 깐느의 크루아상

2015년 <회오리>는 프랑스 깐느 무용 페스티벌 개막작으로 초대되었다. 2015년이라면 나에게 고통과 영예를 동시에 안겨준 해로 기억하고 있다. 영원히 잊을 수 없을 만큼 극렬했던 시절이다. 박사학위 논문을 썼고 학위 인준을 위한 심사를 받으며 하루도 마음 편할 날이 없었다. 개인적으로도 심장이 찢길 듯한 생이별을 겪는 중이었다.

매일 아침 스포츠센터에 나가 1-2 시간 격렬한 운동을 하며 마음을 다지기는 했지만, 운동을 마치고 카페로 내려가 논문을 쓰고자 노트북 앞에 앉으면 눈물부터 쏟아져 내리곤 했다. 잠을 제대로 잔 밤이면 꿈속에 과실나무가 양쪽에 정렬해 있는 길을 걸었다. 눈을 이쪽저쪽으로 돌리는 사이 나무에 산딸기와 자두와 버찌와 체리같은 붉은빛, 보랏빛 과일들이 탐스럽게 한가득 열리는 것이었다.

논문을 위한 태몽이다. 이 꿈을 꾸며 그래도 좋은 날이 올 거라는 예감을 간직하며 스스로 위안하곤 했다. 고생 끝에 논문은 심사에 통과했고 그 해 여름, 학위수여식에 참석했다. 영예로운 마음보다는 그저 아프기만 했다. 사진을 찍어주신다며 애써 나를 따라다니는 엄마에게 눈물을 쏟기 일보 직전의 마음을 감추기에 급급했다.

그런 시간들은 고맙게도 조용히 지나가주었다.

가을 즈음 <회오리>로 깐느에 가게 된다. 깐느라니! 고생했다며 나에게 온 선물처럼 느껴졌다. 당시 총기 테러 사건으로 인해 프랑스 파리는 몹시 어수선했다. 테러 희생자에 대한 애도와 더불어 유럽여행에 대한 우려가 일파만파 번져나갔다. 다행히(?) 깐느 무용 페스티벌은 계획대로 진행되는 것으로 결정되었다. 방탄복을 입고 가라는 주변의 충고가 고마웠다.

깐느에 도착했다. 깐느 국제 영화제로 유명한 휴양 도시! 꿈에 그리던 곳이다. 도시의 기후는 온후했고, 바다와 야자수가 펼쳐져 있다. 깐느의 거리는 총기 테러로 인한 영향으로부터 거리를 둔 듯 차분했다. 우리가 공연할 곳은 깐느 영화제가 열리는 뤼미에르 극장이다.

커다란 여객선과 같은 모양의 멀티플렉스 건축물. 뤼미에르 극장이 있는 곳을 중심으로 호화로운 명품 거리를 따라가면 우리가 묵는 호텔이 있다.

호텔 조식을 좋아하는 나로서는 호텔의 조식 수준이 호텔의 격을 좌우한다고 본다. 조식에 일반적인 뷔페처럼 다양한 요리가 나오는 것보다는 간소한 스타일을 좋아한다. 향긋한 커피와 갓 구운 빵, 신선한 과일과 쥬스, 요거트와 그래놀라, 해시브라운과 양질의 소세지와 베이컨 정도면 만족한다. 아 여기에 서니 사이드 업 혹은 다양하게 변주될 수 있는 즉석 스크램블 에그를 선택할 수 있는 자유가 주어진다면 더할 나위 없이 좋다.

깐느의 호텔은 이 작은 조건들에 완벽히 부합했다. 작은 조건에 부합하려면 음식 하나하나의 퀄리티가 중요하지 않겠는가? 그랬다. 이 호텔에는 100점 만점에 99점을 주고 싶을 만큼 훌륭한 크루아상croissant이 있었다. 버터향이 솔솔 올라오는 갓 구운 크루아상은 입에 넣자마자 살살 녹으며 이곳이 프랑스이고 깐느임을 상기시켜 주었다.

리허설을 마치고 깐느의 거리 이곳저곳을 걸었다. 마음이 많이 아팠던 때였지만 나 자신이 초라해지지 않도록 예쁘게 꾸며주고 싶었다.

크림색 코트에 화려한 스커트를 입고 5cm정도 굽이 있는 구두를 신고 다녔다. 낯선 도시를 여행하면 많이 걷게 마련이다. 가벼운 운동화 차림이 당연할지도 모르겠지만 이러한 착장이 나를 위하고 지키는 방법 중의 하나였던 것 같다.

비빙의 소리하는 친구 승희는 언제나처럼 조용히 곁에 있어 주었다. 이런저런 사연에 대해 묻지 않았다. 그저 깐느의 바닷길을 함께 걸어줄 뿐이었다.

싱싱한 야자수가 늘어선 바닷가에는 화려한 요트들이 정박해 있었다. 그 요트는 한 채의 단독주택 같은 것도 있었고, 자그마한 통통배 같은 것도 있었다. 어느 요트에서는 샴페인 파티가 열리고 있었고, 어느 요트에서는 홀로 노을을 바라보는 사람도 있었다. 내가 겪고 있는 고통스러운 상황과 이 황홀한 풍광은 묘한 대비를 이루었다.

<회오리>는 깐느에서도 성공적이었다. 2회 연속 매진에 콧대 높은 프랑스 관객들은 기립박수를 치며 환호를 보냈다. 극장에 출입하기 위해서는 가방과 소지품 검사를 비롯해 신분증 확인 등의 여러 관문이 있었다. 삼엄한 분위기 속에서도 문화예술을 향유하기 위한 프랑스인들의 열정, 예술사랑에 나 역시 박수를 보내고 싶었다.

깐느에서의 추억은 크루아상의 따뜻한 온기와 푸르고 붉게 멍들어 있던 내 마음의 온도를 오간다. 인생이 냉탕과 온탕, 냉정과 열정 사이, 공포 아니면 권태 그 사이를 오가는 것처럼.

폴란드 브로츠와프, 국경을 넘어

자동차여행의 시작이다. 폴란드 브로츠와프에서 열린 <Brave Festival>에서의 일정을 마치고 내가 묵던 호텔 앞마당에서 남자친구와 접선하기로 했다. 때는 지금처럼 스마트폰이나 구글맵이 소름끼칠 정도로 발달하기 전, 아이폰의 초기시절 즈음이라고 이야기하면 시절과 기술의 발달 정도를 짐작할 수 있을지 모르겠다.

남자친구는 서울에서 출발해 비행기를 타고 폴란드 어느 도시에 착륙해 자동차를 렌트해서 나를 데리러 온 것이다. 그의 여정을 자세히 모르긴 해도 종이로 된 지도를 보며 장거리 운전을 했음에 틀림없다.

늦은 밤, 호텔 앞마당에서 캐리어를 끌고 조금 걸어 그와의 접선에 성공했다. 반가운 마음이야 이루말할 수 있을까. 우리의 스케쥴에 따르면 밤을 새서 국경을 넘어야 했다. 그것도 체코 프라하로.

계획대로 그는 밤새 운전을 했다. 그리고 동이 틀 무렵 프라하에 도착했다. 예약해 둔 호텔을 찾았다. 자그마한 호텔에 짐을 풀고 여행 계획에 대해 이야기를 나눴다. 체코-오스트리아-이탈리아의 몇 개 도시를 자동차로 다니는 것이다. 여행을 유난히 사랑하는 그가 유난히 사랑하는 이 도시들을 다닌다니, 꿈의 여정과도 같다.

체코 프라하에 도착했으니 일단 프라하 성으로 향했다. 관광객으로 발디딜 틈 없이 붐비는 여름이었다. 카를교를 지나 프라하 성 꼭대기까지 올라갔다.

붉은색 기와지붕을 얹은 인형의 마을처럼 보이는 도시가 너무나 예뻤다. 어린 시절 동화 속에서만 보던 풍경이 눈앞에 환상적으로 펼쳐진다.

성에서 마을로 내려와 펍에 들어갔다. 중세의 흔적이 물씬 풍겨나는 오래된 돌바닥과 낡은 나무문과 허물어져가는 벽돌담에 둘러싸인 펍의 뒤뜰에 앉았다. 한낮의 맥주맛에 기분 좋게 취한다. 떠돌이 악단 아저씨들은 악기를 메고 펍의 이곳저곳을 돌며 세레나데를 불러주기도 하고 집시풍의 음악으로 흥을 한껏 돋워주기도 했다. 이후에도 환상적인 맥주맛은 자꾸자꾸 만날 수 있었다. 체코의 마을마다 '이건 서막에 불과해!' 라며 맛있는 맥주와 안주를 맛보여 주었다.

마을의 작은 브루어리들은 세월을 품은 듯 운치있고 맥주 맛은 개성 있었다.

플젠으로 이동해 세계적으로 유명한 맥주인 필스너 우르켈 브루어리를 방문했다. 마을의 브루어리보다는 산업화, 공장화 되어 있어 멋은 덜했지만 맥주맛만큼은 딱 떨어지게 훌륭했다.

여행은 동화 같은 도시의 프라하 성으로부터, 멋스런 브루어리를 순례하며 함께 시작했다. 매순간 체코 맥주에 취해 있었으니 낭만의 순간은 차고 넘치게 흐르며 우리를 여러 도시로 안내했다.

빈에서

다음 행선지는 오스트리아였다. 자동차로 여행을 하니 여러 선택지가 있었다. 빼곡히 스케줄을 짜서 다니는 편은 아니었고 계획성과 즉흥성이 공존하는, 딱 내가 좋아하는 스타일의 여행이었다.

오스트리아 빈으로 가자! 빈에 도착하니 한창 축제가 열리고 있었다. 필름페스티벌과 공연예술제가 열리는 시기와 딱 맞았다. 남자친구는 공연 연출가였으니 내가 갖는 문화예술에 대한 관심사와 잘 통했다. '빈은 문화예술의 도시!' 라고 해도 누가 뭐랄 사람 있을까? 빈에 왔으니 다양한 공연을 보며 이 축제를 즐기면 된다.

빈의 한복판. 서울시청 같은 광장에 페스티벌 베이가 시끌벅적하게 차려져 있었다. 입장권을 끊고 손목에 종이 팔찌를 찬다. 이 안에는 여러 공연과 영화를 소개하는 팝업 스토어들이 차려져 있었다.

한편에는 작은 트럭에서 생맥주를 팔고 있다. 한 손에는 투명 플라스틱 컵에 생맥주를 찰랑찰랑 가득 담아, 한 손에는 소세지 플레이트를 들고, 축제 이곳저곳을 누비고 다녔다.

오페라였는지 영화였는지 기억이 희미하지만 대형 스크린 앞에 자유로이 앉아 맥주를 홀짝이며 감상했다. 우린 이곳에서 어떤 공연을 볼 것인지 몇 가지를 정하고 숙소로 향했다. 빈의 시청이며, 시끌벅적한 페스티벌 베이며, 넘실대는 생맥주 모두 마음에 들었다.

숙소에서 에너지를 충전하고 밤이 이슥해 빈의 거리로 나왔다. 도시 이곳저곳에서는 다양한 문화행사가 열리고 있었다. 공공기관 건물도 오래된 고딕풍의 건물이어서 아름다웠다.

이러한 건물 중정에서는 재즈 공연이 한창이다. 마음이 내켜 그곳에 잠시 앉아 여름바람을 맞으며 음악을 감상했다.

또다시 발걸음을 움직여 종종거리며 시내로 진입했다. 알 수 없는 길을 걸어 작은 골목으로 들어가니 둠둠둠둠- 하며 사이키델릭한 베이스 소리가 돌바닥을 울린다. 소리가 나는 곳을 찾아 들어갔다.

지하 클럽에서는 일렉트릭 사운드의 밴드가 한창 공연 중이다. 빨간 펑크머리에 반짝이는 페이던트 슈트를 입은 미래에서 온 여전사 같은 보컬이 퍼포먼스를 한다. 잠시 이곳의 뜨거운 분위기에 젖어 심장박동이 두 배는 빨라졌다.

클럽에서 나오니 둠둠-대는 베이스 소리 외에는 고요하다. 여름밤 바람을 맞으며 빈의 거리를 걸었다. 그 소리마저 멀어지자 이 축제의 현장이 12시가 되어 자명종이 울려 사라진 신데렐라의 호박마차와 드레스, 유리구두처럼 하얗게 소멸되어 버리는 기분이다.

내일은 '랄랄라 휴먼 스텝스'의 현대무용 공연을 보러 간다. 빈에서의 첫 날 밤이었다.

오스트리아 빈, 랄랄라 휴먼 스텝스

고풍스러운 빈의 공연장을 찾았다. 극장 곳곳의 발코니에 유럽식 부조 장식이 섬세하게 수놓아져 있는 아름다운 극장이었다. 기다리는 시간마저 들떴다.

여름이라 장내가 무더운 가운데 에어컨을 틀지 않았다. 관객들은 극장에서 나누어준 부채를 부치며 우아한 열기 속에 공연을 기다렸다.

컴컴한 암전 속 무용수로 짐작되는 사람이 움직임을 시작한다. 어둠 속에 움직이고 있기에 뽀득거리는 토슈즈와 댄스플로어가 마찰하는 소리만 간간히 들릴 뿐이다. 빛이 희미하게 들어오고 바이올린, 비올라, 첼로 등으로 구성된 현악사중단이 연주를 시작한다.

어스름한 무대 위 무용수가 몇 명인지 알 수 없지만 음악이 흐름에 따라 조금씩 가빠지는 무용수의 호흡 소리를 느낄 수 있다. 빛은 인색할 정도로 그 형체를 보여주지 않는다.

무용은 눈으로 감각하는 예술이지만 이 공연은 암전 속에서 온몸으로 감각하는 공연이다. 귀가 열려 있기에 음악은 선명하고, 무용수의 토슈즈 소리와 호흡 소리, 사람이 격렬하게 움직일 때에 내는 작은 신음 소리와 같은 것들이 감각을 보다 투명하게 만들어준다.

점진적으로 빛이 더해진다. 빛은 단 한순간도 사물을 직설적으로 비추지 않는다. 측면에서 사선으로, 바닥에 반사되어 들어오는 빛 뿐이다.

반사광은 무용수들의 춤이 어스름 속에 격렬하게 상승하고 있음을 알 수 있게끔 한다. 느린 시간의 흐름에 따라 무용수들의 몸의 형체가 드러나고 동작도 보다 선명하게 드러난다. 이 느림의 미학에 깊이 침잠할 즈음에 춤은 클라이막스로 향했고, 피날레까지 도달했다.

마침내, 커튼콜 조명은 무대를 사실적으로 비췄다. 무용수는 단 두 명의 발레리나였다. 간결한 블랙 발레 의상에 우윳빛 타이즈에 토슈즈를 신고 있다. 어스름으로 가득한 무대 위의 무용수들은 완벽한 33 사이즈의 발레리나로 보였음에도 불구하고 커튼콜에 허용된 사실적 조명 아래서 1.5배 정도 부풀어 보통 인간의 모습으로 나타났다. 무용으로 단련된 튼실한 허벅지를 자랑하며 말이다.

음악이 쉬지 않고 흘렀음에도 이 공연은 적막함으로 기억된다. 빛이 없는 적막과 침묵 속, 베일에 가리어진 사물의 절묘한 아름다움을 느끼게 한다. 긴 러닝타임 동안 어스름한 반사광으로 사물에 착시 현상과 더불어 환상을 준다. 커튼콜에 극사실적인 조명으로 사물을 있는 그대로, 적나라하게 보여준다. 이 연출과 사실 사이에서 느낀 간극과 충격은 오래도록 기억에 남는다.

사실과 착시 사이의 진실은 무엇일까? 본다 는 것은 얼마나 많은 장막 사이에 존재하는 것인가? 어둠 속에 우린 사물을 어떻게 인식하게 되는가? 하나 분명한 것은 우리는 어둠 속에서 더 많은 것들을 감각할 수 있는 촉수를 가질 수 있다는 점이다. 그리고 이 감각은 오래도록 남는다. 공연장에서 나오니 여전히 밝은 저녁이었다. 또 다시 여름밤 바람 속에 긴 산책을 했다.

오스트리아 할슈타트, 무조건 수영

빈을 떠나 시골마을로 향했다. 이름하여 할슈타트. 산과 호수가 마을 전체를 감싸고 있는 아름다운 마을이다. 오스트리아를 여행하는 사람들이 한번쯤은 여행지로 고민해 볼 만한 유명한 관광지이기도 하다.

할슈타트Hallstatt에 도착하니 호수 쪽은 쾌청하고 저 멀리 산자락에는 안개가 자욱하게 끼어 있다. 거리엔 스위스 알프스 마을에서 볼 법한 아기자기하게 귀여운 가옥들이 옹기종기 들어서 있다. 우리는 이 마을에서 숙박하지 않고 잠시 머물다 갈 예정이다. 귀여운 숙소에서 하룻밤을 보냈어도 좋았을텐데, 라는 아쉬운 마음이 지금도 든다.

우리에게 허락된 시간 동안 할슈타트를 알차게 즐겨야 한다. 마을을 한바퀴 휘 둘러보고 호숫가로 향했다. 우리가 머문 호수는 작은 사이즈의 미니 호수였다. 지름 15미터 정도 될 법한 동그란 호수.

물은 맑았다. 나무판자로 대충 얹어놓은 자그마한 다이빙대도 있었고, 그리 많지 않은 사람들이 사이좋게 물놀이를 하고 있었다. 물을 보자마자 반가운 마음에 풍덩! 하고 거침없이 입수했다.

물에서는 경쾌하고 청명한 향이 났다. 퐁당퐁당 발장구를 치기도 하고, 다이빙대에서 펄쩍 뛰어 여러가지 포즈로 물에 뛰어들며 놀았다. 물에서 놀다보면 어린아이의 마음이 되어버린다. 저 멀리 산자락에 빛과 구름, 맑음과 흐림이 교차하며 산과 호수의 풍경에 여러 빛깔의 조명을 드리웠다. 호수에서 바라본 할슈타트는 산의 정기로 오묘했다.

호수에서 나와 할슈타트의 작은 거리들을 빠짐없이 걸었다. 자그마한 위스키 양조장을 발견했다. 실내는 위스키 오크통이 가득하고 오크와 알싸한 위스키 향이 흐르는 매력적인 공간이다. 이곳에서 다양한 위스키를 시음할 수 있었다. 빠에 앉아 양조장 주인이 권하는 여러 종류의 위스키들을 홀짝이기 시작했다.

남자친구는 위스키를 좋아했다. 독특한 취향이 있는 것은 아니었고 잭 다니엘이나 제임슨처럼 흔하고 대중적인 것들을 마셨다. 우리가 여행하는 내내 기분 좋게 취해있었던 것은 영화에서 볼법한 휴대용 위스키 텀블러(?) 덕분이기도 하다. 서부 영화나 007 영화에 출연하는 배우의 청바지 뒷주머니에 꽂혀 있을 법한 스탠 술병을 아시는지? '힙 플라스크hip flask'라고 하는 자그마한 술통에 위스키를 담아 멋진 풍광을 마주할 때나, 흥이 오르는 순간에 한 모금씩 들이키곤 했다.

할슈타트를 통과한 우리에게는 이 양조장에서만 맛볼 수 있는 로컬 위스키 몇 병이 손에 들려 있었다. '힙 플라스크'에 할슈타트 위스키를 찰랑찰랑 담아 다음 도시로 떠난다.

체코에서는 맥주에 취해 흥청거렸고, 오스트리아에서는 위스키에 취해 흥청거렸다. 그리스로마 신화의 바커스와 디오니소스 신이 우리를 예뻐한 것이 틀림없다. 여행 내내 향기로운 술과 아름다운 풍광의 은혜를 내리며 황홀경으로 이끌었으니 말이다.

이탈리아 파도바, 노을

이탈리아에 도착했다. 베니스에 가기 전 파도바Padova라는 도시를 들렀다. 파도바는 중세의 향기를 간직한 도시다. 이 도시에서 꼭 봐야하는 것은 지오토라는 미술가의 작품이다. 오스트리아 빈, 벨베데레 궁전에서 만난 클림트(1862-1918)와 레오폴드 뮤지엄에서 만난 에곤 쉴레(1890-1918)는 요즘 세기에 가까운 예술가들로 근대 미술 작품이었다.

이탈리아 파도바의 지오토Giotto di Bondone, 1267-1337는 훨씬 과거로 거슬러 올라간다. 그의 시절은 종교가 모든 세계관을 지배했던 중세에 해당한다.

그의 작품이 성전을 가득 메우고 있다는 스크로베니 성당을 찾았다. 성당은 아담한 크기의 소박한 건축물이었다. 성전의 내부 복도를 따라 들어가면 지오토의 성화(聖畵)

들이 벽과 천장에 이르기까지 전시되어 있다. 성경의 이야기들이 지오토의 그림으로 재현된다. 여러 작품의 배경에 푸른 청색 빛깔을 사용하고 있고, 여기에 성자들의 후광이 금빛으로 묘사된다.

성모 마리아에게 천사가 찾아와 아기 예수를 잉태할 것이라는 전언을 듣는 장면부터 아기 예수가 외양간에서 태어난 장면, 예수가 성장하여 복음을 전하다 광야에서 십자가에 매달리고, 하느님의 아들로서 하늘로 승천하고, 부활하기까지의 과정들이 그려져 있다. 지오토의 작품들을 감상하고 나니 마음이 경건하고 차분해진다. 저 멀리 하늘을 바라보니 노을이 물들기 시작한다. 푸르던 하늘에 오렌지와 크랜베리 쥬스를 조금씩 흘려보내는 듯 매직아워의 시작이다. 맥주를 마시자 몸이 노곤해지고, 여러 나라의 말소리가 뒤섞인 수런거림에 여행자로서의 낯선 감정과 마주하게 된다.

나는 어디쯤 왔을까? 나는 어디로 가게 될까? 지금의 이 꿈같은 여행과 인연의 종착지가 얼마 남지 않았음을 예감하고 슬픈 감정이 불쑥 찾아온다. 웃는 가운데 눈물이 나왔다. 중세의 오래된 건축물로 빙 둘러진 아름다운 광장에 노을이 내린 꿈의 정경 속에 울다가 웃고, 웃다가 운다. 앞에 앉은 사람은 내 눈물에 영문을 몰라 어쩔 줄 몰라한다.

서로의 마음에 완벽히 가닿을 수는 없지만 서로가 되어보려고 노력하는 것이 사랑일 것이다. 내가 당신이 된다는 것은 영원히 요원한 일일 테지만 그에게 닿으려는 버둥거림이 사랑일 것이다. 세상 만물은 끝이 있기에 새로울 수 있다. 절정에 이르면 하강하게 되어 있고, 하강 후엔 소멸한다. 소멸은 새로운 시작이기도 하다. 이 여행도, 인연도 그러한 흐름 속에 있음을 알았다.

이탈리아 베니스,
개츠비의 파티 초대

베니스Venice에 도착했다. 보트 택시에서 내려 예약한 호텔을 향해 걸었다. 돌바닥에 두 개의 커다란 여행용 짐가방을 끌고 호텔까지 가는 길은 험난했다. 고대로부터 생겨난 물의 도시. 환상적이지만 실용적이지는 않다. 물론 베니스에 도착하자마자 입이 떡 벌어질 정도로 그 아름다움에 감탄하기는 했지만 말이다.

베니스 시내에는 택시나 버스가 다닐만한 길이 하나도 없고 사람이 걸어 다닐 만한 좁은 거리 뿐이다. 이 거리마저도 꼬불꼬불한 길이고 자그마한 둥근 다리를 여러번 건너야 한다. 온통 돌바닥이라 바퀴 달린 캐리어를 끌고 간다는 것은 상당히 어려운 일이었다.

남자친구는 두 개의 캐리어를 끙끙거리며 끌었고, 나는 나머지 작은 짐들을 들었다. 미안한 일이었지만 탈! 탈! 탈! 탈! 마찰하는 바퀴 소리를 듣는 것만으로도 고역이었다.

우여곡절 끝에 호텔에 도착했다. 나는 연주가이고 남자친구는 연출가이니 호화로운 여행은 아니었다. 다만 중저가 호텔에 머물면서도, 헌책방을 돌아다니면서도, 행복의 지수만큼은 하늘을 뚫을 정도였다.

가난하고 행복한 여행자인 우리에게 행운이 왔다. 예약한 호텔에서 업그레이드를 해주어 스위트룸을 준 것이다. 이탈리아인들의 대충대충 일처리 방식이 때로는 이런 행운을 안겨주기도 하는구나!

스위트룸은 영화에나 나올법한 낭만적인 방이었다. 세로가 긴 아치형의 창문을 열면 테라스가 있고, 그곳에 앉으면 주변의 아기자기한 호텔들과 곤돌라가 다니는 물이 보였다.

호텔에서 나와 바닷가로 갔다. 바다는 축제 분위기에 시끌벅적했다. 우리가 도착한 날이 무슨 날인고 하니, 일 년에 한번 열리는 <Boat Party>의 날이었다. 바다에는 다양한 보트들이 모여 있다.

'뵈브 클리코 Veuve Clicquot'라는 샴페인 회사에서 이 파티를 후원하나보다. 초대형 뵈브 클리코 모양의 비치볼이 바다 곳곳에 떠있다. 시간이 흐를수록 파티는 무르익었다. 여기저기서 개성 있게 장식한 보트들이 바다의 중앙으로 모이기 시작한다. 이 보트에는 상의를 탈의한 아베크롬비 모델 풍의 이탈리아 남자들이 멋드러지게 배를 운전한다. 물론 아름다운 비키니 차림의 여성들과 함께! 보트 위에 삼삼오오 모여서 음악을 틀어놓고 웃고 떠들고 먹고 마시고 괴성을 지르고 보트의 스피드를 즐기기도 한다.

컴컴한 밤이 되어 파티는 절정을 향한다. 모래사장에 정박해 있는 파티가 열리는 커다란 배 안에 들어갔다. 레스토랑이며 펍이며 모든 게 있다. 클럽뮤직이 나오고 선상 클럽 파티가 열렸다.

이곳에서 샴페인과 칵테일을 마셨다. 물빛에, 보트의 조명에 꿈처럼 반짝거리는 바다를 배경으로 정박한 여러 보트들. 취향대로의 음악을 크게 틀어놓고 춤판이 벌어졌다.

누군가 배 위로 올라오라고 나를 이끌었다. 근사한 아베크롬비 모델 풍의 이딸리아노였으니 마다할리가! 배 위에서 춤도 추고 술도 마시며 절정의 밤을 누렸다. 돌아오는 길의 베니스는 여전히 흥이 가시질 않은 분위기다.

여러 보트에서 음악을 틀어 놓고, 혹은 경적을 크게 울리며 흥청대며 집으로 돌아간다.

레오나르도 디카프리오가 주연한 <위대한 개츠비>라는 영화를 좋아한다. 개츠비의 무모한 도전과 꿈, 배짱과 순정에 대한 이야기가 좋기도 하고, 엄청난 미장센에 압도되기 때문이다. 이 영화에는 호화로운 파티를 매일 여는 개츠비(디카프리오)의 성전과도 같은 집이 나온다.

이 집은 커다란 만灣을 앞에 두고 있으며, 집 안에 멋진 수영장도 있다. 여기서 열리는 파티는 마치 그리스로마 신화 속 신들이 올림포스 신전에서 휘황한 파티를 여는 것처럼 찬란함과 호화로움의 끝판왕을 보여주고 있다. 만과 수영장의 물은 절정에 달한 인간의 쾌락과 사치를 극대화해준다. 일렁거리는 물은 이곳에 존재하는 모든 빛을 반사해 몇 배로 반짝이게 한다. 취기가 극에 달한 사람은 흥청대다 수영장에 빠지기도 한다.

이 영화의 파티신은 독보적으로 인상적이다. 개츠비는 이 파티를 열어 사치와 쾌락과 호화로움과 허영의 극단을 보여주고자 한다. 그가 꿈꿔오고 인생을 바쳐 사랑한 데이지를 다시 찾아오기 위해서다.

가난한 여행자였던 우리는 얼떨결에 베니스에서 열린 개츠비의 파티에 초대된 듯 했다. 개츠비는 우리에게 아름다운 호텔의 스위트룸에 머물게 했으며 극진히 대접해주었다.

다음날 아침 레스토랑 테라스에 앉아 조식을 먹으며 따뜻한 베니스의 햇살 속에 행복과 만족의 극한을 경험했다.

남자친구는 호텔의 세로가 긴 아치형의 창가에 천사처럼 앉아 담배를 피우곤 했다. 그 담배연기처럼 지나간 날은 흩어졌지만 기억과 감각은 남아있다.

"People's memories are maybe the fuel they burn to stay alive."

하루키의 말이다.

해금과 무엇

해금과 엄마

전남 목포, KBS국악경연대회•163
충북 영동, 난계국악경연대회•165
서울, 금호 영 아티스트 콘서트•172
서울, 동아콩쿨•176
달리기 그리고 엄마•182
산 그리고 엄마•187
산책 그리고 엄마•195

해금과 운동

요가•200
필라테스•204
코어가 답이다•208
줌바•212
웨이트•215

해금과 책

책을 읽기 시작한 이유•219
하루키로부터 배운 것들•222
하루키가 '소설을 묵히는' 방식에 대하여•228

해금과 엄마

해금을 하며 많은 사람들의 도움을 받아왔다.
해금을 26년간 지속할 수 있었던 것은 가족, 스승님, 친구, 선후배, 팀의 동료들까지 나를 스쳐간 고마운 인연 덕분일 것이다.

그 중 일등공신은 우리 엄마다.
엄마는 둘째 딸인 나를 특별히 아낀다. 늘 특별한 관계를, 특별한 대우를 대놓고 요구하는 별난 둘째 딸을 넘치고 흐르는 사랑으로 지지해 주셨다. '특별히 아낀다'고 선언할 수 있을만큼 엄마는 내게 중요한 콩쿨이나 연주회가 있을 때마다 매니저를 자처하며 밀착케어를 해 주셨다.

지금은 완전한 성인이 된 딸의 공연을 편안한 마음으로 보러 오신다. 엄마가 내게 주신 잃어버리고 싶지 않은 소중한 기억들을 꺼내어 보려고 한다.

전남 목포, KBS국악경연대회

학부와 석사과정 동안 열심히 콩쿨에 도전했다. 목포국악경연대회는 지역적으로 멀지만 KBS에서 주관하는, 상금과 규모를 갖춘 대회였다. 엄마가 운전해 주는 차를 타고 악기와 한복을 바리바리 싸들고 목포로 내려갔다. 같은 학교 다니는 선후배들도 참가했기에 저녁도 함께 먹고 떨리는 마음을 나누기도 했다.

엄마는 식당 근처를 빠릿빠릿하게 돌아다니며 열심히 무언가를 알아보셨다. 목포는 바다마을이니 해산물이 풍부하다. 엄마는 전복과 산낙지 등 스테미너를 보충해줄 수 있는 음식을 공수해주려 애쓰셨다.

콩쿨은 아침 9시부터 시작되니 그보다 이른 아침 7시에 부드러운 전복죽과 산낙지를 먹을 수 있도록 하는 것이 엄마의 계획이다. 식당에 신선한 해산물이 있어야 하고, 무엇보다 이른 아침부터 문을 열어야 한다.

엄마는 어떤 일에도 적극적이고 능동적인 성격이다. 사교적인 성격이기에 어딜 가든 금방 사람을 사귀고 중요한 정보까지 알아내는 능력자다. 몇 군데 식당을 돌아보더니 엄마 마음을 알아주는 식당 사장님을 만났나 보다.

"아침 7시, 우리 딸을 위한 전복죽과 산낙지를 준비해 주세요!" 엄마는 쾌활하게 웃으며 사장님과 약속을 했다.

콩쿨장은 축제 분위기였다. 콩쿨은 KBS 목포방송국 스포츠홀에서 열렸다. 서울과는 확연히 다른 지역색에 깜짝 놀랐다. 일종의 문화 충격이다. 경기장 로비에는 소리를 즐길 준비를 하고 남도음식과 떡, 막걸리까지 싸들고 온 할아버지, 할머니들도 계셨다. 남도는 예향이라 하지 않던가! 객석에 나이가 지긋하신 분들은 소리에 추임새를 넣을 줄 알았고 성음을 분별할 줄 알았다.

콩쿨 무대 한 편에서는 아나운서가 참가부문별 참가자들을 분류하고 있다. 목포 KBS를 통해 중계된다고 하는데 화려한 조명에 카메라 여러 대가 돌아가고 분주하고 흥분된 분위기다.

드디어 내 차례. 몹시 떨렸다. 멀리서 원정 와서 낯선 잠자리에서 하룻밤을 보냈지만 엄마의 정성 덕분에 컨디션이 좋았다. 다행이 잘 몰입할 수 있었고, 무대에서 혼신을 다해 준비한 바를 연주할 수 있었다. 엄마와 식당 사장님, 전복과 산낙지의 도움으로 최우수상을 탔다. 상금을 거머쥐고 엄마와 나는 자신만만해진 마음으로 서울로 향했다.

충북 영동, 난계국악경연대회

대학에 진학하고 꼬박 2년 간은 입시기간에서 탈출한 기쁨을 미친 듯이 누리고 싶었다. 나이트클럽에도 가고 홍대 클럽에도 문지방이 닳도록 다녔다. 무용을 전공한 동네 친구와 죽이 잘 맞았다. 친구 차를 타고 목동에서 강남까지 출퇴근 하듯 했다. 밤 12시 종이 땡하고 칠 때까지 열심히 놀고 다녔다. 그렇게 밤의 세계(?)에 열정을 쏟다가 문득 음악에 몰입해야겠다고 마음이 돌아섰다. 원하는 만큼 놀아봤으니 아쉬움은 없었다. 일탈(?)은 충분했다.

고등학교 때만 해도 음악에 대한 욕심이 없었다. 부족함이 없었던 시절이니 동기가 없었던 것이 자연스러웠을지도 모른다. '내 인생은 좋은 부모님에 의해 저절로 살아질 것' 이라 믿는 태만함이랄까.

그러다 나의 스무 살 재수시절, 아빠가 투병 1년 만에 폐암으로 돌아가신다. 믿어지지 않는 일이지만 막상 닥치고 보면 보통의 일상을 살아가게 되는 것이 인간의 힘이기도 하다. 다행이 대학에 진학했으니 고비를 넘긴 것이고 나는 나대로 하루하루 즐거이 지냈다. 잠재의식 혹은 무의식은 이전과는 달라진 삶에 대한 두려움과 불안이 있었을 테다.

'내 삶의 울타리가 사라진 상태. 만약 아무도 나의 삶을 지탱해 주지 못한다면? 나는 나의 능력으로 살아가야겠지. 그렇다면 해금을 붙들자.' 라는 생각이 맴돌고 있었다. 의식과 무의식에 의해 대학 2학년 겨울방학, 심경에 변화가 일어나고 해금을 꼭 붙들게 된다.

마음이 돌아선 즉시 인터넷 서점을 뒤져 책과 음반을 잔뜩 주문했다. 글과 음악에 파묻혀 겨울 방학을 지냈다. 좋은 책과 음악은 좋은 예술가가 되라고 독려했다. 그 응원에 힘입어 결의는 단단해져갔다. 입시 때의 강제적인 목표가 아닌, 자의적인 목표로 마음이 뜨거워졌다. 해금으로 내 존재감을 드러낼 수 있다면 좋겠다. 명인들의 소리처럼 저렇게 멋진 소리를 내고 싶다.

누구에게도 지고 싶지 않다는 치기 어린 열망들이 샘솟았다. 보다 의미 있고 가치 있는 존재가 되자. 그러기 위해서는 하루하루 필사적인 마음으로 노력을 하자. 매일 스스로에게 연습 숙제를 내고 그것을 달성하기 위해 애쓰고, 조금 더 장기적인 목표를 갖고 동기부여를 하고자 했다.

연습에 대한 동기부여로 가장 구체적인 것은 콩쿨이었다. 여러 콩쿨을 알아보고 리스트를 작성했다. 서울 시내에서 열리는 한국국악협회의 조그만 콩쿨부터 참가했다.

장려상 수상부터 시작했다.

그 중 난계국악경연대회는 꽤나 인정받을 수 있는 콩쿨이니 준비에 심혈을 기울였다. 난계국악경연대회는 충북 영동에서 열린다. 고려 말–조선 초기 아악(雅樂)을 정비했다는 '난계 박연' (1378–1458). 이 전설적인 인물의 생가가 영동이다. 그 피가 흐르는지 영동은 작은 도시지만 유명한 국악인을 많이 배출했다.

난계 관련된 국악 사업을 다양하게 펼치고 있고, 대표적으로 난계국악축제가 그것이다. 1973년부터 시작된 축제 안에 개설된 난계국악경연 대회는 약 50회에 이르는 전통을 자랑한다. 전체 1등에게는 대통령상까지 주어지니 서울에서 열리는 동아콩쿨과 비교될 만한 영예로운 상이라 할 수 있다.

충북 영동까지 가는 것이니 엄마가 운전대를 잡았다. 하루하루 연습에 집중하고 몰입하느라 신경이 날카로웠다. 옆에 있는 엄마가 말 한마디만 걸어도 뾰족하게 반응했다. 온통 신경이 음악에 가 있으니 입맛도 없었고 무대에서 평가받을 생각을 하면 밥이 안 넘어갔다. 잘 되지 않는 테크닉을 생각하면 마음이 갑갑했고, 언제쯤 그 부분이 해결될까 고민하며 마음이 조급하기도 했다.

입시기간에는 매일 가위에 눌렸는데 콩쿨에 도전하는 기간에는 며칠에 한번씩 가위에 눌렸다. 내가 자는 모습을 본 사람이면 미간 사이에 힘을 꼭 주고 잔다고들 했다. 그런 날들의 연속이니 음악과 나 자신 외에 남 신경 쓸 겨를이 없었다.

엄마는 눈에 보이지 않게 늘 나를 배려하고 챙겨주셨다. 연습을 몇 시간씩 지속하고 나면 허기졌다. 밖에서 일하고 있는 엄마에게 밥을 차려달라고 전화를 하면 엄마가 뛰어 들어와서 식사를 차려주셨다. 내가 좋아하는 청경채가 듬뿍 들어간 차돌박이 칼국수나 시샤모를 구워 주시기도 했다.

매일이 특별식이었다. 엄마의 뒷바라지가 당연해지고 그만큼 나 자신만 알고, 싸가지도 없어졌다. 하지만 어쩌랴. 나는 진정 몰입하고 있었으니 미안해 할 겨를도 없었다.

충북 영동에 가까워질수록 산세는 아름다웠다. 산이 동글동글 온화한 것이 영동에 있는 산의 매력이라 한다. 내 마음은 한없이 초조한데, 그럴수록 상대방에게는 못되게 구는데, 착하게 생긴 산들이 보인다. 새초롬한 표정으로 말없이 창밖만 내다보는 나에게 엄마는 마음을 좀 편히 먹으라고 했다. 엄마는 예쁜 개울가에 차를 세웠다.

"지윤아, 이 물 좀 봐. 여기서 잠깐 발을 담그고 가자."

나는 도저히 그럴만한 마음의 여유가 없었다. 내 인생에서 가장 중요한 도전을 앞둔 이 순간 이 개울물이 다 무슨 소용이란 말인가. 하지만 엄마는 조용한 말투로 날 달랬다.

"잠시 마음의 여유를 갖는 것도 괜찮아. 이리 와 봐."

하며 나를 개울가로 이끌었다.

엄마의 조용한 고집에 이끌려 개울가에 발을 담궜다. 지금의 나라면 개울에서 신나게 놀다 갔을지 모른다. '인생 뭐 있나. 해금이야 될 대로 되라지. 인생은 좋은 데 가고, 좋은 거 먹으며 순간순간 즐겁게 노는 게 최고다' 라고 생각하고 사는 지금의 인생관이라면 선하고 푸르고 맑은 풍광 속에서 엄마와 실컷 노닐다가 '콩쿨이 뭐 대수냐' 며 콩쿨 참가는 취소해 버렸을지도 모른다.

그때는 맞고 지금은 틀린 것이 인생. 그때는 목숨 걸고 필생즉사의 마음으로 하루하루를 살았으니 콩쿨 입상 외에는 아무것도 중요치 않았다.

그게 청춘인지도 모른다. 균형이나 발란스를 찾는다면 이미 청춘이 아니다. 중년이지. 폭주하는 기관차같은 에너지로 한 가지 외에는 바라보지 못 하고 돌진하는 것이 진정 청춘의 에너지다. 그 시절 폭주하는 기관차처럼 간절한 마음으로 수상만을 향해 내달렸다.

콩쿨 무대에서 준비해간 연주를 잘 해냈다. 객석에서 엄마는 나에게 절대 들켜서는 안될 초조한 마음으로 기도했고, 여러가지 물밑작업(?)에 최선을 다 하셨다.

1위 대통령상은 중견 연주자셨던 국립국악원 수석단원 대금연주가 이상원 선생님께 돌아갔다. 나는 문화관광부 장관상인 최우수상을 수상했다.

무대에 대한 압박이 마음을 짓누를 때면 엄마의 음성을 생각한다.

"이리 와 봐. 여기 물이 너무 예쁘지 않니? 발을 담궈 봐. 마음이 좀 풀릴 거야. 여기 산도 보고 나무도 보고. 마음에 여유를 가져도 괜찮아."

서울, 금호 영 아티스트 콘서트

금호아트홀은 실력있는 음악가를 후원하는 다양한 프로그램을 진행한다. 그 중 금호 영 아티스트 콘서트는 서양음악과 국악을 통틀어 신예 음악가를 발굴하는 음악회. 이 콘서트 무대에 꼭 서고 싶었다. 몇 번의 탈락의 고배를 마시고 드디어 독주회 무대를 갖게 되었다.

<김영재류 해금산조>, <비悲 김영재 작곡>, <해금가락 이건용 작곡>, <소리그림자2 강준일 작곡>. 총 네 곡을 선곡했다. 3월이 공연이었는데 겨울방학 내내 집 밖에 거의 나가지 않고 연습만 했다.

공연 날까지 달력을 그려 놓고 매일 연습 시간을 적었다. 매일 5시간에서 많게는 10시간까지 연습했다. 밥 먹고 연습하는 것 외에 다른 시간은 없었다. 기력이 소진될 정도로 연습을 하고 한껏 예민해진 상태라 밥도 잘 먹히지 않았다. 무대에 설 당시, 몸무게가 38키로까지 빠져있었다.

나를 극한까지 몰아붙이며 막막하고 괴로운 날도 있었다. 음악을 완성해가는 동안 아무도 만나지 않았고 아무도 필요치 않았다. 음악과 나 자신, 정면승부하고자 하는 마음 뿐. 하루의 숙제를 마치듯 연습량을 모두 달성하면 그제야 두 발을 뻗고 잠들었다. 그렇지 못한 날에는 너무 불안했다.

내가 나름의 최선을 다하는 만큼 엄마도 뒤에서 최선을 다해주셨다. 엄마의 모든 지인에게 "우리 둘째 딸이 독주회를 하니 귀한 시간을 내어 꼭 참석해주세요"라며 초대 전화를 돌리셨다.

공연 당일은 꽃샘추위가 기승을 부리는, 때 아닌 눈보라가 몹시 거세게 치는 날이었다. 공연날 객석 상황은 날씨의 영향도 받는다. 궂은 날은 관객들이 공연장으로 발을 떼기 전에 한 번 망설이게 만들기 때문이다.

다행이도 금호아트홀의 400석이 넘는 객석은 만석이었다. 티켓이 매진되어 들어오지 못한 관객들과 들어오지 못한 화환들로 로비는 장사진을 이루었다. 연습한다고 친구들과의 관계에 소원했고 무심했던 시기인데, 기적과 같은 일이다. 연주를 열심히 준비해 놓고도 객석이 텅텅 비는 것만큼 속상하고 힘 빠지는 일도 없을 테니 말이다.

엄마는 그런 나의 빈 구멍을 아셨을 것이다. 뜨겁게 딸을 응원할 수 있는 방법은 엄마의 모든 정성과 인력을 다해 객석을 가득 채우는 것이었다.

나의 첫 독주회였음에도 내 친구들보다 엄마의 지인들로 가득 찼다. 지인의 딸을 같은 부모 마음으로 축복해주고자 시간을 내어 찾아주신 신사, 숙녀분들의 기운에 마음이 든든해졌다. 공연 후 "지윤이 결혼식에 올 하객이 여기 다 와 있다"며 놀림을 받기도 했지만 말이다.

떨리는 마음으로 무대에 섰다. 오랫동안 소원했던 무대. 준비한 만큼 해냈다. 당시에 매우 난곡이라 생각되었던 해금, 바이올린, 피아노 트리오 곡인 강준일의 <소리그림자2>까지 무사히 잘 마쳤다. 고심하며 한땀 한땀 다듬고 연마한 소리가 아름다운 홀을 가득 채웠다.

뜨거운 박수와 환호. 엄마는 늘 그렇듯 로비에서 손님맞이를 하다가 공연이 시작되기 직전 내가 가장 잘 보이는 객석에 앉으신다. 연주를 마칠 때마다 누구보다 큰 소리로 '천지윤 브라보! 천지윤 브라보!'를 큰 소리로 외쳐 주셨다.

무대 인사 후 관객들과 인사를 나누러 로비로 나왔다. 로비 한켠에 케이터링이 차려져 있었고, 연주를 잘 봤다고 축하

해주는 관객들로 북적였다. 테이블에는 축하케이크가 성대하게 올려져 있었다. 엄마는 나를 그곳에 불러 세우셨다.

엄마가 열심히 다녔던 성당 성가대. 엄마를 비롯한 성가대원 열 분이 합창으로 축하 성가를 불러주셨다. 엄마가 준비한 최고의 이벤트, 화룡점정이다. 이보다 로맨틱한 공연 축하가 있을까? 이토록 뜨거운 자녀사랑이 있을까? 영화처럼 사랑스러운 광경이다.

당시에는 많은 관객들과 인사를 나누느라 그 감동을 만끽하지 못했지만, 내 인생에서 따뜻하고 고마운 기억으로 남을 뿐이다. 중년 천사들의 따스한 합창!

한 가지 비밀이 있다. 내 공연 실황을 녹음한 음원에는 모두 박수 타임에 엄마의 함성이 들어있다. 보통 실황 음반에는 연주 후 박수 소리를 살려 넣기도 한다. 현장의 느낌을 전달하기 위해서다. 나의 어떤 실황 음반에는 **"천지윤 브라보! 천지윤 브라보!"** 가 들어 있으니 숨은그림 찾듯 잘 들어보시길.

엄마의 뜨거운 응원 덕분에 여기까지 온 것이 틀림없다.

서울, 동아콩쿨

동아콩쿨은 국내에서 가장 권위 있는 콩쿨이다. 1등을 할 경우 남학생의 경우 군 면제를 받을 수 있기에 어떠한 콩쿨보다 치열하다. 이 콩쿨에서 두 차례 다 동상을 받았다. 세종문화회관, 국립민속박물관에서 열렸던 기억이 난다.

엄마가 두 번 다 곁에 계셨다. 엄마는 무대 뒤에서 연주 차례를 기다리며 손을 푸는 내 곁을 맴돌며 도울 일이 없는지 살피기도 하셨다. 객석에 앉아 한 손에 메모장을 들고 심사 위원이 된 듯 참가자 이름과 감상평을 적으며 모니터링을 하셨다. 연주 자체에 대한 것과 연주 태도, 입장시의 모습 등 꽤나 디테일하고 전문적인 평이었다고 기억하고 있다. 동생도 무용을 하니 동생의 콩쿨장에 가서서도 마찬가지였다. 동생은 엄마가 곁에서 밀착케어하는 것에 질색했다. 엄마는 멀찍이서 아들을 애틋하게 바라본 후 객석에 머물며 관객의 한사람으로서 냉철한 메모를 하셨다.

예술가를 키운 부모님은 '귀명창'이 될 수 밖에 없다. 연습하는 소리를 수없이 들으며 많은 것을 느끼고 있으리라 생각한다. 무수한 날 같은 곡을 듣고 또 들으며 엄마의 귀와 감각은 나만큼이나 단련되었을 것이다.

엄마가 아끼고 아끼다가 조심스럽게 꺼낸 한마디는 중요하다. 정곡을 찌르기 때문에! 엄마의 피드백에 기가 죽을 수도 있고, 살아날 수도 있으니 엄마는 칭찬으로 늘 나를 북돋아주셨다, 한 번도 못 한다거나 누구보다 부족하다는 말씀을 하신 적이 없다. 엄마는 무대에 서는 나와 동생에게 주문을 걸 듯, 세뇌를 시키듯, 긍정의 말만을 들려주셨다. 삶에 있어 당당함이 내게 조금이라도 묻어 있다면 엄마의 한결 같은 응원과 칭찬 덕분일 것이다.

무대에서 짧은 순간 잠재력을 발휘해야 하는 일이기에 정신적인 힘은 대단히 중요하다. 인생을 나의 무대라 친다면 삶의 중요한 순간에도 마찬가지다. 나 자신을 믿고 당당하게 나의 일을 수행하는 것. 이것은 엄마가 말없이 알려준 바다.

두 번째 동아콩쿨 도전. 무대 뒤에서 엄마는 기도하는 마음으로 연습하는 내 곁에 조용히 있어주셨다. 그 간절한 마음을 나도 아이를 키워보니 조금 알 것 같다. 아직 아이가 어리니 중요한 도전이랄 것이 없었지만, 엄마는 무수히 겪었을 것이다.

엄마가 가장 행복했던 몇 개의 순간은 나와 언니, 남동생이 이룬 작은 성취의 순간들이었다고 한다.

신경이 바짝 곤두서서 초조함 속에 연습을 한다. 그 순간 연습한다고 더 나아질 것은 없지만 하고 또 한다. 실수를 줄이기 위해 확인하는 연습에 불과하다. 이 연습을 보다 효율적으로 하기 위해 어수선하게 참가자들이 모두 모여 있는 대기실 공간보다 더 나은 곳을 찾았다.

엄마는 극장 어디선가 최적화 된 공간을 찾아냈다. 엄마가 나를 이끄는 공간으로 갔다. 무대에서 멀지 않은 으슥한 공간으로 컴컴하고 밀폐된 공간이었던 것으로 기억한다. 무대 관련한 짐을 쌓아두는 공간이었던가. 그곳에서 연습에 조금 더 몰입할 수 있었다. 무대에서는 경연이 진행되고 있고 나는 순서를 기다리며 연습을 한다.

엄마는 으슥한 공간과 경연의 현장을 조용히, 빠릿빠릿하게 오간다. 그러더니 빙긋이 웃으며 "지윤아, 이제 네 차례야. 나가자." 라고 하셨다. 차분한 마음으로 무대에 올랐다.

경연을 하고 내려오니 알게된 것. 콩쿨 스텝진들이 나를 찾으러 작은 소동이 벌어졌다는 것이다. 참가자 대기실에에 있지 않고 어딘가 숨어 연습하고 있었으니!

참가를 취소하는 것인지, 그렇다면 다음 참가자를 대기시켜야 하는 것인지 난리가 났었나보다.

엄마는 그런 순간에도 꾀를 낸 것이다. 스텝이 나를 황급히 찾아 무대로 내보내거나, 혹여 내게 어디에 있었느냐고 화를 내기라도 한다면 나는 당황할 것이고 그것이 연주에 지장을 줄 것이라는 것을 알았다. 작은 소동 속에서 엄마식의 빙그레 철판을 깔고 나타나서 아무 일도 없다는 듯, 순조롭게 내 차례가 온 듯 무대로 내보내신 것이다. 역시 엄마다.

경연 이후 한층 더 초조해진 마음으로 결과가 나오기를 기다린다. 심사위원이 낸 성적을 취합 하고 순위에 대한 의견을 조율하는데 꽤나 오랜 시간이 걸린다. 엄마는 이렇게 극장 안에서 배회할 것이 아니라 근사한 와인바에 가자고 했다. 광화문 세종문화회관에서의 경연이었으니 근처 맛집을 찾아가는 거다. 이왕 기다리는 거, 멋지고 아름다운 시간을 창조하는 것이 낫다.

<우드 앤 브릭>이라는 레스토랑이 있다. 종종 엄마와 들르던 레스토랑이다. 멋스런 삼청동길, 나무와 벽돌로 장식된 이곳의 분위기가 마음에 들었다.

긴장되었던 마음이 향긋한 와인과 따끈한 허브향 치아바타에 노곤해진다. 수상을 기대하며 엄마와 도란도란 대화를 나눈다. '정말 사람 미치게 하네, 왜 이리 심사결과가 늦어지는 거야. 어쨌든 여기에 오길 잘했다!' 로 시작했을 것이다. 와인과 파스타, 피자를 먹으며 누구는 연주가 어땠다, 실수를 했더라, 의상과 헤어가 어땠다 등등의 평론회가 열린다. 평론 가운데 엄마는 단 한 번도 내 앞에서 '누가 잘한다, 멋지다' 는 말은 하지 않는다. 지기 싫어하고 인정욕구가 큰 만큼 질투심도 강한 둘째 딸의 성격을 알 만큼 아는 것이기도 하고, 최선을 다한 딸 앞에서 말을 아끼는 것이 엄마의 할 일이라 여겼을 것이다.

초조한 기다림을 와인과 수다로 달래다보니 우리는 얼큰하게 취해버렸다. 동아콩쿨에서 전화가 왔다. "동상 수상을 축하드립니다. 시상식이 열릴 예정이니 6시까지 오세요." 라는 연락이다. 우리는 이미 취해버렸는 걸! "시상식은 참석하지 못합니다. 상패는 천천히 찾아가겠습니다." 라고 답했다. 동아콩쿨 두 번째 도전, 두 번의 동상 수상이니 이해해주세요! 라는 말은 안 했다. 두 번째 동상 수상도 그런대로 괜찮은 결과다. 결과를 받아들이고 나보다 잘 하는 두 명의 연주자를 축복한다. 삼청동에 가면 향긋한 와인 향기와 함께 엄마와 취했던 그날이 생각난다. <우드 앤 브릭>은 여전히 잘 있으려나?

달리기 그리고 엄마

인생에서 고난은 종종 찾아온다. 고난이 없다면, 어떠한 저항도 없다면 성장이란 것을 이뤄낼 수 없다는 것을 아는 나이가 되었다. 온화한 날들만 있다면 좋겠지만, 그것이 꼭 좋은 것만은 아니란 것도 알게 되었다. 인생은 불공평한 것이지만 누구에게라도 각자의 어려움이 공평하게 존재한다고 생각한다. 쉬운 인생은 아무에게도 없으리라. 다만, 어려움을 행운으로 만드는 것도 각자의 몫이고 역량이려니 생각하게 된다. 쨍하게 맑은 날과 바람이 따뜻하게 불어오는 날들 속에 있다고 믿다가도 불현듯 쓰나미에 얻어맞는 게 인생인지도 모른다.

나는 나대로 햇살 속에만 있었던 것은 아니고 폭풍우 치는 혼돈의 시절도 있었다. 앞으로도 달이 주기적으로 차고 기우는 것을 반복하듯 좋고 나쁨의 흐름 속에 살아가겠지. 혼돈의 시절을 통과하며 배운 것이 있다. 어려움 속에서도 좋은 것을 발견하며 기쁘게 살아가는 사람이 되고자 하는 마음이다.

달리기를 했던 이유는 내가 좋아하는 작가 무라카미 하루키의 영향을 받은 것이다. 평생 써 온 글의 양만큼, 달리기를 한 남자!

주변에 랜선 지인들도 그의 영향을 받았을까? 나이키 러닝 앱을 켜고 [오늘도 열심히 달리기를 했습니다!]며 인증하는 사진을 올렸다. 예쁜 운동화와 맑은 하늘, 뛰는 거리를 찍은 사진들은 매혹적이었다. 사진에는 달린 거리와 소모 칼로리, 시속 등의 기록과 함께 한껏 상기된 러너스 하이가 포착되었다. 나도 뛰어보자고 마음먹었다. 아들의 성화에 함께 종합운동장으로 나가면 아들은 자전거를 타고 나는 트랙을 뛰었다. 처음에는 한 바퀴 겨우. 다음날은 두 바퀴. 달리며 숨 쉬는 방법을 잘 모르는지 뛰다보면 목구멍이 너무 아팠다. 뛰는 내내 고통스럽기만 할 뿐. 대체 러너스 하이 는 언제 찾아오는 것인가!

일단은 Just Do It! 해보자는 심정으로 며칠을 더 뛰었다. 고맙게도 나이키 러닝앱의 아일린 코치는 맑고 단단한 목소리로 나의 러닝을 이끌어주었다. 트랙을 뛰던 것에서 벗어나 아들이 학교 간 시간이면 동네를 뛰기 시작했다. 짧은 거리부터 무리하지 않고 뛰기로 한다. 아일린 코치는 신나는 음악도 들려주고 내가 지칠 듯한 구간에서는 힘차게 응원의 메시지를 보내주기도 했다. 그녀는 현명한 코치였다. 이렇게 밖으로 나온 것만으로도 당신은 해냈다며, 나갈까 말까 적어도 7-8번은 망설인 내 심정을 공감해주었다.

그녀는 오늘 나의 컨디션에 맞게 다양한 거리와 템포를 제시한다. 무리하지 않고 정하면 된다. 아일린 코치와 내가 타협한 적당한 코스를 뛰고 나면 어떤 날은 조금 더 뛰고 싶어지기도 했다. 아, 이런 것이 적응이며 작은 성장이구나.

쾌청하게 맑은 날 코스를 모두 뛰고 기분 좋게 헉헉대며 사진으로 남길 예쁜 스팟을 찾는다. 나뭇잎 사이로 햇살이 반짝이는 '고모레비こもれび'를 찍는다거나, 구름이 동동 뜬 푸른 하늘을 찍는다거나, 내 나이키 운동화를 찍어보기도 한다. 그것을 SNS에 올리면 달리기 동지들의 응원이나 칭찬이 댓글로 달려 조금 으쓱해지거나 내일도 해볼까, 라는 동기부여가 되기도 했다.

그렇게 한동안은 종종 달렸다. 나는 키도 몸의 사이즈도 작은 편에 속한다. 사이즈만큼이나 체력이 좋은 편은 못된다. 운동량이 어느 임계치를 넘으면 몸살이 난다. 일로나 운동으로나 무리를 하게 되면 만성으로 앓고 있는 방광염이 화르륵 도진다. 운동으로 매일의 스트레스를 날리고 땀으로 노폐물을 배출하는 것이 조금 더 상쾌한 하루를 만들어 준다는 것. 지방을 근육으로 바꾸며 조금 더 단단한 몸을 만드는 것에 만족한다. 운동으로 AAA건전지가 AA건전지로 변화하는 것은 어렵다는 것을 오랜 운동의 경험으로 깨달았다.

청천벽력 같은 소식. 그야말로 하늘이 무너지는 것 같은 내 처지를 알게 된 날. 나는 달렸다. 나의 힘으로 타인이나, 상황을 도저히 컨트롤 할 수 없다는 것을 알 뿐. 나 자신을 달리기로 조금이나마 위로하고 달랠 수는 있다고 생각한 즉시, 운동복을 챙겨 입고 한강으로 달려 나갔다.

전화로 전달된 절망적이고 충격적인 소식에 정신이 혼미하고 눈물이 하염없이 났다. 상황을 간략하게 알게 된 엄마는 한강을 뛰는 내 곁에 있었다. 수술한 지 얼마 되지 않아 몸이 쇠약해진 엄마는 그 거리를 걷는 것만으로도 힘겨웠을 텐데. 잠수교에 몰아치는 더운 바람을 맞으며 울음을 삼키며 뛰는 내 곁을 페이스메이커처럼 뛰다건다 하셨다. 젊은 내가 뛰는 속도를 어떻게 따라잡았는지 신기한 일이다. 지금 생각해보면 엄마는 내가 한강에 몸을 던질까 두려운 마음이었을지도 모르겠다.

내 삶이 무너지지 않도록, 내 두발로 단단히 딛고 서야한다고 되뇌었다. 두발로 단단히 딛는다는 것은 열심히 달려서 내 하체의 힘을 키우고, 정신도 바르게 세워야 한다는 것이다. 아픔에 매몰되지 않기. 어려움 속에서도 좋은것, 밝은것을 선택하며 살겠다고 마음먹게 한 데에는 달리기의 영향이 있다.

달리며 조금 더 강해지는 자신을 알게 되고, 슬픔 가운데 세로토닌 호르몬이 러너스 하이를 선물해준다. 나는 강하다. 나는 할 수 있다. 내 두 다리와 두 발은 더 단단해진다.

이제껏 해금을 지속할 수 있는 건 때때로 나를 구원해준 달리기와 페이스메이커처럼 함께 뛰어준 엄마 덕분이다.

산 그리고 엄마

엄마는 삼십대부터 지금껏 운동을 거르지 않고 매일 하신다. 육십대인 지금도 새벽 5시면 운동을 하러 집을 나선다. 엄마가 만든 운동의 지도를 따라 나 역시 운동의 힘을 믿고 지속할 수 있는 것일 테다.

삼십 대였던 엄마, 아빠는 매일 아침 동네에 있는 스포츠센터를 다니셨다. 부부 운동 프로그램으로 수영과 체조 등으로 이루어진 '먹뜀가족'이라는 재미난 이름이었다. '미역 감고, 뜀 뛰고'의 줄임말이다. 당시 사회체육과를 나온 젊은 선생님들이 이끄는 활기찬 운동시간이었던 것으로 기억한다.

운동을 하고 한껏 신이 오른 상태로 돌아온 엄마, 아빠는 자는 우리를 깨웠다. 엄마는 정원에서 키운 케일을 한아름 따서 들어오셨고, 정기적으로 배달 받는 당근과 사과를 함께 갈아 주시기도 했다. 요즘 유행하는 디톡스 쥬스의 원조는 우리 엄마의 케일+당근+사과 쥬스가 아닌가 싶다.

초등학생이던 우리 삼형제는 사약을 받듯 미간을 찌푸리며 그 쥬스를 마시고는 했다. 아빠는 좋아하는 클래식 심포니나 비발디의 사계를 우렁차게 틀어놓기를 좋아하셨다. 돌아보면 지금의 내 나이보다 어렸을 시절의 부모님인데 스스로의 힘으로 많은 것을 일구고 성실하게 열심히 매일을 사셨다.

아빠가 돌아가시고 엄마는 엄청난 충격 속에 지내셨다. 엄마와 나는 한동안 연미사를 드리러 검은 옷을 입고 새벽 미사를 다녔다. 엄마는 심적 고통을 견디며 혼돈의 나날을 지냈을 것이다. 술을 마시고 오열하고 실성하듯 우는 날도 많았다. 2년 쯤은 격한 애도의 기간이었다. 집안에 흐르는 무거운 공기 속에 서로 위로하기보다 말없이 각자의 생활을 묵묵히 해 나갈 뿐이었다.

어느 날부터 엄마는 다시 운동을 시작했다. 시간나는 대로 산에 다니고, 긴 산책을 나갔다.

나는 대학생활 하느라 엄마의 하루하루가 어땠는지 자세히는 몰랐다. 다만 운동을 하고 열심히 목욕을 하며 엄마만의 생기와 매력을 되찾아가는 것으로 느껴졌다.

엄마는 나에게도 산에 가자고 했다. 그때는 그런 엄마의 제안을 거절하고 도망다녔다. 지금의 나는 산이 좋아 일부러 시간을 내어 청계산이며 우면산이며 아들 손잡고 다닌다. 심지어 트래킹 모임의 총무까지 맡고 있다. 기분전환이나 체력을 위해 동네 산을 산책하기도 한다. 산의 매력을 알기까지 십년은 족히 걸린 것이다.

산은 무척이나 많은 것을 준다. 맑은 공기와 초록 나무를 마음껏 들이키고 눈에 담는 것만으로도 호사가 차고 넘친다. 높은 곳으로 오를 수록 널리 펼쳐지는 풍광에 갑갑했던 마음이 탁 트인다. 전신 운동을 통해 땀을 흘리며 시원해지는 카타르시스와 몸과 마음의 평화. 산에 오르는 동안 함께 걷는 이와 나누는 진솔한 대화, 하산 후에 이어지는 소맥 한잔의 여유는 다음 산행을 어디로 할 지 정하게 하는 원동력이 된다.

지금은 이렇게 산을 사랑한다. 그때도 그랬다면 얼마나 좋을까? 엄마가 산에 가자고 매일 나를 조를 때에 기분 좋게 엄마를 따라나서지를 못했다.

얼굴을 잔뜩 찌푸리고, '내가 따라가 준다!' 는 식으로 입이 댓발 나온 채로 엄마 뒤를 따랐다. 이십 대에는 지금보다 훨씬 더위를 많이 탔다. 아이를 낳고 체질이 변해서 추위를 심하게 타고 여름은 그런대로 무난히 지내는 편이 되었다. 그 때는 여름의 더위를 조금도 참지 못했다.

엄마와의 초여름 산행이었다. 목동에서 가까웠던 광명의 구름산. 엄마가 혼자 몇번이고 다녔을 산이다. 울면서 산을 올랐을지 모른다. 지금은 오를만한 산일 텐데. 그때는 연습만 하느라 하체 지구력이 아닌, 젊은 체력으로만 버티던 때다.

가파른 구간이 나오자 나는 돌아가겠다고 했다. 뜨거운 햇살에 짜증지수는 올라갔다. 더는 못 간다고 눈을 흘겼다. 엄마가 앞장서서 오르는 모습을 바라보며 더는 못 간다고 으름장을 놓고 있는 거다. 참 못됐고 싸가지 없이 그랬다. 엄마가 조금만 더 가보자며 더위를 못 참고 쌍심지를 켜고 있는 나를 살살 달랬다. 정상에 올랐는지 내려왔는지 기억은 희미하지만 내가 말도 안되는 짜증과 고집을 부렸던 것만은 선명하다.

언젠가 하산해서는 구름산 맛집으로 보이는 막국수집에 갔다. 수육과 막국수에 막걸리. 정말 멋진 조합 아닌가. 지금이라면 신이 나서 먹고 마셨을텐데. 그때는 왜 그랬을까.

한낮에 엄마가 낮술을 마시는 것이 용납이 되지 않았다. 모녀가 사이좋게 앉아 술 마시는 것이 어디가 어때서. 다정하고 좋은 풍경이라 생각되는데. 그때는 아빠 없는 모녀 신세가 처량하기도 했고, 그래서 더욱 이런 낮술은 안 될 일이라 생각했다.

'엄마 마음이 어떨까'를 헤아리지 못했다. 갱년기를 맞이했을 것이고, 아빠가 돌아가시자 40대 중반의 나이에 급작스럽게 폐경을 맞이한 엄마의 고충을 이십대 중반의 철딱서니 없는 딸래미가 알 리 없었다.

엄마는 나름대로 늘 괜찮은 모습을 보이려고 안간힘을 썼을 것이다. 아빠가 돌아가시고 몇 년 후 경제적인 풍파를 맞았을 때도 의연하게 버티고 견디며 자녀들에게 아쉬운 소리 한번 하지 않았다. 엄마의 자존심 때문이라고 했다. 아쉽고 어려운 모습을 보이지 않는 것이 엄마의 할 일이라 여겼을 것이다. 그런 엄마의 보호 아래서 자랐으니 엄마의 심적 고통과 경제적 어려움을 알지 못한 채 여전히 구김살 없고 철딱서니까지 없는 딸이었다.

엄마는 계속 막걸리는 시켜놓고 자꾸 나에게 "한잔 따라봐, 같이 짠을 하자"며 졸랐다. 나는 또 눈을 흘겼다. "엄마, 웬 술이야. 나 안 먹어. 빨리 집에 가자"며 계속 흥을 깼다.

지금은 엄마가 체력이 현저히 떨어져서 맥주나 와인 한두잔이면 족하다고 하신다. 그렇게 마실 수 있었던 것도 한 때였다고 한다. 그 시절로 돌아간다면 변죽 좋게 엄마 이야기도 들어주고, 내 이야기라도 실컷 늘어놓으며 막걸리 두세 병쯤은 너끈히 비울 것 같다. 술에 기분 좋게 취해서 사이 좋게 팔짱 끼고 집으로 돌아갔을 것 같다.

지금은 그때 그렇게 투정부렸던 기억에 미안해지면 엄마 집으로 향해서 맥주 한 캔을 사이좋게 나눠마신다. 어떤 이야기라도 안주거리가 된다. 그때 내가 그렇게 못되게 굴었던 걸 이야기하면 엄마는 "네가 그랬지"라며 하하호호 웃는다.

엄마의 그런 노력 덕분에 나는 산을 좋아하게 되었다. 내가 큰 어려움에 처해서 고통스러웠을 때 엄마는 청계산을 자주 데려가셨다. 청계산 앞 등산복매장에서 등산화와 등산복을 사주시며 "자주 오자"고 하셨다. 청계산을 울며 걸을 때에도 늘 함께 해주셨고, 좋은 날이 올 거라고 어깨를 토닥이며 위로해주셨다. 산의 맑은 기운과 광대한 정기가 몸과 마음의 고통을 위로하고 치유해줄 수 있다고 믿게 된 것도 이 시기의 일이다.

어느 날은 아침부터 청계산을 찾아 산에 오르지는 않고 아침술을 마셨던 기억이 난다.

엄마는 쿨하게, "꼭 산에 올라야 하니? 여기까지 왔으면 된 거야, 이런 날도 있는 거지" 하며 술잔을 채워주셨다. 내가 엄마에게 해주지 못했던 일을 엄마는 나에게 해주었다.

산에 가면 늘 엄마에게 고맙다. 산을 좋아하게 된 건 엄마가 내게 뿌려놓은 씨앗 덕분이라고 생각하게 된다. 그리고 구름산 그 '맛집'을 찾아 엄마를 모시고 꼭 한번 다녀오고 싶어진다.

단정한 자유

산책 그리고 엄마

아빠가 내 나이 스무살에 돌아가시고 엄마 옆 빈자리는 자연스레 내 차지가 되었다. 40년 인생 살아오며 엄마와 나의 인연이 깊다고 생각될 때가 많다. 아빠가 돌아가신 후에 더욱 깊어진 것은 틀림없다. 엄마가 심적으로 많이 고통스러워했을 시절, 가슴이 답답하면 산책을 나가곤 하셨다. 나는 연습을 하다가 현관 문소리가 나면 쪼르르 엄마를 따라 나섰다. 연습 복장 그대로 매우 후줄근한 차림새로 슬리퍼를 끌고 나간 날이 대부분이다.

'엄마가 아빠 따라 세상을 떠나면 어쩌지' 하는 어린 아이 같은 마음에 황급히 엄마를 따라 걸은 날도 있다. 아무 말 없이 걷기도 하고 엄마의 괜한 짜증을 못 들은 척 묵묵히 엄마 옆을 지키며 걸은 날도 있다. 그렇게 엄마와 함께 동네를 멀리멀리 돈다.

걷다보면 동네 끝 백화점에 당도하는 날도 있다. 꽤나 으리으리한 백화점인데 모녀는 후줄근한 차림새로 어슬렁거리며 아이쇼핑을 하곤 했다.

하루는 이런 후줄근한 산책 끝의 백화점이 아닌, 쇼핑다운 쇼핑을 가게 되었다. 엄마는 '버버리' 매장에 들어갔다. 둘러보시더니 쨍한 노란색 하프 더플코트를 내게 입혀주셨다. 살짝 겨자빛이 도는 노란색에 귀여운 모자도 달려있고, 고동색 코끼리 상아 모양 단추 다섯 개가 쪼르륵 달려 있었다. 소매는 살짝 긴 듯, 품도 살짝 큰 듯 했지만 소재가 탄탄하고 내가 좋아하는 노란색의 코트다. 마다할 리가 없다!

어린 시절부터 매대에 있는 옷은 절대 사지 않고, 신상으로 당당히 걸려 있는 옷만 사던 나 아닌가. 어중간하게 마음에 드는 옷은 사준다고 해도 절대 싫다며 거절하고 마음에 쏙 들어야만 샀다. 어떤 물건도 공짜로 준다고 해도 마음에 쏙 드는 게 아니면 내 물건으로 받아들이지 않는 편이다.

물론 옷도 그런 편인데, 엄마가 예쁘다고 하는 옷은 대략 내게 잘 어울렸다. 여러 면에서 엄마의 안목은 탁월하고 선진적인 데가 있다.

"넌 몸매가 예쁘니 보다 과감한 스타일로 입어라", "조금 더 노출 있는 옷을 입어도 괜찮다!", "한 눈에 확 튀게 입어라!" 고 조언을 해주는 화끈한 엄마다. 딸에게 가장 잘 어울리는 옷이 무언지를 아는 엄마!

엄마는 내 대답을 듣고 별 고민없이 버버리 코트를 결제 했다. 아빠가 돌아가신지 일 년 하고 몇 달 되지 않았을 때다. 혼자의 힘으로 삼형제를 어떻게 키워야 할지 눈앞이 캄캄해서 무거운 한숨을 달고 살았던 엄마. 경제적으로 넉넉하지 않았을 것은 분명하다.

그럼에도 엄마는 버버리 코트로 나를 위로하고 싶었는지 모른다. 아빠를 잃은 안쓰러운 딸래미. 매번 후줄근한 연습복 차림으로 엄마를 쪼르르 따라나와 함께 걸어주는 딸래미가 고마웠는지도 모른다. 아빠의 빈자리를 채우겠다고 엄마 옆에 와서 잠을 자곤 했던 딸래미에게 기억에 남을 선물을 주고 싶었을 지도 모른다.

내 인생에 그렇게 비싼 코트는 몇 번 입어본 적 없지만 명품코트 첫 경험은 노란 더플코트로 시작됐다. 코트를 유물처럼 고이고이 간직해야 하는데, 안타깝게도 어디론가 사라지고 말았다. 우리 곁을 떠난 아빠에 대한 격정적인 슬픔이 시간에 의해 자연스럽게 소멸되는 것처럼 말이다.

해 금 과 운 동

요가

요가를 처음 접한 것은 임신 기간이다. 임신 기간은 풍요롭고 여유로웠다. 꽃을 사러 꽃시장에 다니거나 유유히 장을 보러 다니거나 했다. 백화점에 개설된 '임산부 요가' 클래스가 있다는 것을 알게 되었다. 본격 요가라기보다는 태교를 위한 시간에 가까웠다.

출산 후 논문 과정에 들어가서 약간의 운동이 필요하다고 느꼈다. 임신 중 서너 번 해 본 요가를 떠올리며 요가원을 알아봤다. 기공수련이 포함된 요가다. 법원 앞이니만큼 점심시간을 이용해 요가를 하러 온 부지런한 회사원들이 주로 이 수업을 들었다. 이것 역시 휴식에 가까운 요가였다.

사는 곳을 옮기게 되어 새로운 요가수업에 등록했다. 대형 스포츠센터에 개설된 클래스다. 적어도 10년 이상 매일 운동을 해온, 몸과 운동에 잔뼈가 굵은 중년의 여성분들이 주를 이루는 수업이었다. 스포츠센터의 수업인만큼 운동의 카테고리 안에 들어있는, 명상이 배제된 요가였다. 1교시는 아쉬탕가, 2교시는 핫요가, 3교시는 빈야사 식으로 요가의 종류가 다양했다. 수업을 적어도 2교시는 연강하는 운동 베테랑들이 분위기를 이끌었다. 이분들은 연령이 조금 어렸던 날 귀여워 해 주시며 티타임에 끼워주시곤 했다.

오전 내내 요가를 한 베테랑들은 센터 지하의 한증막으로 향하거나 점심식사를 하러 몰려 다니기도 했다. 마치 여고생들이 학교를 다니듯 매일 아침 내내, 그렇게 운동을 하셨다. 나에게 운동에 대한 열정을 전파해준 고마운 분들!

지금 정착한 곳은 이 구역 요가의 성지라 자부한다. 요가 마스터 Y선생님을 중심으로 그녀의 제자들이 수업을 하는데 몇 년이 지나도록 그 시스템과 수업의 퀄리티를 유지한다. 90분에서 길게는 100분에 이르는 수업이다. 삶과 요가에 관한 가르침의 말씀으로 시작해서 몸을 천천히 스트레칭 한다. 그다지 어려운 동작은 없는 편이다. 어찌보면 좀 단순한 동작을 반복 또 반복한다.

이름은 포레스트 요가 Forrest yoga. 이름을 들여다보면 휴식을 위한 요가인가 싶기도 하다. 알고 보면 만성 통증을 위한 요가다.

몇 년 전만 해도 수업 전 "몸 불편하신 곳 있으신가요?"라는 질문에 답한 적이 없었다. 고맙게도 아픈 데가 없었으니 왜 이 질문을 하는지 와 닿지 않았다. 지금은 무릎도 종종 불편하고, 목과 어깨에 담도 자주 들고, 짧은 기간이었지만 허리가 안 좋아 고생도 해봤다. 해금을 하며 혹사한 몸의 기록은 통증 반응으로 드러난다.

오랜만에 다시 시작해 보니 요가의 새로운 의미와 장점들을 알게 된다. 요가는 마음의 상태가 중시된다. 나를 기계 돌리듯 최대치로 가동하여 에너지를 내야 한다는 강박이 있었던 때도 있었다. 그때는 요가 후 머리가 텅 빈 듯한 느낌을 견딜 수 없었다. 지금은 그 텅 빈 상태가 좋다. 요가 후 나긋나긋해진 몸과 마음으로 여유있는 하루를 보낸다.

매번 같은 프로세스로 같은 동작을 하는 것 같은데 매일이 다름을 알게 된다. 선생님은 내가 인식하지 못한 근육의 지점들을 짚어 주신다. 처음에는 '여기? 아닌가? 나만 모르나?' 헤매다가도 반복하다 보면 '바로 그 곳'에 지긋이 힘이 들어감을 느낀다.

해금을 할 때 목과 어깨에 불필요한 힘이 들어감을 알아차리면 이완하려 한다. 요가 덕분이다. 요가는 어딘가 불필요한 힘이 들어가 있지 않은지 다정한 음성으로 묻는다. 매트 위에 다시 돌아옴을, 불필요한 힘과 긴장을 내려놓고, 가벼운 내가 되어 돌아가는 그 길을 축복해 준다. 인생의 템포는 구간마다 다를 것이다. 느린 6박의 진양 장단으로 무던히 쌓아나가야 할 때도 있고, 굿거리로 흥청대며 지내는 시절도 있다. 자진모리나 휘모리로 나아갈 때는 격렬한 운동이 제격이다.

격렬함 이후 이완이 필요하다 느낄 때는 요가를 한다. 그렇게 애쓰지 않아도 된다고, 여기까지 온 당신을 칭찬한다고 말해준다. 이 과정 끝에 마지막 시바사나로 눈을 감고 사지를 편히 둔다. 그렇게 누워 있노라면 눈물이 주르륵 광대를 타고 흐른다.

필라테스

아이가 여전히 자고 있는 아침 6시30분. 운동복을 입고 집을 나선다. "선생님, 저는 이른 아침 수업을 받고 싶습니다. 가능하시겠어요?" 라고 여쭤본 순간 새로운 루틴이 열린 것이기도 하다. "물론입니다. 회원님. 제가 집이 안양이지만 아침수업 당연히 나와야죠." 복숭아나무 아래서 동맹을 맺는 유비, 장비, 관우처럼. 선생님과 나는 아침수업에 결의를 다졌다.

내것과 선생님의 모닝커피를 사들고 센터로 향하는 기분은 늘 상쾌했다. 수업이 펑크나는 날도 있었고, 지쳐 있는 날도 있었다. 서로를 응원하며 때로는 삶의 이야기를 나누기도 하고 다이어트에 관한 정보를 나누기도 하다보면 금새 50분이 지나있다. 컨디션이 좋은 날은 지쳐 기어나갈 정도로 강도 높은 운동을 시켜주시기도 했다.

필라테스를 한 후 조금 더 상쾌해진 몸과 마음으로 활기차고 자신감 있게 파워 워킹을 하며 집으로 돌아온다. 운동 후 조금 더 매력적인 바디라인에 탄탄한 살결로 몸이 보답을 해줄 때면 이만한 운동이 없다는 생각도 든다. 뭐든 뿌린 만큼 거두어들인다. 내 몸에 대한 연금보험과 적금이라 생각하고 오늘도 필라테스를 한다.

"필라테스가 그렇게 좋다더라. 어서 시작해!" 친구의 성화에 못 이겨 시작하게 됐다. 1:1 레슨비가 부담스럽게 느껴지기는 했으나 일단 입금부터 했다. 필라테스 선생님은 국악중학교 후배로 한국무용과 발레를 전공한 분이다.

첫 상담 때 "혹시..국악중학교 선배님?!" 하며 나를 알아봐 주셨다. 그 분의 선배 사랑과 국악중학교 사랑, 매 수업마다 열심을 다하는 열정에 힘입어 필라테스에 입문하게 되었다.

필라테스 베드에 누워 스트랩을 팔과 다리에 걸고 몸의 각 부위의 근육을 세밀하게 분절해서 조이고 풀기를 반복한다. 겨드랑이 뒷부분, 기립근, 등근육, 허벅지 뒷근육, 내정근 등등. 이름도 생소하고 평소에 그 존재를 느끼기 어려운 근육들을 이 운동을 통해 자극한다.

나이를 먹어가며 예쁘지 않게 붙는 군살에 속이 상할 때면 필라테스를 한다. 공연을 앞두고 드레스와 같이 노출이 있는 의상을 입어야 할 때도 필라테스 수업을 촘촘히 잡는다. 필라테스는 몸의 라인을 가늘고 잡아주고 근육을 길게 늘려주기 때문에 여성스러운 의상을 입을 때에 제격인 운동이다.

"선생님, 곧 공연이 있어요. 드레스 입어야 합니다" 라고 말씀 드리면 선생님은 눈을 번뜩이며 특별훈련에 돌입한다. 내 몸을 스캐닝하고 "회원님, 아니 선배님, 지금 팔 운동을 시작하겠습니다." 라고 카리스마 있게 명령하신다.

평소보다 강도 높은 운동으로 몸 구석구석의 지방을 태우는 느낌이다. '으아아 더는 이 스프링을 못 당기겠다, 근육이 강도를 못 이기고 파르르르 떨다가 다 타버려 터져 버리고 재만 남을 것 같다, 선생님의 카운트 템포는 어쩐지 더 느려지는 것 같다, 살짝 원망스럽지만 다 내 몸을 위한 것이니 고맙기도 하다.'

필라테스는 중량운동을 통한 격렬한 근육 운동인 웨이트와 스트레칭을 기반으로 하는 부드러운 운동인 요가의 중간 쯤에 위치한다. 운동의 강도는 선생님과 상의해서 몸 컨디션과 목표를 고려해서 정한다. 1:1 수업료가 부담스럽지만 그만큼 허투루 수업을 흘려보낼 수 없다는 마음 가짐도 동기부여로 작용한다. 선생님도 내 몸에 대한 목표의식을 적극적으로 공유하며 운동 플랜을 짜주신다.

필라테스는 기구가 다양한 만큼 근육의 자극점도 다르고 세부적이다. 베드도 크게 두 종류다. 캐딜락은 높은 베드에 사방 꼭지점에 높은 대를 세운 것. 리포머는 6개의 스프링을 캐리지에 달아 위아래로 움직이는 기구다.

이 베드에는 짧은 스트랩, 긴 스트랩 등이 달려 있다. 스트랩을 선택해가며 팔과 어깨, 하체 운동을 한다. 필라테스 체어와 바렐과 같은 기구들에 올라 타서 옆구리나 복근 운동을 한다. 캐딜락과 리포머, 체어와 바렐 등의 기구를 타며 안 쓰던 속 근육들을 자극해 본다. 내 몸 근육이 이렇게 섬세하게 구성되어 있구나, 감탄하게 된다.

평소 축 늘어져 앉아 있다가도 선생님의 음성이 들려오는 것 같다. "어깨와 목이 길어져요", "말린 어깨를 펴주세요"라는 주문을 수업 시간 내내 수도 없이 들으니 그럴 만도 하다. 내가 그렇구나, 인식하는 것만으로도 필라테스의 효과는 본 셈이다.

어깨와 목이 멀어지도록. 어깨는 펴고 조금 더 바른 자세로 앉아본다. 푹 퍼져 있는 허벅지 라인도 내전근을 써가며 안으로 모아준다. 심지어 해금으로 O다리에 가까워진 다리의 모양도 바로 잡힌다. 양쪽 무릎이 점점 가까워지는 기적을 경험하기도 한다.

코어가 답이다

해금을 하며 힘의 지점에 대한 많은 고민을 해왔다. 결국 힘을 효율적으로 쓰는 것, 부상 없이 연주활동을 오래 지속할 수 있는 것이 관건일 것이다. 힘은 하체와 코어로 쓰는 것. 큰 힘은 큰 근육을, 작고 섬세한 힘은 작은 근육을 사용하는 것이 나의 지론이다.

다행이 큰 부상 없이 지금까지 연주 생활을 할 수 있으니 더 없이 감사한 일이다. 비싼 가방이나 피부과 시술에는 돈을 들여 본 적이 없다. 다만 운동하는 것에는 주저없이 투자해 온 셈이니 그 대가가 훌륭하다고 본다.

큰 소리를 낼 때는 등근육과 날개뼈 부근부터 타고 내려오는 팔 전체의 힘을 사용한다. 작고 섬세한 소리는 손가락 끝이나, 손목의 스냅을 순간적으로 사용한다. 손가락의 작은 근육이나 손목의 스냅을 자주 사용하다가는 작은 근육들에 무리가 가서 통증이 유발될 수 있다. 이를 인식하지 못하고 연주법을 고정할 경우 여리고 섬세한 근육에 지속적으로 자극을 가하는 격이다.

자극을 못 견딘 근육이 손상되고 나면 연주가 영영 불가능해질 수도 있다. 몸의 취약한 부분도 저마다 다르기 때문에 타고 난 신체적 연약함이 부상으로 이어질 수도 있다.

하지만 주법과 습관적인 힘의 지점과 상관관계는 있다. 이것은 요가를 할 때에도, 필라테스를 할 때에도 공통적으로 적용된다. 잘못된 자세가 운동 부상으로도 이어지니 말이다. 테니스처럼 채를 사용하는 구기 종목도 활을 사용하는 해금과 비슷한 면이 있다. 힘의 자극점과 물리적인 현상에 대해 상기하곤 한다.

필라테스는 근육을 섬세하게 분절하여 인식하고 사용하도록 지도한다. 수업을 통해 힘이 어느 지점에 어떻게 들어가는지를 알게 된다. 나는 주로 머릿속에 근육의 지점을 떠올리고 힘이 들어가는 상상을 한다. 그러면 보통 선생님께 오케이 사인을 받는다. 목이나 어깨에 습관적으로 들어가는 힘을 빼고 코어로 힘을 집중시키는 것이 좋다. 목과 어깨, 팔의 흐름이 자유롭고 릴랙스되어 있는 상태여야 한다.

이것은 요가나 필라테스와 같은 운동을 할 때에도, 해금을 할 때에도 마찬가지이다. 하체와 코어가 거대한 뿌리, 힘의 원천이다. 엉덩이뼈, 골반뼈, 갈비뼈 등을 중심으로 큰 근육들이 분포되어 있기 때문일 것이다.

코어에 갈 힘을 목, 어깨로 잘못 쓰게 되면 라운드 숄더, 거북목, 승모근 비대 등의 외형적인 문제가 발생한다. 미적인 문제보다 목 어깨에서 척추와 허리에까지 악영향을 미치게 된다. 해금을 오래 하며 악보를 보느라, 해금을 쳐다보느라 목을 자꾸 앞으로 내민다. 어깨는 둥글게 말린다. 힘이 달린다 싶으면 어깨와 목에 힘이 들어간다. 긴장을 많이 할 때에도 마찬가지다. 그럴 때는 바로 인식하고 코어로 힘의 점을 옮긴다. 요가와 필라테스를 통해서 바른 자세에 대한 인식을 갖게 된 것은 축복이다.

힘을 조금 들이고도 큰 소리부터 작은 소리까지 다양한 음악을 그려낼 수 있다면 좋겠다. 마음 가는대로 자유롭게 연주하는 것이 연주자의 지고한 바람이 아닐까. 그러한 자유에는 하체와 코어의 단단한 힘이 필요하다. 팔은 자유롭게 훨훨 날기도 하고 춤을 추듯 나풀거렸다가도 절도 있고 무게가 있는 순간을 창조할 수 있어야 한다.

뿌리 깊은 나무는 바람에 흔들리지 아니한다. 그리고 그 뿌리 덕분에 가지를 뻗고 청청한 나뭇잎과 탐스런 열매를 맺는다. 나무나 해금연주가의 자세나 마찬가지일 것이다. 이만하면 나는 세상을 해금으로 배운 셈이다. 그 이면에, 해금에 있어 중요한 힘의 진리를 알려준 것은 운동이다!

줌바

내 생에 가장 고통스러웠던 시절이 있다. 그 시절 옆에 멀쩡히 서 있는 벽이 무너질 것 같은 공포를 느끼기도 했고, 하루 종일 목이 타들어가는 느낌으로 입이 마르기도 했다. 마르지 않는 눈물과 복받치는 설움으로 낯선 동네를 헤매고 다녔다.

그렇게 힘들어 하는 나를 보고 엄마는 스포츠센터 회원권을 끊어주셨다. 운동을 하면서 네 몸과 마음을 잘 다스려 보길 바란다는 말씀이었다. 동네에서 제법 큰 규모의 스포츠센터다. 이 스포츠센터를 출입하게 되면서 새로운 차원의 운동 라이프가 시작되었다.

스포츠센터는 활력으로 넘쳤다. 나보다 십 년에서 이십 년 정도 연상으로 보이는 여성분들이 이 센터를 주름잡고 있었다. 그 분들은 하루의 시작을 운동으로 여는 모양이다. 오전시간 내내 이곳에서 운동하고 목욕하고 헤어셋팅과 메이크업까지 멋지게 마치고 생기 넘치는 모습으로 하원(?)하곤 했다.

GX(Group Exercise)는 아침 9시부터 시간별로 다른 운동으로 구성된다. 아침 8시 40분부터 탈의실이 북적이기 시작한다. GX Room에는 브라탑에 숏팬츠를 입고 복근을 드러낸 언니들, 빨간 립스틱을 바르고 구릿빛으로 태닝한 탄탄한 몸매를 자랑하는 매력적인 언니들이 저마다 스트레칭을 하며 몸을 풀고 있다.

첫 시간은 줌바다. 라틴댄스를 재해석한 다이어트 댄스 수업이다. 20명 정도 GX room을 빽빽하게 메운다. 신나는 라틴음악이 흘러나온다. 둔중한 베이스 사운드가 심장을 친다. 끈적한 보컬이 멋진 언니들의 눈빛마저 섹시하게 만든다. 프랑스 마을이다 보니 동네에는 외국인 남편을 둔 언니들이 꽤나 있었다. 해외 거주 경험이 많으니 자신을 표현하는 데에 있어 훨씬 개방적인 듯하다. 탱고부터 차차까지 다양한 춤들이 결합되어 있는데, 이 언니들 동작도, 그루브도 남다르다.

50분간 음악과 운동의 기승전결이 확실하다. 공연 한편이 짜여지는 것과 같다. 처음에는 살짝 부드러운 음악으로 스트레칭을 한다. 밤새 굳어있는 몸을 음악에 맞춰 풀어주는 것이다. 목과 어깨, 손목, 발목, 골반, 척추까지 꼼꼼하게. 두 번째, 세 번째 곡으로 진행되며 음악의 비트가 점점 빨라진다. 줌바 선생님은 헤드셋 마이크를 차고 힘차게 기합을 넣는다. 음악이 고조되면 '후아! 후아!' 하면서 추임새를 넣어 흥을 돋운다. 화려한 조명은 빨갛게 노랗게 보랏빛으로 때론 사이키 조명까지 수놓는다. 우리는 선생님의 춤을 따라 하기도 하고 거울에 비친 자신의 모습을 바라보기도 하며 신나게 춤을 춘다.

시간이 흐를수록 땀이 사방으로 튈 정도로 열광의 도가니가 된다. 땀인지 눈물인지 모르겠다. 모두들 선생님과 자기 자신을 보기에 바쁘다. 이 순간 아무도 날 보는 사람은 없으리. 하이퍼된 춤사위와 정신. 아침의 엑스터시! 땀인지 눈물인지 울컥울컥 눈물콧물이 흐른다. 춤을 추며 마음에 고인 아픔과 고통이 땀과 눈물로 흘러 나간다.

이 춤사위와 함께 나만 울고 있는 것은 아니겠지. 이 곳에 모인 언니들도 저마다 삶의 무게를 지고 이곳에 와서는 한을 풀듯 춤을 춘다. 아침에 아이 학교 보내랴, 남편 출근 돕느라 바쁠텐데 매력적인 모습으로 자신을 단장하고 운동하는 것. 자기 자신을 지키기 위한 최소한의, 최대한의 아침 리추얼일 것이다. 줌바 수업은 저마다의 아픔을 토해내는 열광의 도가니로 기억된다.

웨이트

1교시 줌바로 유산소 운동을 했다면 2교시는 웨이트를 기반으로 한 운동이다. 스쿼트와 런지와 같은 맨몸 운동과 덤벨 같은 소도구를 이용하여 중량 운동을 한다. EDM 풍의 신나는 음악은 필수다. 근육을 조였다가 풀고 방방 뛰는 템포에 맞춰 빠른 템포의 음악이 흘러나온다. 음악에 힘 입어 10 카운트 중 8, 9회의 고비를 아슬아슬하게 견뎌낸다.

선생님은 클럽 뮤직의 리듬을 타며 동작의 큐를 주고는 이두! 삼두 근육! 을 외치며 근육 사용법을 알려주신다. 그룹 운동의 좋은 점은 옆사람이 선생님이 주문하는 카운트의 동작을 완수해 내면 나도 조금 더 견딜 힘이 나는 것이다. 지고 싶지 않은 마음도 한몫 거든다

웨이트도 스트레칭으로 시작한다. 가벼운 유산소로 몸을 달군다. 스쿼트, 런지로 넘어가서 근육에 열을 가한다. 카운트를 건디다 보면 어느새 허벅지에 힘이 불끈 들어가고 뜨겁게 달궈진 근육을 느낄 수 있다. 도저히 못 견딜 것 같은 견딤의 순간을 넘어섰을 때 운동의 진정한 환희가 있다.

강력한 근육 운동은 정신마저 일깨운다. 책은 도끼다가 아니라 운동은 도끼다! 심장 박동이 빨라지면서 몸 속 피가 빠르게 돈다.

운동을 할 때 세로토닌이라는 호르몬이 분비 된다고 한다. 몸과 마음에 활기와 명석함을 가져다주는 축복의 호르몬이다. 빨라진 심장 박동. 두뇌까지 넘치도록 전달되는 피와 산소의 맛. 세로토닌의 마법에 걸리면 미뤄뒀던 생각들이 하나둘 머릿속에서 춤춘다. 그 속에서 꼭 하고 싶은 일들이 우선순위를 갖고 정리된다. 클럽뮤직에 맞춰 방방 뛰고, 덤벨을 쥔 팔을 쥐락펴락 하는 순간 일어나는 일들이다.

50분의 운동이 쿨다운되는 마지막 스트레칭 시간. 마음에 확신이 선다. '이 프로젝트를 진행하기 위해서 이 사람을 만나야 한다', '아, 이건 정말 할 엄두가 나지 않던 일인데, 용기를 내어 진행해보자' 라는 식으로 일이 말끔하게 정리된다.

GX Room을 나서서 탈의실로 향하는 길에 바로 전화를 건다. 마음 속에 묻어 둔 일을 세상 밖으로 꺼낼 채비를 한다. "안녕하세요, 해금연주가 천지윤입니다."

오늘 내가 들어 올린 덤벨의 무게만큼, 스쿼트를 하며 견뎌낸 내 몸의 무게만큼 번뇌는 사라지고 용기는 살아난다. 나의 강인함을 믿게 하는 힘. 마음에 구름이 낀 듯 우울해지면 운동을 하러 간다. 누군가와의 관계에 있어 실수한 것 같고, 이불킥 할만한 헛소리를 한 것 같아 마음이 소심해지는 날에도 운동을 하러 간다. 운동 앞에서는 어떤 일도 별 일 아닌 것이 되어버리는 마법. 경험해보시기를!

해 금 과

책

책을 읽기 시작한 이유

해금연주가로 살아가며 해금에 관하여 오래, 다양한 스승님들께, 다양한 방식으로 배워왔다. 저마다 몸의 생김새가 다르고 사고방식이 다른 것처럼 해금을 대하는 마음의 태도부터 해금을 연마해 온 방식이 다른 것은 당연한 일일 것이다.

어린 시절 해금을 배울 때는 한 스승님께 배우고 또 다른 스승님께 배울 때면 혼란에 빠지곤 했다. '이게 맞아'라고 믿고 있던 방식과 다른 방식을 이해하고 습득하느라 매번 고생했다. 어렵게 습득한 방식에 대해 '그게 아니고 이렇게 해 봐'라고 하시면 어찌할 바를 몰랐고 다시 원점으로 돌아가는 기분이었다.

지금은 소리에 이르는 길이 사람마다 다르고 한 사람의 방식도 매순간 변화한다는 것을 알게 되었다. 해금의 왕도(枉道)에 이르는 만 가지 방식을 넓게 조망하기까지 오랜 세월이 필요했다.

박사과정에 이르기까지 공식적인 수련기간을 거치고 학교로부터 방출된 이후. 나를 어떻게 교육해야 할까에 대해 고민하게 되었다. 배우지 않고, 공부하지 않으면 사람은 금세 뒤처진다. 낡은 사고방식에 머물러있으면 멈추어 있는 정도가 아니라 매력없는 사람이 되어버리고 만다.

이왕 사는 거 멋지게, 조금 더 나은 인간으로 살고 싶다는 생각은 지속적으로 책으로 이끌었던 것 같다. 음악을 지속함에 있어 갖가지 어려움과 선택의 순간들이 있었다. 주변 사람들과 세세하게 나누기 어려운 고민을 책 속의 작가들과 나누게 되었다.

작가들은 자기만의 방식으로 나에게 지혜의 말을 들려주었고, '무엇이든 해보라' 는 용기를 주었다. 그렇게 작가와의 대화를 나누다 보면 내가 고민하고 있던 부분에 대해 '이거다!' 싶은 좋은 문장들을 길어 올리게 된다. 번뇌는 사라지고 머리가 맑아지는 순간을 경험하게 된다. 그러한 경험 이후로 말수가 적어지고 스스로 생각하는 내가 되어 갔다. 혼자 책을 읽고, 조금은 거창하게 말해 '사색' 하는 시간을 좋아하게 되었다.

강도 높은 인생의 파도를 넘을 때, 책을 붙들고 울고 웃고 했다. 내가 만난 작가들은 나보다 백 배쯤은 혹독한 시련을 겪고 강인해진 인물들이었다. 저항을 이기고 저항보다 더 큰 힘을 가진 사람이 되면 마음의 품이 넓어지고 인생을 수용하는 여유도 생기나 보다.

 '큰 사람'이 된 작가들이 들려주는 이야기에 귀 기울이다보면 인생, 나만 힘든 것은 아니라는 것도 알게 된다. 방식은 다르지만 저마다의 어려움에 직면하고 헤쳐나가야 하는 것은 공평하다. 이것은 책 속에서 얻는 커다란 위로이기도 했다. 책의 세계에서 정제된 문장을 통해 만날 수 있는 지혜, 용기, 위로의 삼중주! 인생의 시기마다 내게 절실하게 필요한 것들을 선물해 준 책들을 소개하고 싶다.

"작업을 인내심을 갖고
꼬박꼬박 해나가기 위해서는
무엇이 필요한가

말할 것도 없이 지속력입니다
그러면 지속력이 몸에 배도록 하기 위해서는
어떻게 하면 되는가

기초체력이 몸에 배도록 할 것
다부지고 끈질긴, 피지컬한 힘을 획득할 것
자신의 몸을 한편으로 만들 것"

- 무라카미 하루키, 『직업으로서의 소설가』

하루키로부터 배운 것들

20대부터 하루키의 소설과 에세이를 읽어왔다. 특히 그의 에세이를 좋아하는데 위스키, 달리기, 티셔츠, 해외살이까지 주제는 다양하다. 덕후 기질을 발휘하여 자신이 좋아하는 것에 대해 사소하고 시시한 이야기마저 맛깔스럽게 풀어낸다. 담담한 태도로 무엇과도 거리를 두며 그가 무심하게 던지는 농담에 피식피식 웃게 된다. 소설은 소설대로 그가 창조한 세계관 안에 완벽히 몰입하게 한다. '어떤 놀이보다 하루키 월드가 좋아!' 라고 소리지르게 만드는 매력.

하루키 월드에 발을 들이게 되면 그의 신작이 나오는 대로 관심 갖고 읽게 되는 마법에 걸리게 된다. 하루키는 소설부터 에세이까지 장르와 농도를 자유자재로 넘나든다. 독자로서 그의 세계를 사랑하게 되고 방대하고 꾸준한 집필 활동에 탄복하게 된다. 예술가 대 예술가로 '거 참 부러운 인생이군요.' 라고 고백하게 만든다.

소설, 에세이, 대담집 속에 재즈, 클래식, 팝을 아우르는 음악에 대한 해박한 지식과 풍부한 음악 리스트가 등장한다. 젊은 시절 재즈바를 운영하기도 했고 이곳에서 글을 쓰며 소설가로 데뷔하게 되었으니 하루키와 음악의 인연은 깊다.

재즈의 리듬으로부터 문체의 리듬을 배웠다고 할 정도이니! 하루키와 세계적인 지휘자 오자와 세이지와의 대담집『오자와 세이지씨와 음악을 이야기하다』를 읽으며 책에 등장하는 여러 음반을 사모으기도 했다. 내가 음악가여서 그런 걸까. 그의 음악에 대한 미감과 안목은 그의 세계를 더욱 신뢰하게 한다.

하루키의 작품을 읽으며 깊이 동감하게 되는 것은 **체력과 자립**에 관한 이야기이기 때문이다. 소설『해변의 카프카』에서는 주인공인 소년이 도서관과 체육관에서 몸과 마음을 강인하게 만들고 낯설고 두려운 세계와 맞서는 모험담이 펼쳐진다. 부모나 형제 없이 단독자로 등장하는 주인공은 도서관과 체육관, 그리고 모험 그 자체를 통해 자신의 역량을 강화하고 진화해 나간다. 이 소설 뿐 아니라 여러 소설에서 변주되는 주제이기도 하다.

그의 에세이『직업으로서의 소설가』에서 소설 속 주인공의 목소리가 아닌 그의 목소리로 이러한 내용을 직접 전달한다. <한없이 피지컬한 업(業)>이라는 챕터는 읽고 또 읽고 밑줄을 긋고 또 그은 부분이기도 하다.

자주 등장하는 소설 과 소설가 라는 단어는 **음악** 과 **음악가** 로 치환하여 생각해 보게 된다.

자신의 세계를 창작하는 창작자로 살아가며 작은 발걸음 즉, 매일의 성과가 보이지 않는 작업이 무의미하게 느껴지거나 그 무의미함에 지쳐 그만둬 버리고 싶을 때. 이 책을 펼쳐든다. 프리랜서로 살아가며 내게 주어진 무한대의 시간을 어떻게 사용해야 할지 게을러질 때면 이 책을 펼쳐든다.

하루키는 '기묘한 모범생' 이라 할 수 있다. 예술가로서 과시하곤 하는 영감이나 기행, 일탈에 관한 이야기는 내다버리기로 한다. (자살을 하거나, 귀를 자르거나 하는 것은 이미 지난 세기 예술가의 모델이 아닌가.) 하루키는 일상을 어떤 방식으로, 얼마만큼의 강도로 살아나가야 할지 설명한다. 물론 자신의 일상을 들어서 말이다.

매일 달리기를 하고, 수차례 마라톤을 완주한 마라토너. 건강한 음식을 만들어 먹고 하루의 루틴에 따라 성실하게 작업을 이어가는 작가 하루키. 그는 글쓰기는 그저 **한없이 피지컬 한 업(業)** 이라고 힘주어 말한다. 좋은 퀄리티의 작업물을 꾸준히 발표하기 위해 강인한 체력을 키운다. 달리기와 수영 등 매우 개인적인 운동을 하루도 빠짐없이 한다. 체력을 바탕으로 매일 정해진 시간, 창작활동에 전념한다. 일상이 잘 정돈되고 건강한 몸과 마음이 받쳐줄 때에 작품의 퀄리티는 저절로 유지된다는 것이다.

그는 삶의 질이 곧 작업물의 질이라고 단언한다. 아무리 재능이 있더라도 그 재능은 그 업계에 입장할 수 있는 입장권에 지나지 않는다는 것, 반짝하고 사라지는 예술가가 아닌 롱런할 수 있는 예술가로 남기 위해 어떻게 살아야 하는가에 대해서도 이야기 한다. 재능을 기본 조건으로 친다면 꾸준함과 지속력이 관건이며 꾸준함과 지속력의 비결은 작업에 대한 의지를 강고히 하고, 의지의 본거지인 신체를 강인하게 유지하는 데에 있다고 한다. 의지와 체력! 즉, 꾸준함과 지속력은 의지와 체력이라는 양쪽 바퀴에 의해 움직여지기 때문이다.

'연습보다 운동 먼저!' 라는 생활의 원칙을 갖게 해준 것은 하루키 덕분이기도 하다. 몸의 탄력과 근육을 최대한 유지하고 운동 후 활성화된 뇌세포로 새로워진 나를 맞이하는 오늘! 영감과 영혼의 본거지인 내 육체를 청정하고 강인하게 유지하고 한걸음, 한걸음 꾸준히 밀고 나가는 것. 이번 작품에 이렇다 할 칭찬이나 인정, 세속적인 성과를 내지 못했더라도 좌절하지 말 것. 그 다음 작업, 다음 작업을 통해 꾸준히 나의 세계를 발표하기로 한다.

그렇게 이어지는 '지윤월드' 를 강인하게 밀고 나갈 것. '지윤월드' 에 입장한 사람들에게 만전을 기한 나의 작업물들로 어떤 식으로든 만족을 줄 수 있도록 애쓰는 성실한 직업인이 되어 보고자 한다. 용기 내어 발표한 작품들이 경험과 연륜을 이루고 탄탄한 실력을 돌려주리라 믿기 때문에 오늘도 나를 일으켜 세워본다.

일찍 자고 일찍 일어나기.
상쾌한 몸으로 서재로 출근.
체육관으로 발걸음 향하기.

이렇게 일상의 질서가 확립된 것은 모두 하루키 덕분이다.

하루키가 '소설을 묵히는' 방식에 대하여

공연을 앞두고 연습을 하는 기간 동안은 정신적으로 타이트해진다. 디데이를 앞두고 매일 몸과 마음을 정돈하고 본격적인 연습에 돌입한다. 이 기간 동안은 가능한 루틴한 생활 방식을 유지하려고 한다. 관객분들을 모시고 좋은 음악을 돌려주어야 한다는 책임감을 가지고. 암보에 만전을 기하고 무대 위에서 실수없이 최상의 모습을 보여줄 수 있도록. 가능한 빈틈 없는 집중력으로 연습을 하려고 한다.

연습하는 시간과 공간은 매우 중요하다. 매일 연습을 통해 경험한 시간과 공간을 무대 위에서 재현하는 것이기 때문이다. 없던 집중력이 무대 위에서 갑자기 생기지 않는다. 연습하는 시공간에서 내가 몰두한 만큼이 무대 위에서도 발휘된다고 믿고 있다.

음악은 온몸의 감각을 이용해 만들어 내는 것인데, 그 중 가장 중요한 것은 귀의 감각이다. 악곡의 전체 연습과 더불어 부분 연습을 하며 촘촘하게 음악을 듣게 된다. '이게 아니야, 이 소리, 아니 이 소리…. 바로 이 소리, 다시, 왜 다시

하니 안 되지? 다시, 또 다시…' 와 같은 지난한 사투를 벌인다. 연주가들에게는 익숙한 순간들일 것이다.

나에게 많은 영감을 주었던 B 연출가는 종종 '자'에 감각의 기준을 비유하곤 했다. 촘촘한 눈금의 자를 갖게 되는 것. 밀리미터의 눈금, 그보다 더 세밀한 단위를 가진 자로 나의 음악을 판단할 수 있는 능력. 그것을 갖게 되기를 희망하며 연습하곤 했다.

귀의 눈금이 촘촘해질수록 마음에 드는 소리를 내는 것은 점점 어려워진다. 귀 눈금이 촘촘해질수록 어제보다 완벽한 음악이 머릿속에 그려지기 때문이다. 촘촘한 귀 눈금을 들이대는 매일의 연습과정은 머릿속에 그려진 완벽한 음악을 향해 나아가는 작은 걸음들이다. 작은 걸음을 돌아봐서는 매일, 조금의 나아짐을 알 수 없다. 멀리 와봐야 '내가 이만큼 걸어온 것이군.' 하고 알 수 있다.

귀 눈금이 촘촘해진 상태로 내가 연주한 부분에 실수가 있는 부분, 엉성한 부분을 집요하게 찾아내기 때문에 내 음악을 스스로 모니터링 한다는 것은 괴로운 일이다. 머릿속 신경이 뾰족하게 서서 아우성친다. '여기 왜 이래, 아 마음에 안 들어, 그게 아니지, 여기는 이렇게 표현했어야지, 연습했는데 잘 안됐네.' 라는 검열에 쉬지 않고 걸려들고 만다.

무대에 서는 순간까지, 혹은 녹음실에서 녹음을 하고 모니터링 하는 동안은 자기 검열의 연속이다. 이 검열의 늪에 빠지면 세상에 발표하고 싶은 작업물이 하나도 남아 남지를 않는다. 모두 미완성인, 여전히 머릿속 완성형 음악을 향해 가는 미숙아일 뿐이다.

하루키가 제안하는 방법은 이것이다. 하루키는 초고를 쓴 이후 수십 개의 교정본을 만든다고 한다. 고치고 또 고치는 과정을 반복하며 완성형으로 나아가는 것이다. 얼마나 지리멸렬한 과정인지 상상도 할 수 없지만 그는 매번 작품을 발표할 때마다 이 과정을 되풀이 한다. 자신이 전달하고 싶은 의미를 보다 적확하게 전달하기 위해 문장을 벼릴 것이다. 수십 번을 고치고 또 고친 후 어느 단계가 되면 '이 정도면 완성'이라는 지점에 도달한다.

여기서 원고를 딱 덮고 몇 달을 기다린다.

절대 열어보지 않는 것이 원칙이다. 여기서 오르페우스와 에우리디케 이야기가 떠오른다. 지옥으로 에우리디케를 구하러 간 오르페우스는 자신이 사랑하는 여인 에우리디케를 만나고 돌아가는 길에 '절대로 뒤돌아 보지 말 것'이라는 미션을 받았다. 그러나 결국 뒤돌아 보고 만 오르페우스는 영영 에우리디케를 잃고 만다!

이쯤 되면 나와 작업물의 관계가 오르페우스와 에우리디케가 되는 것이다. 절대 뒤돌아 보면 안 된다!

다시 열어보았다간 좌절이나 책망 끝에 작품을 세상에 내보내지 못할지도 모른다. 작품을 사산하는 결과가 나오는 것. 이렇게 원고를 다시 열어보지 않고 숨을 고르는 몇 달 동안 현미경 단위로 촘촘해졌을 문장을 바라보는 눈금들이 여유를 갖고 틈을 벌리게 될 것이다. 이 순간이 바로 자기 스스로에 조금 관대해질 수 있는 때다.

현미경으로 들여다보며 여기저기 깎아내고 내리치고 사포질하던 행위를 반복하다보면 헤어나올 수 없을 정도로 매몰되기도 한다. 숲을 보지 못하고 나뭇잎의 미세한 결만 들여다보다 보면 미치광이가 될 정도로 이상해질 수 있다. 행위의 의미를 잃어버릴 수도 있고, 도착지를 잃어버릴 수도 있다.

하루키는 완성에 도달한 원고를 과감히 덮어놓고 휴식을 취한다. 혹은 가벼운 마음으로 스스로 즐길 수 있는 작품을 쓰며 놀이에 가까운 새로운 집필 활동을 한다. 잉여의 시간을 실컷 보내는 거다.

다행이 이러한 시간을 통해 미치광이에서 벗어날 수 있

다. 큰 그림을 보게 되고, 이 작품의 이미지나 의미들을 직관적으로 알게 되기도 한다. 무엇보다 자기 자신에 대해 관대해진다. 하나도 마음에 들지 않던 문장(음악가에겐 소리)들이, '오 제법 괜찮은데?'라고 스스로의 것을 즐길 수 있는 여유를 갖게 된다.

하루키가 완성한 원고를 몇 달 만에 열어보는 밤은 어떨까? 처음부터 끝까지 찬찬히 읽어보고 원고를 '탁!' 덮는다. 얼굴에는 편안한 미소. 그가 좋아하는 재즈음반을 턴테이블에 올리고 골이 띵할 정도로 차가워진 맥주 '사뮤엘 아담스'를 마신다.

나 역시 그런 순간들이 있다. 완성되지 않은 엉성한 소리들에 화가 나 있었는데, 거리를 두었던 시간이 화를 잠재워준다. 귀 눈금이 스스로 간격을 벌리고 버릴 것은 버리고, 중요한 것이 무언지 파악하게 해준다.

꽤 괜찮다. 마음에 든다. *끄덕끄덕*.

완벽이 아닌, 완성이라는 지점에 도달한 아이를 세상에 내놓기로 마음먹는다. 자기 검열의 늪에 걸려 사산할 뻔한 아이들이 세상에 온전한 모습으로 나와 있는 것을 보면 흐뭇하다. 하루키 덕분이다!

해금해부
해금 그리고 여덟가지 재료

전통악기는 팔음(八音)으로 재료를 구분한다.
여덟 가지 재료가 쓰인다 하여 팔음이라 한다.
팔음은 금(金), 석(石), 사(絲), 죽(竹),
포(匏), 토(土), 혁(革), 목(木)이다.

이 재료에는 음양오행의 동양적 질료와 철학이 깃들어 있을 것이다. 해금은 전통악기 중 유일하게 팔음을 모두 갖춘 악기이다.

金 감자비 • 236
石 옥돌 • 238
   옥돌과 해금연주가 • 239
絲 줄, 줄타기 • 241
絲 줄, 그리고 굳은살 • 244
竹 입죽 • 246
竹 + 土 울림통 • 249
匏 원산 • 252
革 가죽 • 256
木 복판 • 260
木 주아 • 263
   주아와 여름 • 264
   주아와 조율 • 265
   전통주아 vs 개량주아 • 266
木 활대 • 267
木 말총 • 268
   말총과 송진 • 274
   송진 • 276
   말총과 산(山) • 278

金
감자비

해금과 몸이 닿는 지점. 활도 잡고 줄도 잡지만 가장 많은 면적이 닿는 부분이라면 감자비다. 해금의 가장 아랫부분, 울림통 바닥을 금속으로 덧대어준다. 복판과 맞닿는 지점에 각을 주어 줄을 매듭짓는 두 개의 구멍을 낸다. 감자비의 중앙에는 울림통과 입죽(立竹)을 연결하는 금속 막대를 고정하는 자리가 있다. 감자비는 해금의 가장 바닥에서 울림통에서 입죽 상부까지 연결하고 소리의 진동을 전하는 역할을 한다. 울림통을 뿌리라 한다면 감자비는 뿌리 아래에 묻힌 암석이라 할 수 있겠다.

전통음악을 연주할 때 좌식으로 가부좌를 틀고 앉는다. 오른쪽 다리가 위로 올라간다. 오른쪽 발바닥과 만나는 지점에 감자비가 있다. 맨발 위에 해금을 올릴 때 시린 금속성이 정신을 산뜻하게 깨워준다. 전통음악 외의 장르를 연주할 때는 의자에 입식으로 앉는다. 이럴 경우 무릎 위 허벅지 어디쯤에 감자비가 자리한다. 줄 매듭이 지어진 자리가 살에 닿아 빨갛게 자국을 내기도 한다.

내가 만난 해금의 감자비 모양은 거북이와 나뭇잎이다. 감자비는 가장 들여다보지 않게 되는 부분인지도 모르겠다. 바닥 부분에 있기에 악기를 거꾸로 들어올려 볼 일은 잘 없기 때문이다. 아주 가끔이나 들여다보는 감자비. 다시 확인을 해봤다. 거북이가 맞다. 왜 거북이일까.

생각해 보니 감자비와 거북이는 잘 어울린다. 금속으로 만들어진 감자비에 새겨진 거북이 등딱지 문양을 보니 반짝이는 거북이 등이 떠오른다. 줄 매듭을 위해 살짝 들어 올려진 구멍 부분은 거북이의 작은 머리에 해당한다.

거북이는 영물이라 한다. 장수의 상징이기도 하다. 음악가의 영(靈)적인 세계를 지키는 수호신으로 적당하며 악기의 장수를 기원하는 의미도 된다. 나뭇잎 모양을 한 감자비는 겸손하고 욕심 없이 느껴진다. 해금은 그 자체로 자연의 산물임을 일깨워준다. 여기서 나오는 음악 역시 겸손하고 온유하고 사심 없이 흐르는 것이어야 한다고 생각하게 된다.

石
옥돌

이 글을 쓰기 전 옥돌에 대해서만큼은 깊이 생각해 본 적이 없다. 그 존재를 자주 잊을 만큼 존재감이 없는 부분인지도 모르겠다. 조금 생각해보니 이 옥돌은 자신의 존재로 존재(울림통)와 존재(입죽)가 만나는 지점을 격식 있게 연결해준다. 누군가(입죽)의 마모를 막아주는 희생적인 역할을 한다. 옥돌은 건축물에 있어 천장과 벽을 잇는 몰딩 혹은 벽과 바닥을 잇는 걸레받이 부분(미안해요, 옥돌님)과 같은 역할을 한다고 보면 된다. 아마 옥돌이 없으면 마감이 안 된 듯한 인상을 줄 것이다. 입죽과 울림통이 만나는 지점이 휑하게 모습을 드러낼 것을 생각하면 어쩐지 부끄럽다. 후줄근한 옷차림을 하고 집 밖을 나온 느낌이랄까.

말총이 울림통 위를 지나고 입죽과 맞닿게 되는데 옥돌은 이 부분을 덧대주어 마모를 막아준다. 그럼에도 옥돌은 마모된다. 악기를 오래 사용하다보면 옻칠한 울림통에 활이 지나가는 자리가 허옇게 닳기도 하고, 옥돌이 닳기도 한다. 어느 사주쟁이가 내 생시를 넣어보더니 '낙숫물로 돌을 뚫을 사주'라 했다. 그 말의 의미는 활질로 이 옥돌을 닳게 한다는 의미일까.

옥돌과 해금연주가

나뿐이 아닐 것이다. 해금연주가들은 허공에 맨 줄을 타며 음정과 농현을 만들어 낸다. 내가 아는 해금연주가들은 끈기와 집념이 대단하다. 다른 악기 연주가들에게 '해금하는 애들, 독하잖아…'라는 핀잔을 듣기도 한다. 누가 뭐래도 허공에 맨 줄을 타며 음악을 만들어내기까지 기본적인 재능보다 끈기, 인내, 집념이 더 중요한 재능일 것이다.

해금연주가들의 공통적인 특성이라 한다면 제 할 일을 조용히, 개인적으로 해낸다는 점일 것이다. 다른 악기 연주가들에게 '해금하는 애들, 참 경쟁적이지…'라고 미움을 받을지언정. 무리짓는 것을 좋아하지 않고 개별적으로 활동하며 단독적으로 드러나기를 선호한다.

해금이 솔리스트 악기의 방향을 취하며 스포트라이트 받을 일이 많아졌다. 음악의 구성에서 해금이 주 선율을 이끄는 컨셉으로 보컬의 역할을 한다. 음악의 방향이 이렇게 흐르며 연주가들의 성향 또한 개인과 개성을 중시하게 된다. 개인의 역량을 탁월하게 드러내려면 그만큼 개인기가 출중해야 한다. 개인의 독자성과 독보적인 실력을 발휘하기 위해 낙숫물로 돌을 뚫는 심정으로 연습에 임해야 한다. 수많은 해금연주가들은 오늘도 옥돌이 닳도록 연습한다.

絲

줄, 줄타기

"해금은 몇 줄일까요?"

전문가가 아닌 대중을 위한 연주를 할 경우 이 질문을 던진다. 대중도 그 깊이와 넓이가 다양하기 때문에 이 질문에 코웃음치는 관객도 있을 테지만 대부분 이 질문에 답을 구하는 과정을 통해 화기애애한 분위기가 연출된다. "답을 맞추시는 분께 사인 CD를 선물로 드립니다!" 라는 경품 행사를 동반하기 때문이다.

즐겨 연주하는 아르헨티나의 탱고음악 'LIBER TANGO'를 신명나게 연주한 후 이 경품행사의 과정을 진행하면 관객은, **해금은 2줄로 이루어진 악기** 라는 사실에 새삼 놀라워한다. 2줄로 이렇게 다양한 음정을 낸단 말인가?! 현악기에 대해서 '몇줄인가?' 가 흔한 관심사인 듯하다.

가야금은 12줄, 개량가야금은 17, 18, 21, 25현으로 다양하다. 거문고는 6줄. 서양의 현악기인 바이올린·비올라·첼로·기타는 모두 4줄이다. 해금은 2줄로 전통 5음음계는 물론 서양음계의 온음과 반음을 포함한 12음을 모두 낼 수 있다. 해금은 완전 5도 간격으로 조율한다. 개방현[1] 기준 바깥줄은 C, 안줄은 그보다 낮은 F. 거의 두 옥타브 반 이상의 음역을 소화한다. 바이올린과 비슷한 음역대다.

해금은 줄을 눌러서 음정을 만들어낸다. 귀와 손끝의 감각에 의지할 뿐이다. 살짝 눌러 반음 간격을 조절하고 많이 눌러 도약이 큰 음정 간격을 만들어야 하니 쉽지 않다. 어느 악기는 쉬우랴마는 음정을 조율해놓고 시작하는 가야금, 완전히 조율된 상태에서 연주하는 피아노와 비교했을 때 시작점이 다른 것만은 분명하다.

해금 줄은 명주실로 만들어진다. 여러 겹의 명주실을 꼬아 만드는 것이다. 명주는 누에고치에서 나오는 실이다. 뽕잎을 먹은 누에가 자신의 몸을 통과해 뽑아내는 실. 자연에서 온 성분이다. 이것은 특유의 탄성을 가지고 있다. 줄을 낭창낭창하게, 때로는 딴딴하게, 주아[2] 와 감자비[3] 끝에 걸어놓는다. 줄과 입죽에 의지해 손을 둥글게 얹는다. 손가락과 악력의 힘으로 당겼다 놨다를 반복하며 음정과 농현을 만들어 가는 것이다.

---

1) 아무것도 누르지 않은 오프스트링 상태
2) 줄을 감고 풀 수 있는 부분
3) 해금 울림통 바닥 부분에 줄을 고정하는 부분

전통놀이인 줄타기. 줄타기 광대는 나무 기둥 양 끝에 걸린 줄 위에서 아슬아슬하게 걷고 뛰며 재담도 한다. 한 손에 부채를 들고 관객을 향해 호령하기도 하고 너스레를 떨어가며 재주를 부린다.

해금 줄을 주무르며 광대의 줄타기를 생각하곤 한다. 줄타기 광대처럼 해금연주가는 의지할 곳 없이 허공에서 재주를 부린다. 조금만 발을 헛디뎌도 음정이 틀려버리고 낙하하고 마는.

絲
줄, 그리고 굳은살

손이 아프지 않느냐고? 당연히 아프다. 아니, 아팠다. 지금은 오래된 굳은살이 겹겹이 버티고 있으니 아프지 않다. 십대에는 연습량이 늘수록 살이 흐물흐물해졌다가 굳은살이 앉기를 반복했다. 굳은살은 연습량에 따라 그 두께를 달리했고, 해금에 마음이 영 떠나 있을 때는 말랑해졌다가, 다시 연습을 불태우는 시기에는 굳건해지기를 반복했다. 엄지를 제외한 네 개의 손가락 두번째 마디 피부 표면이 투명하게 부풀어 속살이 비친다. 피가 맺혀 붉고 푸르스름하다. 손가락이 줄에 닿으면 머리끝이 저릿할 정도로 아픈데 연습을 지속해야 했다. 고통이 익숙해질 때 즈음 흐물흐물하고 투명하던 피부에 굳은살이 잡힌다.

굳은살의 자리는 주기적으로 바뀌었다. 손가락 마디선을 따라 잡힌 적도 있었고, 마디선 아래로, 때로는 마디선 위로 굳은살의 위치와 넓이가 달라졌다. 굳은살의 위치와 넓이는 줄을 잡고 힘을 주는 손가락의 힘점을 반영한다. 힘을 어디에 어떻게 주느냐에 따라 음색과 농현법 등 왼손 주법이 달라지기 때문에 손가락의 어느 부분으로 줄을 잡느냐는 중요하다. 이를 육안으로 확인할 수 있는 증거가 바로 굳은살의 위치다.

여태껏 여러 스승님들께 배우며 기본기를 갖춰왔다. 수없이 많은 시행착오를 겪었다. 그만큼 굳은살의 변천과정을 겪어온 것이기도 하다. 지금은 굳은살이 생길 때의 고통의 감각은 희미해졌다. 손가락 모양 자체가 변형되어 두 번째 마디의 피부가 오리발처럼 넓어졌다. 여린 피부가 변형되어 굳은살 자체가 내 것이 되었다. 해금을 위한 몸의 진화다.

힘을 나눠 쓰는 법을 터득했기에 손가락에 큰 무리가 가지 않는다. 힘을 빼고 줄을 대할 때 자연스러운 소리를 내어준다는 것을 알기에 손끝은 세월의 흐름만큼 가벼워진다. 시간이 지날수록 악기는 하체의 힘으로 하는 것임을 알게 된다. 그것은 지구력을 뜻하기도 하고, 실제 물리적인 힘을 뜻하기도 한다. 힘의 점이 하체로 가기까지 내 손가락은 그 힘을 감당하느라 애썼다.

굳은살의 역사는 수많은 시행착오와 후퇴와 전진을 뜻한다. 한참을 애를 썼는데 '그거 아닌데?'라고 다른 방향을 가리킨다고 해서 좌절하거나 원망하지 않는다. 순순히 '아아, 다른 길, 다른 길…' 하며 줄과 몸의 감각을 다시, 더듬는다.

竹

입죽

입죽(立竹)은 문자 그대로 '서있는 대나무'다. 대나무를 지름 5cm 가량으로 가공해 울림통 위에 세운다. 입죽은 왼손이 줄을 당기고 펴는 행위를 받쳐주는 부분이다. 왼손 메뉴얼은 다음과 같다.

1. 왼손을 악수할 때와 같은 모양을 만든다.
2. 엄지와 검지가 손바닥 안쪽에서 만나는 부분이 있다.
   이 부분을 중심으로 입죽에 걸친다.
3. 엄지에서 일직선으로 손바닥을 가로질러 입죽에 의지하여 손을 살포시 얹는다.

줄을 잡고 음정을 만드는 것과 더불어 농현을 만들어내는 것은 연주의 핵심적인 부분이다. 왼손을 전적으로 입죽에 의지하는 만큼 입죽과 손의 궁합은 중요하다. 이때 입죽의 적당한 탄성과 두께, 길이가 좋은 입죽의 기준이 된다. 너무 두껍거나 뻣뻣하게 버티고만 있으면 연주하기 어렵다.

악기사에서 다양한 악기를 구경하고 만지다보면 유난히 우둔하고 미련한 입죽이 있다. 두껍고 탄성이 없는 입죽이다. 굽힘이 없으면 부러진다는 말이 있듯 굽힘이 없는 입죽은 연주자의 손을 상하게 한다. 이런 것이야말로 반드시 피해야 하는 입죽이다.

해금은 손을 쥐락펴락하며 줄을 당기고 푸는 것을 반복한다. 때문에 손의 강한 악력을 필요로 한다. 이것을 힘으로만 제압하려 해서는 안 된다. 여유롭게 장(長)시간, 긴 세월을 연주하려면 내 몸과 호흡이 움직이는 자연스러운 원리를 알아야 한다.

탄력과 유연함을 기반으로 근력을 사용해야 부상을 피할 수 있다. 그러려면 줄과 입죽이 적당한 탄성(彈性)으로 왼손에 호응해 줘야 한다. 적절한 탄성과 두께를 갖춘 입죽을 만질 때 해금연주가들은 '손에 앵긴다'라고 한다. 찰떡처럼 손에 앵기는 동시에 적당한 강도가 있어야 좋은 입죽이다.

입죽의 길이는 음역을 책임진다. 전통 해금은 입죽이 그리 길지 않았다. 시대의 흐름에 따라 창작음악과 더불어 서양음악과 크로스오버의 비중이 커지면서 해금의 음역대 또한 확장되었다. 입죽의 길이가 길어지면 현의 길이 또한 길어질 수 있다. 고음역대를 내기에도 수월하다. 이러한 이유로 길이감이 있고 탄력적으로 잘 뻗은 입죽을 선호한다. 정직한 1자의 입죽보다 살짝 곡선을 이룬 것이 손의 품 안으로 잘 들어온다.

울림통의 크기와 입죽의 길이가 균형을 이루어야 아름다운 해금이다.

나무의 뿌리와 기둥, 가지가 조화로운 비율을 이루듯 말이다. 입죽은 울림통만큼이나 중요하다. 내 손의 모양과 잘 맞는지, '손에 잘 앵기는지!' 수차례 만져보고 연주해보며 까다롭게 골라야 한다. 악기사 사장님의 눈치가 보이더라도 버텨야 한다. 그러다 운명처럼 착 앵기는 해금을 만난다면 더없는 행운이라 여기고 집으로 데려오자.

竹 + 土
울림통

해금의 울림통은 원통형으로 생겼다. 오른쪽 구멍을 나무로 막고 여기에 원산과 현을 얹는다. 울림통은 크기와 모양에 따라 다른 음색을 내게 마련이다. 현에서 울림을 생성하면 울림통에서 소리를 증폭한다. 몸으로 치면 심장에 해당한다. 심장에서 온몸으로 피를 원활하게 공급해야 하는 것처럼 울림통에서 튼튼한 울림과 진동을 만들어야 소리를 악기 바깥으로 시원스레 뽑아낼 수 있다.

울림통은 대나무와 흙으로 만들어진다. 대나무 뿌리를 채취해서 적절한 크기로 절단한다. 바닷바람에 말리고 비와 바람, 햇빛에 단련시킨 후 황토칠과 옻칠을 몇차례 한다. 숙성의 과정이 길수록 오랜 세월을 버티는 악기가 된다.

울림통은 악기의 본질인 음색과 볼륨을 결정한다. 원산과 말총, 줄 등의 부품으로 세세한 변화를 줄 수는 있다. 울림통은 '원판불변의 법칙' 중 '원판'에 해당한다. 악기를 고를 때는 울림통의 외형을 살펴보고 울림통 속살을 만져보는 것이 우선이다.

스승님께 배운 바로는 울림통의 속살이 두텁고 손으로 깎아 만든 것이어야 한다. 원의 모양으로는 가로가 긴 타원형이 좋다고 한다. 정확한 원형을 위에서 은근히 눌러 못나진 타원형.

여기서 좋은 소리가 나는 이유가 뭘까. '물리적 연구 결과 타원형 안에서의 울림이 좋다' 라고 밝혀진 것은 아닐테다. 긴 세월 해금을 대하며 다양한 해금을 만나본 결과 알게 된 부분일 것이다.

현에서 전달된 소리의 진동이 울림통 내부에서 비정형성을 갖고 속살 여기저기 부딪혀 울림을 생성할 것이다. 완벽한 원형에서 나는 반듯하고 흠결없는 소리보다는 투박하고 거친 소리. 때로 어둡기까지 한 울림을 포함한 것을 매력적인 소리라 느낀다. 속살의 두께는 소리의 단단한 무게감과 강한 밀도를 만들어낼 것이다.

"소리에는 그늘이 있어야 한다"고 스승님은 말씀하셨다. 이십대에는 '그늘의 미학' 을 알지 못했다. 지금은 어떤 존재와 현상이든 그 안에 밝음만큼의 어둠이 존재한다는 것을 안다. 삶에 매끄러움과 평탄함만 있기 어렵고, 완벽한 질서와 계획 속에서만 살아가기 어렵다.

찌그러진 원통의 울림통은 부족한 채로, 결핍을 갖고 태어난 인간의 삶을 반영한다. 스승님께서 좋은 울림통이라 꼽아주신 몇 개의 기준은 겹겹의 나이테와 굳은 속살을 장착하고 있는 대나무 뿌리다. 이것은 소리를 이리저리 부딪히게 하고 진동하게 하여 오묘한 소리를 생성해 낸다.

좋은 울림통은 성숙한 인간미를 보여주는 사람의 형상 그리고 목소리와 닮아 있다.

匏

원산

원산(遠山)은 해금의 울림통에 얹어진 나무 복판 위에 솟은 작은 산이다. 두 개의 움푹 패인 분화구 같은 홈이 두 줄을 떠받치고 있다.

종종 대화를 나누는 C교수님은 말씀하신다.

"원산(遠山)은 먼 산이잖아요. 해금소리를 듣노라면 멀리서 들려오는 바람 소리 같기도 하고 갈대소리 같기도 하답니다. 그래서 원산에 그런 한자가 붙은 것이 아닌가 싶어요."

교수님은 음악을 통해 인문학적 상상의 지평을 넓힌다 하셨는데 내 음악적 상상력에도 한 뼘 뜻을 보태 주신다.

원산은 해금의 음색을 결정짓는데 중요한 역할을 한다. 주아에서 감자비까지 내려온 줄을 떠받치며 복판을 통해 울림통까지 소리를 이어준다. 작지만 중요하다. 서양 찰현악기인 바이올린·비올라·첼로에도 모두 이러한 역할을 하는 부품이 공통적으로 있다.

악기 본체에서 삐죽 솟아 있는 나무 조각을 본 적 있을 것이다. 브릿지Bridge라 부른다. 원산과 마찬가지로 현과 본체의 울림을 잇는 다리 역할을 한다.

해금의 원산은 박을 재료로 하기도 하고 대추나무를 사용하기도 한다. 어떤 나무를 재료로 사용했느냐에 따라 음색과 볼륨이 결정된다. 나무를 깎아 자유로운 사다리꼴을 갖춘다.

여기에 줄이 지나갈 수 있는 홈을 살짝 패어 만든다. 사포질을 해서 높낮이를 조정한다. 가로 3cm, 세로 2cm, 두께 1cm 정도를 기준으로 조금 더 크기도, 작기도 하다. 엄지손톱만하다고 생각하면 된다.

해금이 독주악기로서 무대를 장악해야 하는 경우 음색이 개성적이고 볼륨이 풍성해야 한다. 이럴 때에는 박 원산을 사용한다. 박은 <흥부와 놀부>의 초가지붕에 주렁주렁 열리는 그 박이다. 박의 꼭지 부분을 잘라서 그 속을 나무로 채운다. 박 원산은 통통하고 동글동글한 모양새다. 볼륨이 큰 소리를 내려면 풍만한 원산을 고른다. 원산과 복판이 만나는 면적이 넓직한 것이 든든하다. 활질이 강하더라도 비틀거리지 않고 힘 있게 버텨줄 수 있기 때문이다.

합주 음악에서는 다른 악기들과 음색의 조화를 이루어야 한다. 전통음악에서 해금의 역할은 대금과 피리의 숨 자리를 메워주고 대찬 소리 가운데 중간 레이어를 담당했다. 가야금·거문고가 만들어 내는 소리의 점과 여음, 대금·피리처럼 관악기가 뿜어내는 선을 이어주기도 한다. 해금은 매개(媒介)하는 역할로 존재해 왔다.

그러니 주장하기보다는 잘 들어주고 어울리는 것이 중요하다. 이럴 때는 대추나무로 만들어진 얌전하고 날렵하게 생긴 원산을 고른다. 단정하고 깔끔한 음색을 내려면 원산의 모양도 그래야 한다. 이제는 박이 귀해졌다고 한다. 악기사에 가면 사장님과 대화가 무르익을 즈음 여쭤본다.

"혹시 좋은 박 원산 있을까요?" 하면 "에헴–." 하며 은밀하게(?) 꺼내 보여주신다. 너댓 개쯤 되는 원산. 보석가게에 온 마냥 날카로워진 눈과 손의 감각으로 원산을 고른다. 내게 원산 상자는 보석 상자와 다름없다. 실제로 청색 주얼리 상자를 애용한다. 아끼는 제자가 입시를 준비 할 때 이 상자를 열어 잘 맞는 원산을 골라주며 음색에 대해 상의한다. 악기와 찰떡으로 잘 맞는 원산을 발견할 때의 기쁨은 크다.

나 역시 스승님께 이런 내리사랑을 받았다.

학부 수업 시간, "원산 갖고 있니? 한번 보자" 하셔서 나는 원산 케이스를 열어보였다. 열 개 정도의 원산이 있었다. 모양과 크기가 다양했다. 그 원산 하나하나를 끼워 보이시며 저마다 다른 소리의 맛을 알려주셨다.

"이 소리는 멀리 가지?"
"이 소리는 볼륨은 작지만 단단하고 야무지네."
"이 소리는 매끄럽지만 초점이 없구나."

소리에 까다롭기로 유명한 스승님께서 원산을 갈아 끼우며 소리의 다름을 차분히 말씀해주시던 순간이 선명하다.

革

가죽

가죽손잡이는 말총 오른쪽 끝의 매듭부분과 활대 오른쪽 끝 부분을 연결한다. 오른손으로 가죽손잡이를 잡아 말총과 활대의 균형을 잡고 힘을 전달한다.

해금을 처음 배울 때 **활 잡는 법**부터 배운다. 입문자를 가르치며 수도없이 설명하며 정리된 방법이 있다. 이대로 따라해보자. 그리고 이 모양이 완전히 몸에 익을 때까지 매일 이 순서를 떠올리며 활대 잡는 법을 익히도록 하자.

매 연습 시작전 이 메뉴얼로 3분만 투자하면 큰 무리없이 활대연습에 돌입할 수 있다.

1. 오른손바닥이 보이도록 펴보세요.
2. 3,4,5번 손가락을 접어서 가죽 위에 가지런히 얹어보세요.
3. 모양을 유지하며 왼쪽 90도로 회전하세요.
4. 2번 손가락을 90도로 굽혀 활대 아래를 받쳐주고요.
5. 1지 즉, 엄지손가락은 왼쪽 45도 방향을 향하게 한 후 활대를 살짝 밀어주세요.

가죽손잡이는 말총과 활대에 힘을 공급하는 부분이다. 여기서 힘점을 잘 잡아주고 균형감을 유지하기만 해도 활은 저절로 바른 방향으로 움직일 수 있다. 초심자에겐 이 활 잡는 모양을 유지해서 균형을 잡는 것이 가장 어려운 부분이다. 활이 바른 방향으로 움직이면 큰 힘을 들이지 않고서도 좋은 소리를 낼 수 있다. 해금연주의 기본 중의 기본이다. 활 잡기는 집짓기로 따지면 주춧돌을 바르게 놓는 것과 같다.

힘의 공급을 잘 해주려면 손 모양은 기본이요, 가죽 또한 튼튼해야 한다. 해금을 처음 시작했던 1995년만 해도 가죽의 두께가 얇았다. 점차 다양한 해금음악이 나옴과 동시에 활 테크닉이 변화무쌍하게 발전하게 되었다. 이를 잘 받쳐주기 위해 우렁찬 톤부터 여리여리한 음색까지 다양한 활을 구사할 수 있어야 한다.

활의 힘을 더 내기 위해 가죽을 2-3겹 겹쳐 쓰는 연주가들이 있었다. 이후 악기사에서 2-3배 두껍고 튼튼한 가죽 손잡이를 만들어 공급하기 시작했다. 가죽 색상도 다양해졌다. 기존 천편일률적인 갈색 톤의 가죽에서 보랏빛, 붉은 빛, 누런빛까지 과감해졌다. 나 역시 두꺼운 가죽손잡이를 선호한다. 테두리에 고운 색실 스티치까지 있으면 더 좋다.

연주에 있어 튼실하고 긴 활법은 팔의 전체적인 힘으로 움직여야 한다. 테니스 칠 때 어깨와 팔 전체를 휘두름과 동시에 전신의 힘을 쓰는 느낌으로 채를 휘둘러야 공이 힘을 받을 것이다. 힘찬 공을 칠 때 스냅을 사용하다가는 손목의 작은 근육들이 빠른 시간 내 수명을 다하고 말 것이다. 힘찬 공 뿐 아니라 상대가 예측하지 못할 다양한 방향과 힘으로 공을 보내야 승리할 수 있는 법이다. 힘차게 멀리 뻗는 공, 짧게 가는 공, 변화구, 긴 포물선을 그리는 공까지.

해금도 마찬가지다. 0부터 100까지의 볼륨. 빠른 활, 느리고 긴 활, 작았다가 커지는 활, 희미하게 사라지는 활 등등 다양하게 그려내고 싶다. 다양한 소리의 볼륨감과 색채감은 가죽손잡이에 얹힌 오른손으로 만들어 내는 것들이다. 두텁고 힘찬 활과 더불어 긴 호흡의 음악은 손-팔-어깨-상체-코어-하체까지 연결된 큰 차원의 힘을 쓴다.

여리고 섬세한 세필을 써야하는 구간에서는 손의 작은 움직임들로 소리를 만들어내야 한다. 특히 가죽손잡이 위에 얹힌 3,4,5번 손가락이 꿈틀대며 힘을 조절한다. 깊은 소리를 표현할 때는 손가락으로 깊은 구덩이 흙을 파듯 가죽을 움푹 눌러줘야 한다. 음절 하나하나 발음을 명확히 해야 하는 구간에서는 손가락으로 통통통 가죽을 튀기듯 움직여 음표마다 새침한 힘을 전달한다.

이 힘 조절이야말로 음악을 섬세하게 세공하는 단계에 해당한다. 소리의 음각과 양각, 색채의 분별을 최전방에서 받아들이고 이해하는 이가 가죽손잡이다.

가죽손잡이를 오래 사용하다보면 너덜너덜해진다. 가죽에 손가락이 닿는 부분은 꾹꾹 눌려 있고, 땀에 절어 시커멓게 태닝된다. 수명을 다해 송진을 먹여도 금세 낡은 빛을 내며 소리를 고이 내주지 않는 말총과 더불어 망가진 가죽 또한 폐기처분 된다.

새 말총과 새 가죽을 받아들이고 다시 내 몸의 일부처럼 길들인다. 어느 생명체와 마찬가지로 생성과 소멸을 반복한다.

木
복판

울림통의 왼쪽은 뻥 뚫려 있고 오른쪽은 나무로 막는다. 이 나무를 복판이라 한다. 복판 위에 원산을 얹고, 원산 위에 현을 얹는다. 복판 나무의 두께에 따라 볼륨에 차이가 난다. 활에 힘을 키워야 할 때, 악기에 길을 들일 때 복판을 두껍게 갈아 소리를 틔운다. 새 악기를 사서 마음먹고 길들여야 할 때 일부러 두꺼운 복판을 선택하는 연주가도 있다. 두꺼운 복판에 소리를 틔우는 행위는 해금연주가들의 내밀한 수련과정이다. 활에 힘이 붙어야 두꺼운 복판을 뚫고 나올 볼륨을 낼 수 있기 때문이다.

시간과 정성을 들여 꾸준히 연습을 하다보면 활에 힘이 붙고 얇은 복판과는 다른 차원의 소리를 생성하게 된다. 핵심 있고 옹골진 소리다. 강력한 염원을 담은 활질을 무수히 하며 시간을 통과해야 복판이 말을 들어주는 것이다. 이 과정을 통해 연주가들은 돌파하는 힘을 키운다.

콩쿨이나 입시에서 악기의 볼륨은 중요하다. 근본적으로 콩쿨과 입시는 비교를 통해 순위를 정하고 1등을 가려내는 일이다. 1번부터 끝번까지 같은 과제곡을 연달아 연주하게 되니 잔인할 정도로 비교가 된다.

올림픽에 출전한 체조선수나 피겨스케이터와 비교할 수 있겠다. 신체 조건이 우월하게 받쳐줘야 어떤 기술을 하더라도 제대로 보여줄 수 있을 것이다. 이 신체 조건에 해당하는 것이 악기의 볼륨이라 할 수 있겠다.

섬세한 기술력과 감정표현 등의 예술적 영역을 극대화 할 수 있는 최적의 피지컬! 작은 볼륨은 연주 전달이 제대로 안 될 수 있고, 자신감이 떨어져 보인다. 크고 풍성한 볼륨은 무대를 순식간에 장악하고 섬세한 연주와 감정 표현을 심사석까지 전달할 수 있다.

그러니 콩쿨이나 입시와 같은 경쟁의 무대에 서기 전 연주가들이 볼륨에 목숨을 거는 것 같다. 연주 전 풍성한 볼륨을 위해 비장한 마음으로 악기사에 간다. "복판을 얇게 갈아주세요." 라고 사장님께 주문을 한다. 간 큰 연주가들은 "깨지기 직전 까지 얇게 갈아주세요!" 라고 위험한 도전(?)을 하기도 한다. 모 아니면 도. 연주 도중 복판이 깨져서 연주를 망치거나, 아주 큰 볼륨으로 승부를 내거나.

연주를 앞둔 며칠 전 복판이 깨지는 경우는 종종 보았다. 그때는 모도 아니고 도도 아니다. 길들여지지 않은, 낯설고 변변치 않은 음색으로 중요한 연주를 치러야 하는 것이다. 울림통과 붙어 있기에 복판의 두께는 감으로 알 수밖에 없다. '와지끈' 깨진 복판을 연주 전 마주하지 않으려면 소리에 대한 촉과 감, 기도하는 마음이 필요하다.

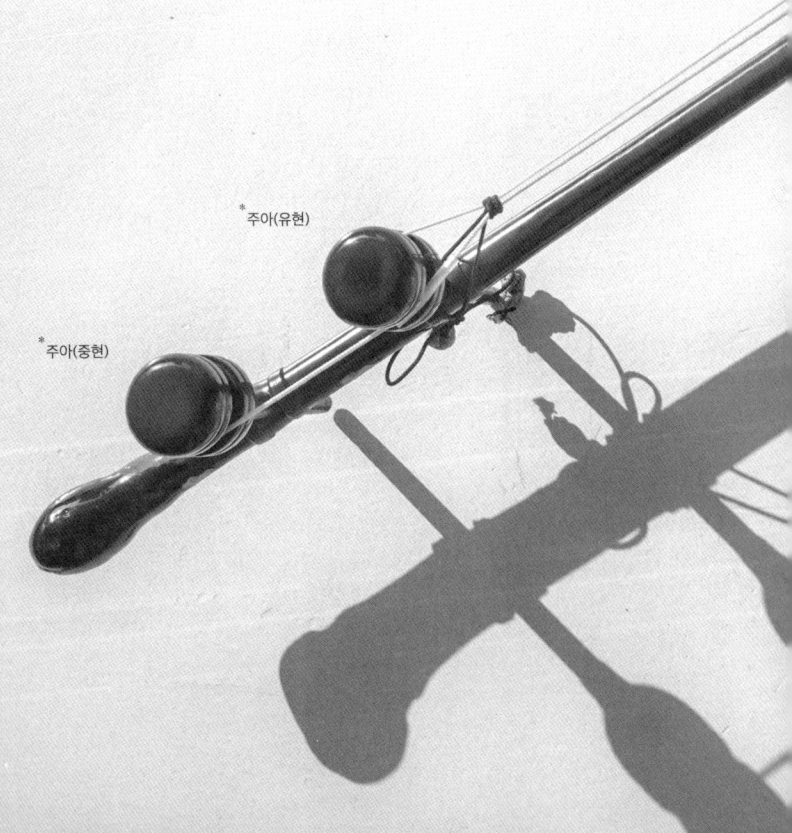

*주아(유현)

*주아(중현)

木
주아

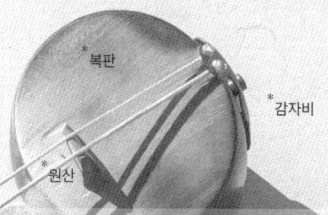
*복판
*감자비
*원산

주아는 현을 고정하고 조율하는 부분이다. '줄감개'라고 생각하면 쉽다. 해금은 2현이니 주아도 2개다. 2개의 주아가 입죽 윗부분에 고정되어 있다. 입죽에 주아의 기둥이 통과할 구멍을 뚫어서 그 안에 주아를 꼽는 형태다. 주아를 돌려 줄을 조율을 한다. 주아를 감으면 음정이 높아지고 풀면 낮아진다. 주아에 5회 정도 사용할 줄을 넉넉하게 감아 놓는다. 줄이 마모되어 끊어진 경우, 마모되어 음색이 투박하게 나빠질 때 즈음 주아에서 줄을 내려 쓴다.

완전한 고정을 이루어 조율이 변하지 않도록 꽉 잡아주어야 한다. 이것이 주아의 기본 조건이다. 주아가 입죽에 고정적으로 잘 박혀 있으면서도 조율을 위해 잘 돌아가야 한다. 이것이 주아의 아이러니다. 완고하되 유연해야 하는 양면성을 지녀야 하는 것. 주아의 입장에서도 참 난감할 것 같다.

처음 해금을 시작하면 조율하는 것 자체가 쉽지 않다. 음정도 뭐가 맞는 건지 헷갈리는데 주아를 감고 푸는 행위에 적응해야 하기 때문이다.

주아가 스르륵 감겨주면 좋으련만 그렇지 않다. 잘 돌아가지 않는다. 고정을 위해 주아와 입죽이 만나는 구멍에 송진가루를 발라놓기 때문이다. 힘을 꽉 주고, 기합을 넣어 우두두둑 하는 소리를 내면서 주아가 감긴다. 원하는 음정은 머릿속에 있는데 주아가 마음대로 움직여주지 않으면 애가 탄다. 바깥줄의 음정을 맞춰 놓으면 안줄이 움직여 음정의 인터벌이 맞지 않고 틀어지기도 한다. 이렇게 바깥줄 안줄을 오가며 음정을 맞추게 된다.

주아와 여름

여름에는 송진가루가 더 눅진해지기 때문에 고정력은 더욱 강해진다. 여름 습기에 전반적으로 나무로 이루어진 악기가 흐물해져 멍한 소리를 내고는 한다. 조율을 해야 하는데 주아까지 움직일 생각을 안 한다. 한여름 악기에 매달려 진땀을 빼는 순간이다.

이에 맞서기 위해 해금연주가들은 가죽손수건을 꼭 가지고 다닌다. 일반적인 손수건으로 주아를 감싸기는 역부족이다. 애가 타면 손바닥에 땀이 흥건해지고 땀이 찬 손으로는 주아를 돌려서는 꿈쩍도 안한다. 부드러운 손수건도 미끄덩하고 미끄러지기 마련이다. 이럴 때에는 탄탄한 가죽 손수건으로 마찰력을 일으켜 주아를 감아야 한다. 맨 손으로 주아를 감았다가 손바닥에 피멍이 들고 살갗이 수차례 까졌었다. 이런 의미에서 가죽 손수건은 참으로 소중하다. 주아가 말을 안 듣는데, 이것이 없을 때면 망연해진다. 와인을 따야 하는데 와인 따개가 없는 상황에 직면하는 것과 비슷하다.

주아와 조율

조율의 상태는 연주에 결정적인 영향을 미친다. 중요한 콩쿨이나 입시 때 줄이 풀리면 손의 감각이 모두 재편되어야 하기 때문이다. 그럴 땐 이생망(이번 생은 망했다)이 아니라 이번 연주는 망한, '이연망'이다.

인생을 좌지우지할 수 있는 입시에서의 연주는 두고두고 회자되기도 한다. '그때 주아만 안 풀렸어도…'라며 먼 산을 바라보는 불운한 연주가들도 있으리라. 조율과 주아는 불가분의 관계. 이러한 이유로 주아는 해금연주가들의 원성을 사는 대상이다.

냉정하게 말하자면 주아를 관리하는 것도 실력이다. 연주를 앞둔 한참 전부터 주아가 제멋대로 풀리지 않는지 매 순간 점검해야 한다. 연주 도중 주아가 풀리면 송진가루를 빻아 주아에 듬뿍 묻혀 풀림을 방지해야 하고 송진가루와 습기가 지나쳐 주아가 안 움직이는 경우에도 조절을 해줘야 한다. 이런 노력에도 불구하고 말을 듣지 않는 주아도 많다.

전통주아 vs 개량주아

이런 이유로 개량주아가 탄생하기도 했다. 주아를 5회 사용분을 감아 놓는 것이 아닌, 1회 사용분만을 걸어놓고 주아 속에 장착된 돌개가 줄을 고정한다. 주아 안에 신비로운 도드래 두 개가 장착되어 맞물려 돌아가는 원리다. 주아 끝부분 회전할 수 있는 부분을 돌리면 부드럽게 조율할 수 있다.

나는 전통주아를 선호한다. 손으로 주아를 우두두둑 감는 맛이 있다. 때로 말을 안 들어 여전히 진땀을 뺄 때가 있지만 줄과 주아에 대한 감촉과 주아를 다루는 노하우를 꾸준히 내 몸에 감각으로 차곡차곡 저장하는 것이다. 악기의 탄력성도 더 좋은 느낌이다. 주아에 여분의 줄이 감겨 있기에 여기서 자연스런 잉여장력이 발생한다고 믿고 있다.

木
활대

해금의 활대는 대나무로 만들어진다. 40cm 가량의 활대는 양 끝에 금속 처리가 되어 있다. 왼쪽 끝에 말총을 끼우고 오른쪽 끝은 활 잡는 손을 얹는 가죽을 끼운다. 활대는 옛날 회초리를 떠올리는 모양새다. 활대는 적당한 탄성이 있는 것이 좋다.

활을 잡은 오른손의 힘을 능청하게 말총으로 전달할 수 있어야 한다. 활의 무게가 왼쪽 끝이나 오른쪽 끝으로 쏠리지 않고 전체적인 균형을 이루어야 한다. 활 끝이 무거우면 핸들링이 잘 되지 않아 연주하기 버겁다. 너무 가벼워도 활대가 힘을 받아주지 못해 말총으로 전달되지 않고 소리도 가벼워진다.

정악은 느리고 차분한 무드의 음악이므로 무게감 있고 진중해 보이는 활대를 고르면 좋다. 민속악이나 창작음악은 리드미컬하고 악상의 표현이 다양하므로 활의 움직임도 변화무쌍하다. 이때는 탄성이 좋고 비교적 가벼운 활을 고르면 좋다.

말총

말총은 내가 가장 좋아하는 부분이다. 말의 꼬리로 만들어진 말총. 말총의 컨디션에 따라 소리의 색깔도 달라진다. 숱이 많은 말총을 좋아한다. 수백 겹의 말총에 송진가루가 듬뿍 발라져있는 상태가 최적의 컨디션이다. 송진을 골고루 겹겹이 입고 뽀송해진 상태, 결이 잘 정리된 말총을 보면 마음도 한껏 부풀어 오른다.

말총의 컨디션에 따라 해금소리는 윤이 나기도 하고 화려해지기도 한다. 송진을 맨 위에서 아래까지, 안쪽 면과 뒤쪽 면 모두 골고루 잘 발라주면 얼굴에 분칠을 한 듯 뽀샤시해진다.

송진이 발라져 있지 않으면 빈약한 소리를낸다. 이때 말총의 상태는 반딱반딱한 빛을 내는데 마치 며칠 머리를 안 감아 기름이 낀 듯 사랑받지 못하고 방치된 느낌이다. 송진칠이 지나치면 거친 음색을 내기도 하지만 적당히 거친 상태를 좋아하기 때문에 송진가루를 듬뿍 발라주는 편이다. 주자에 따라 다르지만 나는 화려하고 우렁찬 소리를 낼 줄 아는, 풀메이크업 상태를 좋아한다.

바이올린·비올라·첼로의 활을 익숙히 보던 사람들은 해금의 말총을 보고 깜짝 놀라곤 한다. 바이올린족의 말총은 한 올의 이탈도 없이 팽팽하게 묶여 있다. 다림질을 해 놓은 듯 반듯하다.

해금의 말총은 느슨하게 엮여 있다. 무리에서 이탈하고 정전기에 부스스하게 일어서 있는 가닥도 있다. 느슨하게 엮여있기에 말총이 여러 방향으로 겹을 이루고 있다. 마치 패스츄리 빵의 겹처럼 어느 부분은 많이 부풀어 있고 어느 부분은 가지런하다.

자유분방하고 제멋대로 엮여 있는 해금의 말총. 여기서 해금의 개성적인 음색이 발생한다. 해금 음색에 대해 깔깔하다, 카랑카랑하다, 쇳소리가 난다, 쉭쉭거리는 바람소리가 난다 등의 다양한 표현을 하는 이유도 이러한 말총의 특징이 한몫한다.

해금의 느슨한 말총은 신비로운 소리를 낼 수 있다. 극도로 작은 볼륨의 소리를 낼 때에 햇빛에 반짝이는 모래알 같다. 때로 이 말총이 하모닉스[1] 효과를 내며 명상의 세계로 인도하기도 한다. 즉흥 연주에서 즐겨 쓰는 신묘한 음향적인 효과는 느슨한 말총의 특징을 이용한 것이다.

---

1) 하모닉스(Harmonics): 기타나 바이올린과 같은 현악기들을 연주하는 특수한 주법 중 한 가지이다. 이를 이용하여 내는 소리는 일반 주법의 음과 다르게 더욱 부드럽고 투명하게 울리는 소리이다.

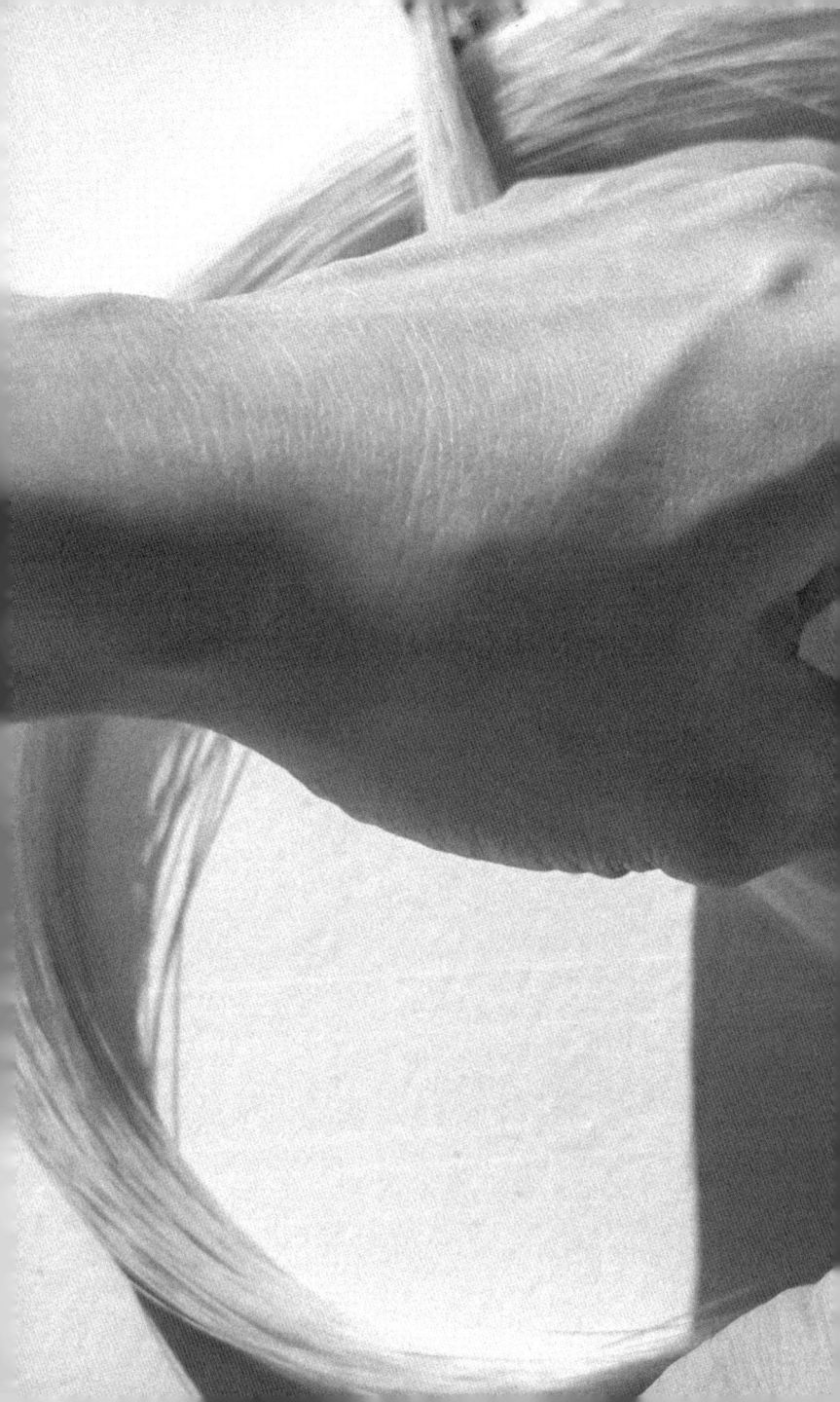

말총과 송진

연습에 들어가기에 앞서 말총에 송진을 바르며 마음을 고른다. 송진은 소나무에서 채취한 진액을 고체로 굳힌것이다. 송진을 말총에 바르면 가루 형태로 스미면서 활과 줄의 마찰을 돕는다.

해금이란 악기를 만나 고생도 많이 했지만 '행복을 누리고 있다'고 느끼는 순간도 많다. 햇볕이 잘 드는 공간에 앉아 말총에 송진을 바르는 것을 좋아한다.

햇볕이 따스하게 드는 공간, 포근한 방석 위에 앉아 송진을 바르면 빛줄기를 따라 분분히 날리는 송진가루가 보인다. 뽀얀 송진가루가 빛의 움직임 속에 느리게 흐른다. 송진가루가 듬뿍 칠해진 활대를 휘두르면 입자들이 말총에서 이탈해 빠른 춤을 춘다. 송진의 소나무향이 코에 와닿는 순간, 소나무숲을 거니는 마음이 된다.

작은 연습실 안에서 펼쳐지는 송진가루에 의한 빛과 공기, 향기의 향연. 고요하고 평화롭다. 이런 것이야말로 해금연주가로서 누리는 작고도 확실한 행복이다.

송진

송진가루는 나를 소나무 숲으로 이끌기도 하지만 때로 흙 구렁텅이로 이끌기도 한다. 송진은 소나무가 흘리는 눈물 즉 진액이기에 끈끈하다. 이 끈끈함 때문에 발레리나들은 토슈즈에 송진가루를 빻아 바르기도 한다. 미끄러짐을 방지하는 것이다.

송진이 말총이 아닌 왼손에 묻으면 끈적이가 붙은 것처럼 움직임을 방해한다. 해금연주가는 왼손을 자유자재로 써야 하는데, 오른손에 활대를 쥐고 왼손으로 송진을 발라야 한다. 이때 필연적으로 왼손에 송진가루가 묻게 마련이다. 송진칠 뿐이 아니다. 악기를 접고 펴는 동안 악기본체에 묻은 송진이 왼손에 묻어 나기도 한다. 무대에 오르기 전 손을 씻어도 송진의 끈끈함이 지워지지 않는 날이 있다. 아마도 습도가 높은 날이거나 유난히 손에서 땀이 많이 나는 날일 것이다. 연주 전 긴장감과 더불어 불쾌지수까지 높아진다.

무대 오르기 전 손을 씻는 것으로 해결이 안 될 때가 있다. 연주 도중 활질을 하다 보면 말총에 있던 송진가루가 울림통과 원산 가까운 줄의 아랫부분에 많이도 묻어난다. 고음역을 낼 때 줄에 묻은 끈끈한 송진이 손으로 옮겨 붙을 때가 있다. 포지션 이동을 하며 왼손을 유연하게 움직여야 하는 순간에 이 송진가루가 끈끈이 식물처럼 손을 놓아주지 않는다. 부드럽게 흐르던 영상에 버퍼링이 걸린 것처럼 버벅댄다.

찰나의 순간일지 모르지만 무대 위에서 이 순간은 억겁으로 느껴진다. 이 공포가 느껴지는 순간 손에서 땀이 나면 엎친 데 덮친 격이다. 이 끈끈함, 이 버벅임. 송진의 저주. 어서 깨어나고 싶은 악몽의 순간이다.

말총과 산(山)

어느 한여름 강원도 산속 연주회에 초대 받았다. 산을 통째로 사신 분이 계셨다. 교사 생활을 오래 하시다가 임업에 매력을 느껴 늦깎이로 임업관련 대학학위를 받으시고 산을 개간하여 새로운 농작물을 재배한다고 하셨다. 산의 주인은 그해 여름, 여러 예술가를 산 속으로 초대해 주민들을 위한 문화행사를 열었다. 그의 오랜 꿈이었으리라.

오랜 시간을 달려 산에 도착했다. 동네주민들의 노동으로 무대가 세워졌고, 연주가들이 산속에서 별을 보며 잘 수 있도록 몽골에서 들어온 게르도 세워졌다. 여러 손길이 더해지기는 했지만 산주인이 혼자 기획하기에 버거울 정도의 놀라운 스케일이었다. 동네 아주머니들이 국밥을 끓이고 떡과 반찬을 준비해 주민들과 서울에서 올라온 연주가 일행을 대접했다. 숲 속 잔치였다.

찌는 더위, 인내심을 시험하는 습기 속에서 음악회를 준비했다. 리허설도 산 속 어딘가 의자를 깔아 놓고 진행했다. 내 몸이 습기를 견디는 것은 얼마든지 가능했지만 말총은 습기를 다 들이마시고 흐물흐물해졌다. 바삭바삭한 건조함이 있고 그 위에 송진가루를 발라야 마찰이 잘 되는데 정반대의 상태였다. 산속 습기에 취한 흐리멍텅한 말총과 현은 물과 기름처럼 겉돌았다. 습기는 말총의 적이구나. 깨달음을 뒤로하고 산 속 음악회는 쏟아지는 별빛 속에 마무리되었다.

그렇게 산을 일구시던 산주인은 그해 어느 날 세상을 떠나셨다. 과로사였다. 산 속 음악회를 함께 하며 앞으로 함께 음악활동을 해보자고 약속했던 나와 동갑내기 여류 기타리스트도 그 즈음 세상을 떠났다. 심장마비였다. 열정적으로 산을 일구고, 깊은 산 속 주민들이 향유할 수 있는 문화 또한 일구고자 했던 산의 주인, 먼 길을 떠나 오랜 유학생활을 마치고 고국에서 자신의 음악세계를 일구려했던 기타리스트. 그 둘은 그해 여름, 산 속 연주회를 마지막으로 삶을 마감했다.

별이 쏟아지던 강원도 깊은 산. 국밥을 나눠먹고 몽골산 게르에서 잠을 잘 수 있는 그 음악회는 많은 가능성을 품고 있었다. 1회로 마감되었던 그 음악회가 매년 지속되었다면 어땠을까. 유학시절 내내 아르바이트와 음악을 병행하느라 고단하고 외로웠노라며, 고국에서 새로운 활동의 시작을 도모하던 그 친구가 생을 지속할 수 있었더라면 지금쯤 어떤 무대에 서고 있을까. 꿈을 향해 걸으며 현실을 성실하게 일구던 그분들의 발걸음을 기억한다.

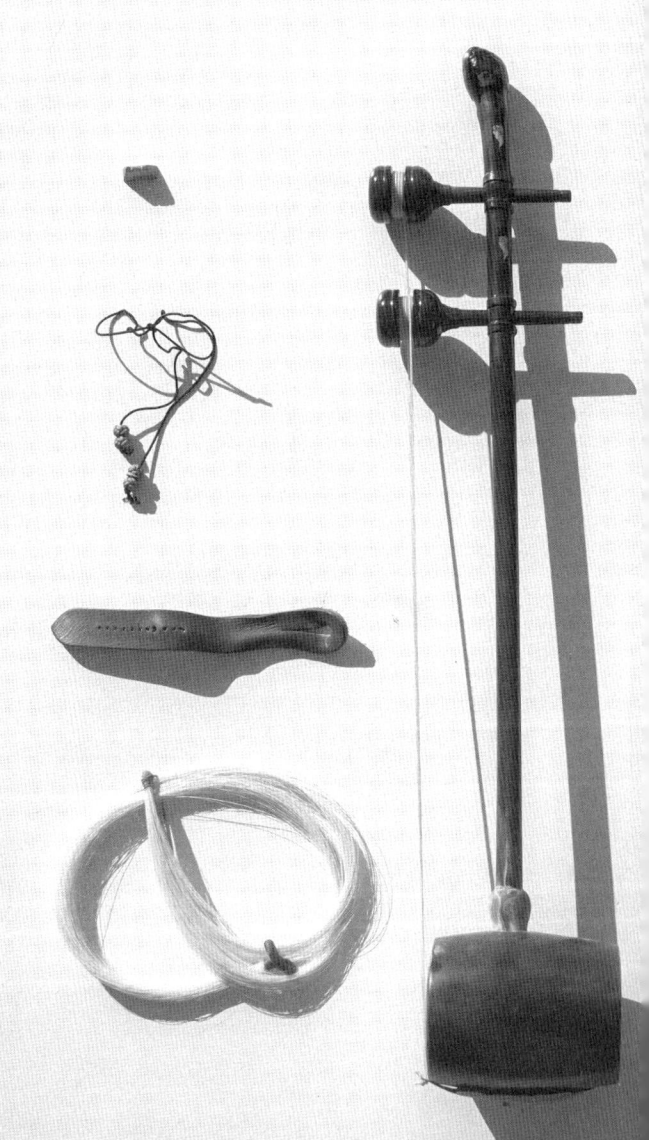

해금의 유래 • 282
해금의 쓰임, 조화를 이루어내는 악기 • 286
산조 • 289
지영희 • 291
〈지영희류 해금산조〉의 완성 • 294
해금의 양대 산맥, 김영재와 최태현 • 296
김영재 • 297
최태현 • 301

사료 史料 와 사료 思料

해금에 대해 나는 이런 이야기를 배워 왔다.
이제 해금에 대해 내가 생각한 바를 더하여
기록으로 전하고 싶다

해금의 유래

해금은 고려시대(918-1392) 중국-당나라를 통해 이 땅에 들어왔다. 몽골지방 해(奚)부족의 악기였다는 이유로 해금(奚琴)이라는 이름이 붙여졌다. 이름에 버젓이 다른 민족의 이름을 달고 있는 왜색이 짙은 악기다. 악기는 문화의 산물이다. 어느 지역에서 자연스럽게 만들어지고 다른 나라로 이동하며 그 나라에 맞는 모양새로 변화를 거듭했을 테다. 귀화 후 해금의 정체성은 충분히 토착화되었음에도 이름은 여전히 해부족의 해자를 쓰는 아이러니라니!

우리나라 고대, 그러니까 고구려·백제·신라가 투닥거리며 영토 싸움을 하던 시절. 삼현삼죽(三絃三竹)이라 하여 자생적으로 생겨난 악기들이 있었다. 삼현은 가야금·거문고·비파, 삼죽은 대금·중금·소금이다. 고대의 역사는 그 근거가 문헌이나 사료(史料)로 충분히 남아있지 않기 때문에 늘 신화적 상상력과 함께 간다. 다행이 김부식(1075-1151)이 남긴 『삼국사기』에 악기에 대한 이야기가 전해진다.

고구려의 음악가였던 왕산악이 거문고를 뜯으니 검은 학이 날아와 춤을 추었다고 한다. 그래서 거문고를 검을 현(玄)을 써서 현금(玄琴)이라 부르기도 한다. 멋지지 않은가. 거문고를 둘러 싼 신화 자체가 한편의 뮤직비디오다. 작명 또한 시크하다.

대금의 경우 만파식적(萬波息笛)이라 하여 나라가 위태로울 때 이 악기를 불면 나라와 백성을 수호할 수 있는 마술피리 역할을 한다는 이야기와 함께 한다. 대금은 호국설화의 주인공이다.

가야금은 고구려·백제·신라 사이에 끼어 있던 작은 나라인 가야의 악기다. 가야는 정복 전쟁에 희생되었지만 세련되고 찬란한 문화를 꽃피웠다. 가야금의 대가였던 우륵은 가야가 망하기 전 가야금을 들고 신라로 귀화한다. 신라의 왕이 이를 귀히 여겨 가야금 음악을 꽃 피울 수 있었다는 이야기도 있다. 이때 우륵이 작곡한 음악은 그 곡목까지 남아있다.

해금은 고려시대에 유입된 악기이기에 고려가요 청산별곡에 '사슴이 해금을 켜거늘' 이란 싯구 안에 신비롭게 존재한다. 다행이다. 그럼에도 해금에 관한 이야기는 턱없이 빈곤하다 느껴진다. 이 땅에 해금이 유입되기 전에도 해금은 존재했으리라. 물론 지금과는 다른 모습으로!

중앙아시아에는 해금의 원류쯤 되는 악기도 있었으리라. 이것이 서양으로 가서 비올라 다 감바– 첼로–비올라–바이올린과 같이 발전된 것이다. 동양에서는 몽골의 마두금, 중국의 얼후, 한국의 해금으로 변모해서 지금까지 이어지고 있다.

해금의 형제라 볼 수 있는 마두금과 얼후. 형제간에도 근본적으로 다른 부분이 있다. 해금은 당기고 푸는 역안법을 쓴다는 점. 얼후와 마두금은 줄을 사뿐사뿐 짚어가고 손가락의 자리를 이동하며 음을 만들어가지만, 해금은 줄을 당기고 푸는 행위로 음정과 농현을 만든다. 우리음악에 자리한 깊은 시김새와 이 땅에서 나는 재료와 철학사상이 바탕을 이루며 해금이라는 악기의 정체성이 만들어졌을 테다.

해 부족의 '해(奚)' 자를 단 해금. 그것 이상의 멋진 의미를 더할 수는 없을까? 나의 상상력과 애정을 더하여 해금의 시작점을 생각해본다. 해금은 그 시절 몽골 어느 벌판에 있었으리라. 이곳의 유목민은 새로운 초원을 발견하면 그곳에 밤새 불을 피우고 춤을 추고 노래했으리라. 낮엔 양떼를 몰거나 소떼를 몰고, 밤엔 별을 보며 시를 짓고 해금(비슷한 악기)에 맞춰 노래를 불렀으리라. 이 축제에서 활약한 악기는 해금이었을 것이다.

해금은 광활한 초원, 별을 따라다니던 음유시인의 악기가 아니었을까?

그렇다면
함께할 '해(偕)' 금,
화합할 '해(諧)' 금,
만날 '해(邂)' 금,
새벽을 건너 이슬 기운을 머금은
맑고 영롱한 '해(瀣)' 금은 어떨까?

해금의 쓰임, 조화를 이루어내는 악기

해금은 약방의 감초처럼 안 끼는 곳은 없는 악기다. 해금은 관악합주에도, 현악합주에도 구성된다. 엄연히 현악기인데 관악합주에 편성된다는 것이 좀 이상하지 않은가?

대학 입시나 콩쿨에도 관악·현악부를 나누어 진행하곤 하는데 위의 이유 때문에 관악부에 대금·피리와 더불어 해금이 포함되어 있어 혼돈을 일으키기도 한다. 가뜩이나 초조할 응시자들이 원서를 잘못 쓰는 경우도 있다.

학부시절 매년 열리는 정기연주회 외에도 관악발표회·현악발표회가 격년으로 열렸다. 이때 해금전공자는 매년 관악발표와 현악발표 모두 투입되어 분주하고 바쁜 나날을 보낼 수밖에 없었다. 이런 학교연주회는 보통 3,4,5월 가운데 한다. 꽃피는 화사한 봄날이 제격인 것이다. 이러한 연간 스케줄 덕분에 미팅이나 소개팅과 같은 건전한 교류는 꿈도 꿀 수 없었다.

존재감이 있는 듯 없는 듯, 모든 자리에서 조화를 이끌어 내는 해금. 악기적, 장르적, 지역적으로 나누어 그 쓰임새에 대해 이야기 해볼까 한다.

현악기인 해금은 관악합주에서 어떤 역할을 할까? 해금은 대금과 피리의 숨쉬는 자리의 공백을 메워주는 역할을 한다. 나는 용과 같은 대금 소리와 달리는 호랑이 같은 피리 소리의 경합을 음향적으로도 잘 조율한다. 현악합주에서는 가야금, 거문고, 양금과 같이 튕기고 여음을 남긴 후 사라지는 발현악기 사이에서 점과 점 사이를 연결하며 선율을 죽죽 이어간다.

해금은 정악이라 불리는 민간의 풍류음악[1]과 궁중의 연례악[2]·제례악[3]에 모두 포함된다. 민속분야에서는 <삼현육각(三絃六角)>이라 하여 2인의 피리와 대금·해금·장구·북으로 연주되는 <대풍류>라는 레퍼토리에도 구성된다. 대풍류는 민간의 굿이나 승무와 같은 무용 반주 음악으로 쓰인다.

---

1) 해금은 풍류방 음악의 대표악곡인 가곡·가사·시조 등의 성악곡에서 반주 악기로, <영산회상>과 <천년만세>와 같은 기악음악에 구성되기도 했다.
2) 궁중 연회 음악
3) 제사 음악이라 할 수 있다. 대표적으로 조선역대 왕과 왕실의 공덕을 기리는 종묘제례악을 들 수 있다.

해금은 종종 아쟁과 혼돈을 일으키기도 한다. 해금보다 더 낮은 음역으로 굵직한 음색을 내는 악기가 아쟁이다. 아쟁은 가야금과 비슷하게 생겨서 활로 연주한다. 모양새는 전혀 다르지만 활로 마찰을 일으키는 찰현 악기라는 점에서 해금과 같다.

남도지방의 민속음악 안에서 아쟁이 활약하고, 서울·경기지방의 음악 안에서는 해금이 활약한다. 경기민요의 반주음악 안에서, 경기굿판에서 다양한 가락을 생성하며 자라난 악기가 해금이다. 밝고 섬세한 서울·경기지방의 음악과 해금이란 악기의 특성이 조화를 이룬 탓일 것이다.

산조(散調)

전통음악 안에 '작곡'이라는 개념은 존재하지 않는다. 구전심수(口傳心授)와 공동창작의 음악 문화다. 세월에 의해 걸러지고 다수에 의해 전승된 가락을 개인의 것이라 주장하지 않는다. 서양음악에서 작곡가가 중요시 여겨지는 것과 다른 사고방식이라 할 수 있다.

19세기 후반 '산조'라는 음악이 만들어지기 시작했다. 연주 전, 장단과 조성을 러프하게 구성한다. 여기에 자신만의 독창적인 가락을 더해 즉흥적으로 연주한다. 이것이 산조라는 음악의 작법이다. 연주가의 초절정 기교를 감상하고 기량을 판가름하기 좋은 음악으로 높은 예술성을 가진 음악이다.

음악가가 체화한 판소리와 굿, 민요 등의 가락들이 재료가 된다. 장단과 조성을 최소한의 규칙으로 삼는다. 연주자의 컨디션에 따라 가락이 샘솟는 날도 있을 테고 가락이 빈곤한 날도 있을 테다.

이에 따라 연주 분량도 유연하다. 전라도 사람이라면 남도 지방의 가락을 많이 체득했을 테니 전통적인 남도가락이 주를 이룰 테고, 경기도 사람이라면 경기가락이 주를 이룰 테다. 이처럼 구성되는 가락은 타고난 지역에 따라 영향을 받기도 한다.

여러 악기가 합주로 이와 같은 방식으로 연주하기도 하는데, 이를 시나위라 한다. 독주면 산조, 합주면 시나위인 셈이다. 장단과 조성을 최소한의 규칙 삼아 자신에게 내재된 가락을 질료로 자유롭게 구성하는 음악이다.

즉흥연주를 하다보면 자신만의 가락이 정리되기도 하고, 자주 쓰이는 가락도 있을 것이다. 이것을 연주자의 독창성이라 할 수 있겠다. 연주를 거듭하다보면 어느 정도 정형성도 띠게 된다. '비슷한 맥락으로 자주 가게 되는 길'이랄까.

이렇게 연주의 맥락과 가락이 정립되면 연주자의 이름을 따서 '○○○**류 산조**'라고 이름 붙인다. 만약 내가 이와 같은 방식으로 산조 한바탕을 짜게 된다면 <천지윤류 해금 산조>가 되는 것이다. 연주와 작곡이 함께 가는 흐름이다. 구성과 즉흥, 개성과 정형성이 절묘하게 조화를 이루는 것이 '산조'의 매력이라 할 수 있겠다.

지영희

지영희는 대표적인 해금의 명인이다. 1910년 경기도 평택에서 태어나 1979년에 돌아가셨다. 일제시대와 6.25전쟁. 분단. 군사독재정권. 민주화를 모두 겪은 세대다.

이 시기동안 문화적으로 서구의 영향을 엄청나게 받았다. 전통음악의 비중은 축소되고 서양의 음악문화가 더 익숙해진, 전통과 서구의 문화가 전복된 시기이다. 지영희는 이 시기에 여전히 전통음악을 연주했고, 전승했고, 생성했다. 지영희가 다양한 시도를 했다는 지점이 중요하다.

지영희는 다른 장르의 예술가들과 협업하며 새로운 음악을 만들었다. 이종결합이 중요한 이유다. 지영희의 고향인 평택에 가면 <지영희 박물관>이 있다. 이곳에 가보고 놀랐다. 그의 다양하고 폭넓은 행보 때문이다. 직접 가보시길 당부하며 박물관 내부를 살짝 소개하겠다.

지영희 박물관은 평택호 앞에 자리하고 있다. 입구에 들어서면 세계지도가 있다. 지영희는 당대 최고의 무용수였던 최승희와 함께 만주, 유럽, 미국으로 공연 투어를 했다.

이 세계 지도에는 지영희가 최승희와 투어를 다닌 연혁과 행로가 그려져 있다. 그에 관한 기사들도 스크랩 되어있다. 지금의 BTS처럼 최승희의 인기는 글로벌했으니 이 공연단은 K-music의 시초라 볼 수 있겠다.

지영희는 무용 분야 뿐 아니라 영화에도 합류했다. 1950~1960년대에 신상옥 감독 영화에 참여해 대부분의 사극영화 OST를 맡았다.

그 중 <벙어리 삼룡>, <월하의 공동묘지>, <장희빈>은 지영희가 OST를 작곡한 대표적인 영화[1]다. 박물관 자그마한 전시실 내부에서 OST LP판을 볼 수 있다. 지영희가 전국을 자전거로 여행하며 각 지역에 남아 있는 장단과 민요 등을 채집하러 다닌 이야기도 특별하다. 전시실에는 지영희의 악보와 함께 자전거와 해금, 안경 등의 유품 등이 있다.

지영희는 경기무악을 세습하는 집안에서 태어났다. 경기무악은 경기굿에 수반되는 음악이다. 어린 시절부터 음악과 춤을 보고, 듣고, 배울 기회가 많았을 것이다. 어렸을때부터 양금, 피리, 해금, 장구, 춤 등 전통음악 전 분야를 섭렵해 배웠다. 그는 자신의 존재를 '굿쟁이'에 그치지 않는 예술가로 키워냈다.

지영희는 성금연이라는 가야금 명인을 만난다. 성금연 역시 남도지방 유서 깊은 음악가 집안 출신이다. 서로 영향을 주고 받으며 부부로서 예술적 자산을 꽃피워냈다. 지영희류 해금산조 만큼이나 성금연류 가야금산조 또한 가야금산조 유파에 있어 주류의 유파로 손꼽힌다.

성금연 명인이 국악계를 주름잡으며 활약하던 시절의 사진을 보면 여배우가 따로 없다. 캣아이 모양의 선글라스를 끼고 세련된 수트를 입고 있다. 이들은 아마도 잘나가는, 성공한 예술가 부부였으리라. 1970년대 지영희와 성금연, 김소희 명창[2]과 김윤덕 명인[3]이 미국 카네기홀에서 공연을 했고, 이 역시 기사화 되었다. 귀국해서 취입한 <카네기홀 공연 기념반>이 남아있기도 하다.

인간문화재 김소희, 지영희, 성금연, 김윤덕
카네기홀 공연기념 음반
1972, 지구레코드

1) 박성복 著 『평택인물지4-평택의 전통예인』
2) 판소리 명창이다. 수많은 제자를 길러냈다.
3) 가야금과 거문고의 명인. 가야금 명인인 황병기의 스승이다.

<지영희류 해금산조>의 완성

1960-70년대 지영희는 해금산조를 완성하기 위해 애쓴다. 진양 - 중모리 - 중중모리 - 굿거리 - 자진모리 5개의 악장으로 구성된 음악을 60년대에는 5-6분 정도로 즉흥성을 가지고 연주한다. 그가 남긴 연주는 매번 연주 시간도, 가락 구성도 조금씩 다르다. 1960년대 이전에는 즉흥성이 강했을 테지만 이 시기에는 교육과 악보화 등을 목적으로 정형성이 뚜렷해진다.

지영희는 1975년에 이르러 30여분이 되는 산조가락을 남긴다. 정식적인 음반 취입이 아닌 형태다. 지영희는 당시 여러 불행한 사건들을 겪으며 하와이로 이주하게 된다. 하와이에서 카세트 테입으로 녹음된 형태다. 아시다시피 이것은 매우 귀한 자료다. 그럼에도 불구하고 초라하게 남은 자료이기에 마음이 아프다.

1975년 녹음된 <지영희류 해금산조>는 지영희의 정수(精髓)라 할 수 있다. 경기굿에 연주된 다양한 가락과 더불어 그가 체화한 다양한 음악을 망라해 지영희라는 필터를 통해 산조 안에 구성한 것이다.

지영희는 말년에 이 산조를 만들기 위해 가락을 버리고 버렸을 것이다. 섬세하고 유려하며 재기넘치는 이 가락들은 해금의 오랜 흐름을 잘 정리해주었다는 생각이 든다. 고려시대인 12세기 즈음 해금이 유입된 이후 수백년의 흐름 안에 변변한 독주곡 하나 남아있지 않았다. 1975년, 지영희에 이르러서야 30분 정도의 해금독주곡이 탄생한 것이다.

지영희는 다행히 김영재, 최태현이라는 뛰어난 제자를 키워낸다. 동년배의 두 인물이 지영희의 전통을 이어나갔다. 김영재는 뛰어난 연주가인 동시에 작곡가로도 이름을 남겼다. 80년대부터 <김영재류 해금산조>를 비롯한 유수한 곡들이 창작되었다. 최태현은 스승인 지영희의 가락을 근간에 두고 첨삭을 거듭하여 이를 악보와 논문으로 남기는 작업을 했다. <지영희류 해금산조>의 원형을 기록함과 동시에 가락의 다양성도 만들어냈다.

해금이 독주악기로 성장하는데 있어 지영희라는 존재와 두 제자의 활약이 없었다면 어땠을까. 해금은 여전히 합주음악 안에서 이어주고 연결하는 매개의 악기로서만 존재하지 않았을까? 그렇다면 오늘날의 나는 없었을 것 같다. 지영희 명인에게 고마운 마음을 갖게 된다. 그런 의미에서 지영희는 해금을 구원한 슈퍼스타다.

해금의 양대 산맥, 김영재와 최태현

김영재(1947~현재)와 최태현(1947~현재). 두 명인은 해금의 명인 지영희의 제자로 전통을 계승하고 새로운 해금음악을 제시했다.

김영재 명인은 한국예술종합학교 교수를 지냈고, 최태현 명인은 중앙대학교 교수를 지냈다. 두 분 모두 나와는 35년 정도 세대 차이가 있는 큰 스승님이시다. 두 분의 명인 모두 사사했다는 것은 내 인생에 있어 큰 행운이다.

두 분의 이야기를 풀어보겠다.

김영재

김영재는 해금 뿐 아니라 거문고의 명인이기도 하다. 거문고 신쾌동 명인께 사사하셨고 중요 무형문화재 제16호 거문고 산조 예능보유자다. 이외에도 가야금과 소리, 춤 등 국악 전 분야에 능통한 분이시다.

선생님은 젊은 시절 작곡을 배우셨고 1980년대부터 대규모의 협주곡부터 독주곡까지 많은 해금창작곡을 남기셨다. 선생님께서 기타나 피아노와 협주하는 곡도 쓰셨기에 해금은 일찍이 서양악기들과 콜라보레이션을 시도해볼 수 있었다. 선생님께서는 해금연주가로 전통적인 주법과 성음, 시김새에 정통하신만큼 해금의 정체성이 잘 드러나는 곡들을 만드셨다. 학부와 대학원 과정에 걸쳐 6년 이상 스승님의 소리를 듣고 배웠다. 선생님께 산조부터 팔도의 민요, 대풍류와 무속가락도 배웠다.

어느 날, 선생님은 경기도 연천에 별장을 지으셨다. 호젓한 자연 속에서 연습하고 작곡도 하시는 곳으로 선생님의 성품대로 깔끔하고 청정한 공간이었다.

해금 파트만 따로 모여 방학 때 연천으로 음악캠프를 가곤 했다. 스승님과 친구들과 어울려 하루종일 음악을 배우고 연습했다. 음악캠프는 운동선수로 치자면 전지훈련 같은 것이기 때문에 어려움도 있다.

짧은 기간 동안 엄청난 양의 배움과 자극이 주어지는 것이 음악캠프의 미덕이다. 동기, 선후배들과 그룹을 이뤄 수업을 받고 연습도 하기 때문에 서로의 기량이 훤히 노출되는 자리이다. 그룹레슨 중 돌아가며 한명씩 연주해야 하는 순간이 오면 바짝 긴장되기도 했다.

내 실력을 친구 실력과 비교하고 자체 평가하며 속상한 날도 있었다. 그러한 자극 가운데 성장했고, 따뜻하고 훈훈한 추억도 많다. 밤이 되면 둘러앉아 선생님의 옛날이야기도 들을 수 있었다. 입담이 좋으셔서 재미난 이야기도 잘 해주셨다. 다 큰 대학생들이지만 선생님께서 해주시는 무서운 이야기에 열광하곤 했다.

가장 기억나는 것은 겨울 음악 캠프. 선생님께서 새해맞이로 별장에서 떡국을 끓여주셨다. 소박한 음식이지만 함께 둘러앉아 호호 불어가며 먹던 떡국의 추억이 소중하다.

대학원 시절에는 특히 정신을 똑바로 차리고 공부하던 시절이다. 이 시절, 운 좋게도 선생님께 <김영재류 해금산조>를 1:1로 지도 받을 수 있었다.

어느 날 수업에 들어가니 선생님께서 철가야금을 타시고 계셨다. 연주를 하고 계시는 모습에 조용히 곁에 앉았더니 선생님께서 "님을 그리는 마음으로 제자님을 기다리고 있었어요" 라고 하셨다.

선생님께서는 내가 해금에 몰입하고 있다는 것을 느끼셨으리라. 제자의 상태를 잘 헤아리고 그에 맞게 가락을 주셨다. 장단을 쳐주실 때는 신명을 다하셨다. 가락을 알려주실 때는 구성진 노래로 들려주시기도 했다.

스승님은 부지런히 자신의 세계를 추구하는 분이셨다. 이른 아침에는 승무를 한바탕 추시고, 때로는 곡을 쓰신다고 하셨다. 낮엔 해금을 연습하시고, 저녁엔 거문고와 가야금을 연습하시며 하루종일 음악 안에서 노니는 신선의 모습으로. 물처럼 자연스럽게 흘러가는 유려한 연주는 한시도 놓치 않고 음악에 정진하는 그의 일상으로부터 나오는 것이리라. 무수히 쏟아져 나오는 즉흥 가락은 이 시대 유일무이한 예인임을 증명한다.

천지윤이 추천하는 김영재의 음악

<적념>
해금과 피아노 혹은 해금과 기타를 위한 구성이다. 1악장의 서정적인 선율로 많은 사랑을 받은 곡이다. 중모리 - 단모리 - 굿거리 - 잦은타령 - 엇모리 - 중모리의 6악장으로 구성되어 있다.

<비(悲)>
슬플 비. 슬픔을 노래한 곡이다. 강원도의 '메나리조' 선율과 서도지방의 선율로 구성되어 있다. 장단 없이 흘러가는 부분이 지나면 엇모리장단에 얹어 연주한다.

<김영재류 해금산조>
김영재 선생님께서 구성한 산조 한바탕. 1시간에 달하는 긴 산조도 있다.

<조명곡>
새소리를 음악화한 것이다. 신비로운 동양의 새가 노니는 듯한 선율이다. 김영재는 동물 시리즈로 곡을 만들었다. 개와 닭을 소재로 한 견명곡, 계명곡도 재미있다.

최태현

최태현 명인은 박사과정 시절 만나뵙게 되었다. 오랜 스승이신 김영재 선생님께 수강신청을 했는데 선생님께서 1월생이셔서 그해 은퇴 시기에 딱 걸리게 되었다. 3월 개강이니 좀 애매하게 된 것이다. 지도교수님의 권유로 최태현 선생님과 연결이 되었다. 은퇴를 1년 앞두고 최태현 선생님께서는 사당동에 연구실을 따로 준비하고 계셨다. 개강 이후 사당동 연구실로 찾아뵙는 날의 연속이었다.

해금계의 양대 산맥이라지만 최태현 선생님에 대한 정보 없이 개강을 맞이했다. 지금이라면 선생님의 예술세계를 어느 정도 탐색하고 찾아 뵈었을 텐데 그때만 해도 어렸다. 어떤 귀한 기회가 내게 온 것인지도 잘 몰랐다. 자신을 세상에 드러내기를 극도로 꺼리는 선생님의 성품 탓에 늘 은자처럼 지내신 선생님. 음반과 논문, 악보, 저술활동 등의 결과물로만 세상에 조용히 이름을 내셨기에 그마저도 모르고 선생님 문하에 입문하게 된 것이다.

선생님의 진면목을 알기까지 시간이 걸렸다.

워낙 고제(古制)의 소리이고, 익히 들었던 김영재 명인의 소리와는 정반대 방향을 향하는 소리였기 때문이다. 김영재 선생님의 유려하고 맑은 소리와는 다르게 최태현 선생님의 소리는 투박하고 질박했다.

소리를 통성으로 낼라치면 선생님께서는 아연실색하시며 소리를 왜 그렇게 크게 내느냐고 되물으셨다. 선생님께 레슨을 받는 순간마다 모기만한 소리를 내야 했다. 그렇게 해야 선생님의 소리가 들리고 꾸지람도 듣지 않았기 때문이다.

선생님은 늘 같이 연주해주셨기에 나는 가만가만 최소한으로 활을 쓰고 선생님의 소리를 듣기에 더 집중했다. 선생님께서 들려주는 소리는 여전히 생소했다. 거칠거칠했고 소리도 작았다. 선생님께 수업을 받는 동안 녹음을 했고, 집에 돌아가면 녹음한 것을 들으며 혼자 연습했다.

죄송하지만 선생님의 연주 방식에 대한 확신이 없었다. '이게 맞나? 이상한 방향으로 가고있는 건 아닐까? 대체 어떻게 연습해하지?' 난감한 날들의 연속이었다.

어느 날 선생님께서 <지영희류 해금산조>의 진양을 타주셨다. 뭐 이렇다하게 강렬한 연주도 아니고, 늘 그렇듯 기운 없이 타시는 것 같기도 했다. 나 역시 가만가만 듣고 있었다. 그때 혹 하고 심장을 가격하는 대목이 있었다. 그 소리는 무방비 상태로 있던 마음 깊은 곳을 쿡 찌르고 도망갔다. 마음의 심연(深淵)이라 해야 할까. 아주 깊은 곳이기에 보통의 상태에서 손을 뻗어도 닿지 않을만한 마음의 공간. 가슴을 치는 그 소리는 그렇게 심연을 두드리고 홀연히 사라졌다. 무심히 내던 소리 가운데 응축되어 내던져진 그 소리는 다른 경지의 것이었다.

그 이후 내가 규정하던 소리와 연주에 대한 관념이 완전히 리셋되었다. 소리는 될 수 있는 한 크게 내야 하고, 화려하게 수식하는 연주가 좋은 것이라고 생각했었는데 소리의 새로운 지평이 열린 것이다. 선생님께서는 어느 대목에서 "이 소리는 누군가를 애타게 부르는 소리다"라고 하시며 희미한 소리를 내셨다. 부르고 부르다 목이 쉰 듯한 소리. 나는 매번 그 대목을 연주할 때마다 선생님의 음성과 표현이 기억난다.

좋은 소리란 무엇인가? 좋은 음악이란? 선생님의 가르침 이후 종종 질문하게 한다. 이 질문은 음악과 소리, 그리고 나 자신에 대한 궁극의 질문이 아닐까.

선생님은 분명 그런 것을 추구하셨을 것이다. 내려놓고, 힘을 빼고 연주한다. 표현과 감정 또한 절제한다. 어떤 것도 인위적으로 표현하려 애쓰지 않는다. 무언가를 하는 것보다 하지 않는 '절제'가 더 어렵고 새로운 경지임을 알게 된다. 무위(無爲). 욕망을 모두 덜어낸 소리. 그 가운데 간결하고 좋은 것이 나오리라는 믿음이 생겼다.

박사 공부를 하던 시절 출산과 육아를 했다. 심리적인 부분에도 커다란 변화가 있었다. 해금만 잘하면 된다, 음악적으로 출세하면 된다, 라고 생각해왔던 세계관이 와장창 부서지던 시절이었다. 삼십대에 접어들었음에도 불구하고 학생 신분으로 등록금도 많이 들어갔고, 경제적 능력을 갖추지 못했다.

해금에 입문한지 15년이 넘도록 이렇다하게 세상이 날 알아주는 것도 아니고 막연하게 긴 터널을 걷는 심정이었다. 자괴감이 컸다. 아무것도 손에 잡히는 것 없이 덧없이 추상적인 음악공부만 하고 있다고 생각했던 그 시절, 최태현 선생님의 소리를 전수받으며 새로운 앎으로 나아가고 있었던 것 같다. 선생님은 내 음악인생의 고요한 혁명기를 함께 걸어주셨다.

천지윤이 추천하는 최태현의 음악

<최태현 해금산조 (뿌리깊은 나무)>

<지영희의 긴산조>를 근간으로 연주된 산조이다. 지영희 버전에서 경기제 가락은 덜어내고 남도계면가락의 내용을 더했다. 투박하고 질박한 멋. 경기가락과 남도가락이 조화를 이룬 최태현의 산조를 감상해 보자.

천지윤 음반 일람 • 308
천지윤의 해금 : 관계항(relatum) • 3
관계항1 : 경기굿 • 313
관계항2 : 백병동 • 319
관계항3 : 시 • 326
여름은 오래 남아 • 334
산조와 무악 • 340
원전(元典)의 힘 • 341
<경기무악에 의한 해금유희> • 343
<지영희류 해금산조> • 346
후조(後彫) • 348
후조당에서 • 350
결 셋 • 355

직업으로서의 해금연주가

총 7장의 음반을 발매하고 공연 활동을 해왔다
곡에 대한 연구, 연주가 기록으로 남는 것의 의미는 각별하다
인내와 끈기, 탐구정신에 대한 이야기이다

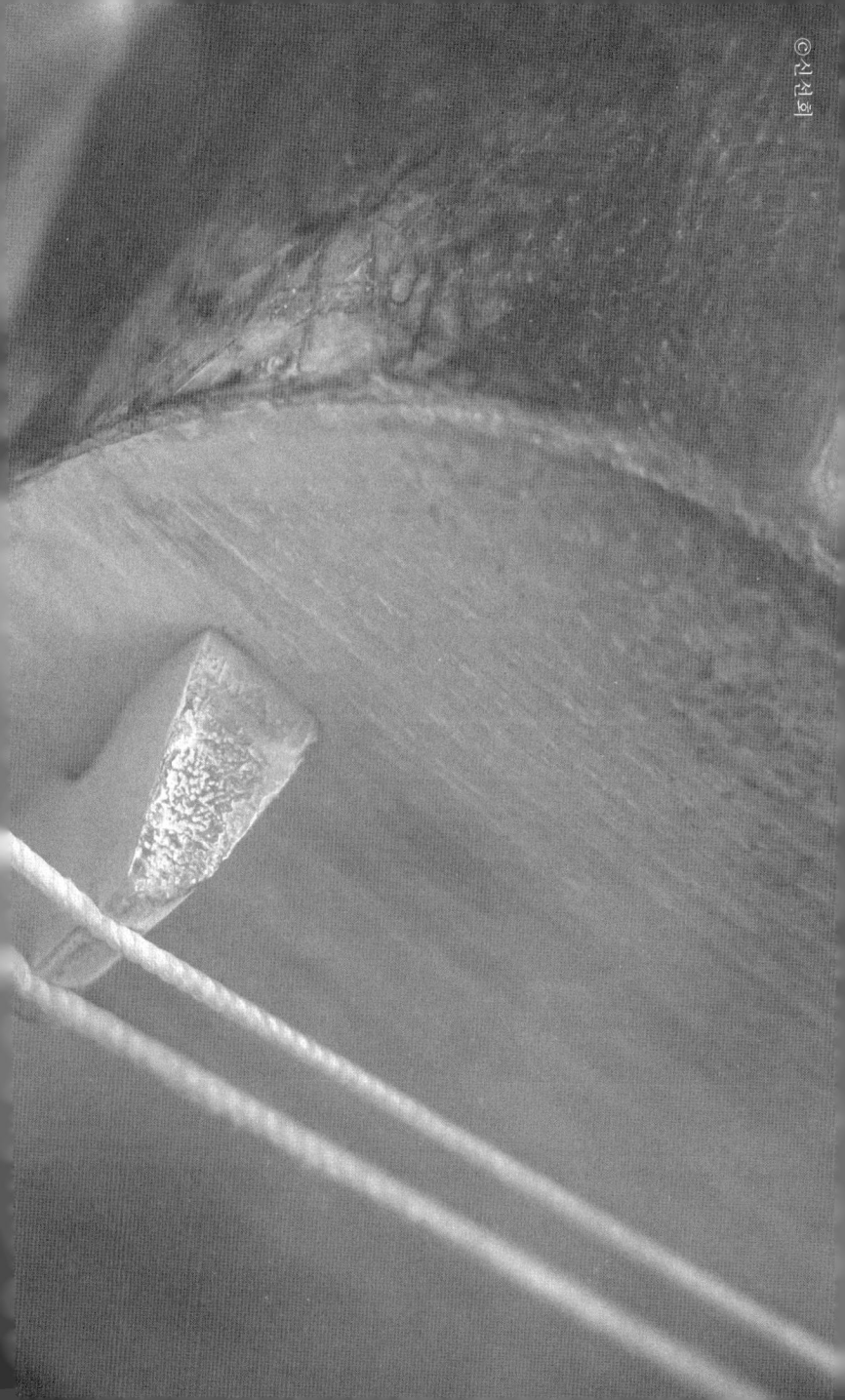

천지윤 음반 일람

2012 해금과 클래식기타를 위한 작품집 '후조(後彫)'
2016 천지윤의 해금 : 관계항1 : 경기굿
2017 천지윤의 해금 : 여름은 오래 남아
2020 천지윤의 해금 : 관계항2 : 백병동
2020 천지윤의 해금 : 관계항3 : 시(詩)
2020 천지윤의 해금 : 산조와 무악
2022 천지윤의 해금 : 잊었던 마음 그리고 편지

천지윤의 해금 : 관계항 (relatum)

'관계항이라는 말, 좀 어렵다'는 반응을 접할 때가 있다. 항 이라는 말에 함수나 수학적인 어떤 것을 떠올릴 수도 있겠고, 그 자체로 아리송하고 난해할 수 있겠다.

'관계항'은 이우환 작가의 작품명을 인용한 것이다. 아직 이우환 작가님을 뵌 적도 없고, 죄송하게도 이 인용에 대해 허락을 구하지도 못했다. 이 점을 늘 송구스럽게 생각한다.

미술작품을 감상하는 것을 좋아하고 갤러리나 박물관 같은 공간을 거니는 것을 좋아한다. 미술이라는 장르와 미술 작가에 대한 경외가 있는 것도 사실이다. 음악과 연극, 무용과 같은 공연예술 분야는 내가 자라왔고 살아가는 너른 뜰과 같은 곳이지만 문학과 미술은 내게 신비성을 간직한 미지의 세계로 여겨진다.

결혼 전 싱글로서 시간적 자유를 누릴 때는 시간나는 대로 미술관에 다니기를 좋아했다. 해외로 연주 여행을 가서도 지칠 때까지 전시를 보고 도록을 사오고 모으는 일을 기쁨으로 여겼다.

20대에 접한 천경자 화백의 작품과 산문집을 보고 예술가로 살아가는 일에 대한 동경과 열정을 갖게 되기도 했다.

이우환 화백도 그러한 맥락 안에서 내게 다가왔다. 이우환 화백은 극도로 미니멀한 선과 점, 절제된 색채를 사용하여 여백이 많은 그림을 그려낸다.

천경자 화백의 화려한 색채와 빈틈없는 캔버스와는 정반대편에 서 있는 이우환의 세계도 매력적으로 다가왔다. 극도로 뜨거운 것과 극도로 차가운 것. 극과 극은 통한다고 하였나? 나는 이 두 세계 모두에 이끌렸다.

천경자의 글이 정념(情念)에 불타오르는 듯 무당의 공수처럼 거침없이 쏟아내는 맛이 있다면, 이우환은 무엇과도 지극한 거리를 두고 차갑게 사고하여 중용적인 글을 쓴다.

이우환 화백의 산문집 『시간의 여울』과 대담집 『양의의 예술』을 보고 정제와 절제에 대해 생각하게 되었다. 발산보다 응축의 힘을, 화려함보다 간소함에서 오는 힘을 알게 되었다. 무엇이 맞다고 할 수는 없으나 그때의 나는 그러한 미니멀리즘에 매력을 느꼈던 것 같다.

1) 『양의의 예술, 이우환과의 대화 그리고 산책』 (2014), 심은록, 현대문학, 72p

"철저히 추려 정리하고 정제시켜서
극히 일부만 내 손을 거치도록 하여
숨결이 느껴지게 재제시하는 작업입니다." [1]

이우환 화백의 <관계항>은 설치 작품으로 돌과 철판이 무심히 마주하고 있다. 돌은 자연적인 것이며 동양적인 것을 상징한다. 철판은 산업화된 것이며 서구적인 것을 상징한다. 이 둘의 세계는 자연과 산업, 동양과 서양으로 대변할 수 있는 현상과 사유를 담아내고 있다.

수렴, 단순화, 울림, 존재보다 관계와 같은 그의 말에 영감을 받았다. 무언가를 수렴하고 단순화하기 위해서는, 그것이 울림이 되기 위해서는, 얼마나 많은 텍스트(text)와 콘텍스트(context)를 소화한 후 뱉어내야 하는가에 대한 고민을 주기도 했다.

관계항이라는 작품 속 돌은 나의 해금이며 나라는 존재 자체다. 철판은 나와 관계맺는 또 다른 존재로 그것이 경기굿일 수도, 서구의 현대음악이나 재즈일 수도 있다.

'관계항'이라는 제목 덕분에 다양한 작업을 할 수 있었던 것은 틀림없다. 어떤 존재를 다른 항에 두어도 그 대상과 대화하며 새로운 맥락을 그려나갈 수 있다는 믿음과 자유로운 마음 때문일 것이다.

이우환 선생님을 아직 뵙지 못했지만 언젠가 꼭 만나 뵙고 감사의 인사를 올리고 싶다. 특히 『시간의 여울』에서 무심한 듯 써낸 글 속에 와인과 요리, 음악에 대한 심미안을 발휘하는 대목은 인간적인 매력을 느끼게 한다. 지금 이 순간도, '언젠가 꼭!'을 되뇌고 있다.

관계항1 : 경기굿

임신했던 기간은 내 생에 가장 편안한 날들이었다. 두 번의 박사 독주회를 했지만 그러한 미션마저도 압박으로 다가오지는 않았다. 매일 조금씩 연습하고 암보해서 편안한 마음으로 무대에 오르고자 했다. 그만큼 시간적인 여유와 마음의 여유가 허락되는 날들이었다. 아이를 잉태했다는 것만으로도 대견한 일이었고, 내 존재가 쓸모있으며, 할 일을 충분히 하고 있다는 안도감이 들었다.

늘 무언가를 더, 잘 해내야 한다고 생각하며 살아온 내게 이러한 안도감은 생애 처음 겪는 일이었다. 당시 든든하다 믿었던(!) 남편과 시댁 식구들의 존재도 내게 많은 안도감을 주었다. 아빠가 내 나이 스무살에 돌아가셨기에 스산한 마음이 들곤 했는데, 십년 만에 따뜻한 울타리가 둘러진 듯한 느낌이었다.

아이를 출산하고는 아이를 돌보느라 정신없는 날들이었다. 완전히 새로운 세계를 맞닥뜨린 것이다. 그래도 순탄한 날들이었다. 내 존재가 사라질 것 같은 조바심에 불안감이 들었다. 뭔가를 해야겠다는 생각이 들었다. 그해 6월, 박사 5학기 독주회를 마치며 수료단계에 들어섰다.

외부 극장에서 하는 공식적인 독주회 구상에 나섰다. 극장 대관은 보통 연초에 신청이 끝난다. 한해의 중반이 지나고 가을로 접어드는 시기였으니 다급하게 일을 진행했다. 얼마나 절실했으면, 그놈의 '존재'가 무엇이길래!

지금은 사라졌지만 선릉에 위치한 올림푸스홀이 적합했다. 극장 사이즈와 분위기, 교통. 게다가 극적으로 12월 말 경에 남은 자리가 있었다. 그리하여 2013년 12월 29일에 <천지윤의 해금 : 관계항1 : 경기굿>이라는 공연을 올리게 되었다. 아들의 첫 돌이 12월 14일이었으니, 꼭 보름 후에 독주회를 하게 된 것. 아들의 돌잔치는 예쁘게 마무리 되었지만 사진을 보면 아기의 수트에 신발이 없고 오로지 양말 차림이다. 신발까지는 준비하지 못했다. 분주했던 내 탓이다.

돌잔치의 해맑은 분위기와는 다르게 <관계항1>은 진지하게 무게를 잡는 작품이다. 박사과정 동안 배우고 익혔던 바들이 몸 밖으로 나오기를 희망하며 찰랑거리고 있었다. 공부를 막 마친 후 생생히 남아 있는 몸의 기억과 기록을 남겨두고 싶은 마음이 더해졌다.

박사기간 중 강렬한 인상을 남겼던 것은 최태현 교수님과의 <지영희류 해금산조> 수업이다. 스승인 지영희의 가락에 최태현의 가락을 더해 음악적인 내용이 풍부하고, 지영희와 최태현의 관계성을 더듬어 볼 수 있는 산조다.

최태현 교수님과의 수업 이후로 내 음악에 많은 변화가 있었다. 학부와 대학원(석사) 과정 동안은 김영재-정수년 교수님의 계보였다면, 최태현이라는 새로운 계보 속에 공부하게 된 것이다. 새로움이 내 안에 들어와 한창 화학반응을 일으키고 있었다. 공연의 1부는 최태현 구성의 <지영희류 해금산조>를 연주하기로 했다.

2부는 경기굿 뒷전거리를 인용한 창작물로 사운드와 비디오 인스톨레이션을 이용한 장르적 협업이다. 비빙의 음악감독 장영규 선생님과 미술감독 이형주 선생님의 도움으로 만들어진 작품이다. 이 당시 나는 숏커트 머리였다. 숏커트에 검은 두루마기를 입고 검은 물 혹은 안개 위에 두둥실 뜬 듯한 포스터를 만들었다. 지금 보아도 만족스런 아트웍 중 하나이다.

포스터만큼이나 2부의 <경기굿>은 '쎈' 것이었다. 비빙에 입단한지 5년이 꽉 차가는 시점이었으니 다양한 퍼포먼스를 해본 경험으로 실험적인 작업이 낯설지 않았던 터였다.

1부에서는 박사과정에서의 진지한 배움의 결과물, 2부에서 비빙이라는 팀워크로 빚어진 나만의 특별한 색깔이 더해지길 바랐다.

2부의 <경기굿#1>은 <경기도당굿> 뒷전거리에 나오는 벙어리 귀신과 장님 귀신의 대화다. 칠흑같은 암전 속에 두 귀신의 말소리만 들린다. 무형문화재 조한춘 명인의 소리를 작품으로 가져왔다. "나는 벙어리 수비였던 것이다." 하고 말을 건넨다.

어렸을 때 벙어리라 놀림 받아 피멍 든 가슴, 엄마 무릎에 앉아 울던 이야기를 한다. 두 귀신은 점을 치고, "여봐봐, 점괘가 잘 나왔어." 라며 대화를 맺는 영화적인 작품이다.

<경기굿#2>는 <경기도당굿>에 나오는 다양한 무가와 공수, 악기 소리들을 자르고 붙여 꼴라쥬 형식으로 만든 작품이다. 이 사운드 위에 가야금과 장구를 비롯한 타악기까지 가세하여 즉흥적인 사운드를 만들어낸다. 사운드와 함께 여러 점의 무속화 영상이 나타났다 사라지기를 반복한다. 이 무속화들은 이형주 선생님께서 열심히 엄선嚴選하신 것들로, 음악을 극대화하는 역할을 했다.

나는 <경기굿#1>, <경기굿#2>에서 해금과 인성人聲을 통해 즉흥연주를 했다. 1부에서는 40여분에 걸친 전통적인 해금산조를 연주했다. 2부에서는 기존의 경기도당굿이라는 소재를 해체하고 재결합, 재구성하여 새로운 작품을 길어 올렸다.

<지영희류 해금 산조>는 그 근원을 경기굿으로 보기 때문에 경기굿이 작품의 중심과 제목이 되었다. 즉, <관계항 1 : 경기굿>은 경기굿이라는 큰 틀 안에서 전통와 근원, 근원으로부터의 해체와 재탄생을 이야기한다.

나 역시 출산이라는 과정을 통해 기존의 내가 해체되고 재탄생되는 과정을 겪는 시기였다. 나의 맥락과 작품의 맥락은 늘 함께 가는 것이라 생각한다.

이 생을 살아가며 겪게 되는 행복과 안도, 만족과 조바심, 불안과 풍파, 극복과 인내, 성찰과 성장과 같은 것을 회피하거나 도망치지 않고 꼭꼭 씹어 삼키고 싶다는 생각이 든다. 그것들이 내 안에 찰랑찰랑하게 고였을 때 또 다시 방출되기를 원할 것이고, 그것들은 음악을 통해 존재감을 드러낼 것이다.

고생한 것, 기뻤던 것, 착각했던 것, 진실을 알아보며 고통스러웠던 것, 내가 극복했던 나 자신의 허점과 같은 것들 모두가 내 음악을 이루리라는 안도감으로 살아갈 것이다. 그 안도감은 누군가 내 인생의 울타리라 믿는 마음이 아닌, 내 인생의 구원자는 오로지 나 자신, 내 존재 라는 믿음에서 나오는 것임을 알게 되었다.

누구라도, 나라는 존재의 근원으로부터 해체와 재탄생의 과정을 수도 없이 반복해야 하는 것이 인생 아닐까. 내 인생의 끝자락에서 관계항은 몇 번의 넘버를 찍고 있을지, 또 다른 작업들은 어떠한 맥락을 잇고 있을지 궁금해진다.

관계항2 : 백병동

처음으로 백병동 선생님의 연구실을 찾은 것이 2010년경이다. 선생님의 연구실은 서울대 입구의 어느 오피스텔이다. 선생님은 서울대학교 작곡과 교수직에서 퇴임하신 후에도 하루도 거르지 않고 눈이 오나 비가 오나 여전히 연구실로 출근을 하신다.

처음으로 선생님을 찾아뵌 것은 기타리스트 이성우 선생님과 듀오 음반인 <후조(後彫)> 작업을 진행하고 있을 2010년 경이었다. 음반에 백병동 선생님의 작품을 수록하고 싶어 위촉드리려 찾아뵈었다. 어떤 작곡가들은 작업 기일을 맞추지 못하는 경우가 있어 연주를 앞둔 연주자의 애를 새카맣게 태우기도 한다. 백병동 선생님은 하루도 틀리지 않은 날에 작품을 주셨다. 그보다 앞당겨 악보를 전해주시기도 하셨다. 스스로에게 엄격하고, 절도있고, 강인한 분이라는 것을 알 수 있었다.

관계항1을 마치고 다음 작업으로 무얼할까 고민했다. 한창 다루고 있던 현대음악 장르 안에 나와 정신적인 결이 잘 맞는다고 느낀 백병동의 작품을 떠올렸다. <후조> 작업을 하며 선생님을 알게 되었으니, 보다 깊이 백병동의 세계로 진입하고 싶었다.

천지윤의 해금	관계항2	백병동
Chun Ji Yoon's Haegeum	*Relatum 2*	Paik Byung Dong

관계항2에서는 백병동의 곡으로 채우자! 선생님을 찾아뵙고 계획을 말씀드렸더니 흔쾌히 수락해주셨다. 선생님께서는 새로운 곡을 써주시겠다고 약속하셨다. 선생님에 관한 책과 음반들도 주셨다. 돌아가서 스터디를 시작했다. 제자들이 쓴 선생님 작품에 대한 논문과 산문들, 선생님 자신의 산문들을 읽었다. 선생님의 작품집도 반복해서 들었다. 이 가운데 소프라노와 피아노를 위한 곡을 개작 의뢰를 드렸다. 기존에 작곡된 해금곡과 위촉곡, 개작위촉까지 총 7곡이 모였다.

예정하신 기일보다 먼저 연락을 주셨다.

"새로운 곡이 나왔다! <소리의 행방>."

선생님께서 연로하시기에 이 곡을 완수할 수 있을지 모르겠다고 말씀하신 것은 기우였다. 자연 속으로 들어가셔서 어느 콘도에 머무르시면서 곡을 쓰셨다고 했는데 생각보다 곡이 금방, 잘 나왔다고 하셨다.

선생님의 작품 세계는 난곡으로 유명하기에 각오는 했지만 악보를 보니 눈이 핑- 돌아갔다. 7곡을 연습하는 동안 해금에서는 잘 쓰지 않는 고음역대의 소리들이나 자주 출몰하는 5,7,9잇단 음표라던가, 32·64·128분 음표와 같은 것들이 머리를 아프게 했다. 하나하나 차분히 연습하다보니 이것들이 노래가 되었다. 낯선 세계지만 씹을수록 가슴에 무겁게 내려앉는 무언가를 느낄 수 있었다.

한번 휙 읽었을 때 아름다운 노래가 있는가 하면, 처음에는 알 수 없지만 알아갈수록 진가를 발휘하는 것들이 있다. 한 번에 좋은 선율은 질리기 마련이지만, 알아갈수록 좋은 것들은 오래도록 신비롭게 빛난다. 백병동의 세계가 그랬다. 선율을 서사적으로 엮어가는 것이 아니라, 시이다.

응축된 패시지가 군데군데 띄엄띄엄 배치되어 있다. 시어와 침묵이 반복되면서 시어, 즉 각각의 패시지가 응축된 힘을 갖는 것이 백병동 음악의 핵심일 것이다. 아주 낮은 음역부터 아주 높은 고음역까지 치달아가는 역동성은 응축된 힘으로부터 나온다.

그가 다루는 세계가 <명(冥)>, <화장장에서>처럼 삶과 죽음을 이야기하기에 연습하는 동안 죽음을 묵상할 수밖에 없었다. <운(韻)-7>과 <소리의 행방>에서는 소리의 근원에 대한 탐구로서 언어가 배제된 순수한 소리의 세계를 어떠한 상상력으로 그려나갈 것인가에 대한 고민을 주었다.

<빈약한 올페의 회상>은 최하림의 시로 만들어진 소프라노 곡이다. 노래가 원곡이므로 악보의 음표 아래 시어를 적어놓고 연습하곤 했다. 시와 언어가 조응했을 때 얼마나 깊은 감응을 줄 수 있는지, 그것이 활의 구사에 얼마나 많은 다양성을 줄 수 있는지를 경험했다.

공연한 해는 2016년으로 마침 백병동 선생님의 팔순을 맞이한 때였다. 한국 현대음악의 거장의 작품 발표회답지 않게, 또 현대음악 연주회답게 빈 객석이 많았다. 무대 위에서 연주는 그런대로 잘 풀려 나갔다.

다행히 이 실황연주는 음원으로 기록하여 2020년 세상에 나왔다. 현대음악을 해금으로 연주한다는 것이 얼마나 생경한 일인지를 종종 생각하게 된다. 서양음악계에서도 듣는이의 수가 적은 고독한 분야라 할 수 있다. 이 장르를 국악기인 해금으로 연주한다니.

그럼에도, 우리나라 작곡가들이 우리 악기로 새로운 우리의 소리를 구현해보고자 만든 음악들이 보석 같기에 나는 연주한다. "이 산천에서 이 공기와 이 물을 마시고 살았던 사람이라면 반드시 우리적인 소리를 내게 되어 있다"는 선생님의 말씀을 기억한다. 한국인 연주가 고유의 정체성, 전통악기 연주가들의 어법이 서구의 음악 형식과 만나 새로운 길을 내는 것이다.

현대음악은 고독한 길임에 분명하다. 그렇지만 음악 이면에 층층이 자리를 내고 있는 의미들을 발견하고 알아갈 때에 내밀한 기쁨과 충만함이 있음을 알게 된다. 관객보다는 연주가에게 재미있는 음악이 현대음악이리라 믿고 있다.

표층, 중층, 심층을 이루는 마음의 깊이가 있다면, 백병동의 음악은 심층에 가닿는 음악이라 생각한다. 평소에는 꺼내보기 어려운 심리와 감정과 무의식들이 어딘가에 켜켜이 묻혀 있다면, 이곳까지 들어가 길어올려야 하는 음악임을 알게 된다. 마음의 심연(深淵)까지 들어가야만 하는 음악은 결코 흔하지 않다. 그 심연까지 들어갈 수 있는 집중력이나 몰입이 세상살이와 함께 가기 어렵고 그만큼 고독한 일이기 때문일 것이다.

백병동의 해금 전곡(全曲)인 '7곡'을 연주하며 목과 어깨에 담이 수도 없이 들었다. 어려운 악보를 리딩하고, 익숙해진 후에는 음악에 담긴 에너지를 표현하기 위해 안간힘을 썼다. 안간힘의 결과인 담은 덤이었다. 중국식 마사지를 받으러 가서 두들겨 맞듯 뭉친 근육을 풀어야 했다. 이 때의 후유증은 지금까지도 이어지고 있다. 신체적인 후유증을 남겼고, 관객마저 적은 음악이지만 분명코 이러한 길을 지켜보는 사람이 있다는 것도 알게 된다.

후배나 제자들이 백병동의 작품 세계를 연구한다고 초연자인 나를 찾아올 때면 '새로운 길을 만드는 데에 내가 작은 기여를 했구나' 라는 생각에 감사해진다.

나는 선생님의 연구실을 참 좋아한다. 연구실은 선생님의 아카이브 공간이기도 하다. 공간을 둘로 나눈다면 한쪽은 악보가 가득하고 한쪽은 음반으로 가득하다. 이 공간에서 선생님과 한낮에 조용히 음악을 듣고 앉아 있다. 음악의 고수가 골라주는 명반을 듣거나 영화이야기나 문학이야기로 흐르기도 한다. 선생님은 청년처럼 재빠르게 움직이셔서 판을 갈아 끼시거나 커피를 새로 채워주시기도 한다. 이 책, 이 음반이 좋다며 빌려주시기도 한다.

나는 선생님께서 일본에서 사 오셨다는 리히테르의 슈만 <Papillons> 음반을 특히 좋아했다. 선생님의 영향으로 리히테르의 세계에 폭 빠지기도 했다. 리히테르 자서전을 읽었고 추천해주시는 리히테르 명반들을 사 모으기도 했다. 선생님과의 대화는 정말로 신선했고, 그 누구와 대화한다 해도 알지 못할 문화예술에 대한 깊이가 있기에 그 시간이 정말 좋았다. 따뜻하게 내리쬐는 한낮의 햇살 속에 음악과 커피, 선생님을 마주한 시간들이 그립다. 얼마 전 스승의 날이었음에도 찾아뵙지 못했으니 5월이 가기 전 꼭 찾아뵙고 싶다.

관계항3: 시

해금은 기존의 전통음악 안에서 존재감이 미미했다. 1960-70년대에 이르러 해금산조를 세상에 내놓으며 독주악기로 막차를 탔다. 해금독주곡 중 중요한 위치를 차지하는 <지영희류 해금산조> 가락의 근원이 경기굿. 경기굿판에서 거칠게 생존한 악기다.

여기서 반전. 해금은 21세기 국악기 중 활약하는 독주악기가 됐다. 지판 없이 허공에 매인 줄을 재주껏 운용하다보니 어떤 조성의 음악이든 소화할 수 있게 됐다. 다양한 악기·장르와 콜라보에 자유롭다. 활동의 영역이 넓어지니 사람들이 해금소리가 참 매력적이란다. 여러 장르에서 러브콜을 받았고, 시도했다. 이제는 서구의 현대음악까지 손을 뻗치는 것이다.

나는 묘하게 이 세계에 이끌렸던 것 같다. 남이 잘 건드리지 않는, 청중도 많지 않은 **현대음악**. 이 장르에서 내 정신세계 어딘가가 만나고 있다는 느낌이 들었다. 현대음악계의 거목(巨木)인 백병동 작곡가를 2010년 처음 본 이후 일곱 개의 해금 작품을 모았다.

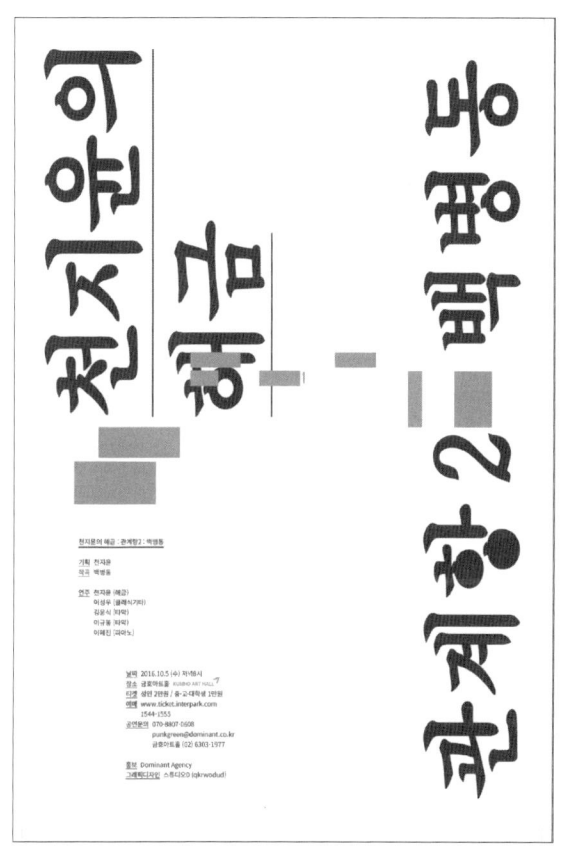

2016년 금호아트홀에서 <천지윤의 해금 : 관계항2 : 백병동> 이라는 공연을 올리기에 이른다. 나는 백병동의 음악 중 현대적 느낌이 물씬 나는 성악곡에 이끌렸다.

해금곡으로 개작하는 가운데 가사는 탈락됐지만, 선율의 느낌을 끌어내기 위해 시어(가사)를 음표 아래 하나하나 적었다. 연습하는 동안 그 시어들이 내 몸을 통과해 마음을 움직이고 마침내 소리의 결을 완전히 바꿔놓는 화학작용을 경험했다.

무의식의 세계가 있다면 청중들도 마찬가지일 것이다. 이 작업을 계기로 시를 기반으로 한 음악을 만들고자 했다.

이 마음은 <천지윤의 해금 : 관계항3 : 시(詩)>라는 작품이 된다. 인상깊게 들었던 음반 <사운드 스케이프>를 작곡한 윤혜진 작곡가에게 1부 작품을 의뢰했다. 2부는 음악그룹 비빙 활동을 오래 함께한 장영규 작곡가와 함께였다. 유니크함과 동시에 고상함을 잃지 않는 그의 음악세계를 신뢰하기에 작품을 의뢰했다.

두 챕터의 음악은 시대적, 장르적 현대음악에 해당한다. 나는 왜, 해금과는 출생지가 멀고 먼 현대음악에 끌렸을까? 이 기괴하고 복잡한 선율이 무의식을 건드리고 잠자고 있는 내면의 이야기로 이끌고 가기 때문이다.

평소 표출하기 힘들고 꺼내볼 기회가 없는 마음을 더듬어 소리로 표현하기에 적합하다. 이 음악을 낯설고 어려운 테크닉의 음악으로만 바라보아서는 중요한 부분을 놓칠 수 있다. 음악에 내재된 메시지나 이야기처럼 청중의 마음을 두드리는 결정적인 것들. 내게 평소 표출하기 어려운 무의식의 세계가 있다면 청중들도 마찬가지일거다.

그렇다면 이 음악을 통한 공감을 이루기 위해 공연장의 분위기는 어때야할까? 시어(詩語)에서 피어오르는 느낌은 다 타고 허물어져 재만 남은 폐허인데. 공연장은 으리으리하기만 하다.

격식있는 공연장은 오히려 이 음악을 경직시킨다. 형식주의에 갇혀 음악의 본색을 잃어버리는 격이다. 허물어진 공간이 어디 있을까. 아현동에 60년 된 목욕탕이 '행화탕'이라는 문화공간으로 변신했다는 소문을 듣고 찾아갔다.

공간의 인상은 축적된 시간, 머문 사람이 일군 체취로 이루어진다. 허름하고 낡았지만 돈으로 살 수 없는 것이 시간성인만큼 독특하고 귀한 장소다. 목욕탕 공간은 남탕과 여탕으로 나뉘었던 흔적도 있고, 철문을 끌어당기면 허리를 숙여야 하는 보일러실도 나온다. 공간을 구석구석 재미나게 연출할 수 있는 가능성. 한여름, 대관계약서를 쓴 이후 몇 번의 답사를 더 다녀왔다.

가을이 되어 윤혜진 작곡가의 작품이 악보로 완성되었다. 총 8악장, 35분에 이르는 곡이다. 제목은 <낮에 죽은 그림자의 고양이의 노래>. 해금을 중심으로 25현 가야금, 38현 양금, 거문고, 향발, 운라가 등장한다.

허수경 시인의 산문집 『너 없이 걸었다』를 읽다가 오스트리아 시인 게오르크 트라클의 <아름다운 도시>에 마음이 멎었다. 아이와 피치 못하게 헤어져 있던 시간 때문에 시의 한 구절이 특별하게 와 닿았던 것 같다.

시를 윤작곡가께 전달하니 작곡가는 게오르크 트라클의 <밤의 시>를 불러왔고, 동시대 한국시인 이장희의 <봄은 고양이로소이다>와 <고양이의 꿈>, 한국의 전통시조 <바람아>까지 소환했다.

장영규 작곡가에게 전달한 시는 <어부사(漁父詞)>다. 가객 홍원기가 부른 어부사는 광활하고 고요한 물 위에 홀로 떠 있는 느낌을 준다. 속기(俗氣) 없이 신선의 경지를 그리는 노래. 목욕탕 공간과 물의 이미지를 간직한 어부사는 서로 호응하는 관계가 되어주었다.

<낮에 죽은 그림자의 고양이의 노래>는 칭칭대는 향발 소리로 시작한다. 향발은 손바닥 안에 쏙 들어올 만큼 작은 심벌이다. 이 소리로 공간감을 만들고 오래 묵은 듯한 징 소리, 녹슨 듯한 운라 소리가 시간성을 만든다.

연주가들은 이 안에 시어를 뱉는 것으로 연주를 시작한다. 읊조려지는 시어는 의미 없는 소리로, 때로는 움켜쥐고 싶은 소중한 단어로 모습을 바꿔 가며 부유한다. 해금과 거문고는 시조 <바람아>를 모티브로 한 선율을 연주한다. 연결되는 악장에서 게오르크 트라클의 <아름다운 도시>와 중첩되며 유럽의 어느 광장으로 소리를 이끌어 간다.

해금·가야금·양금은 서로 다른 시간에 치열하게 존재하고 다른 속도감으로 제 생(生)을 밀고 나간다. 각 악장에서 조금씩 제 모습을 드러내던 시어와 선율은 곡의 후반부에 이르러 얽히고 설키며 만난다.

악기마다, 악장마다 서로 다른 시간의 축을 이루고 다양한 공간으로 이끈다. 마치 영화 <인터스텔라>에 나오는 11차원의 시공간에서 과거·현재·미래가 뒤섞이는 듯 오묘하게 직조된 음악이 <낮에 죽은 그림자의 고양이의 노래>다.

<어부사>는 장영규가 만든 엠비언트 사운드에 어부사의 원가락을 얹어 연주했다. 공간을 채운 이 사운드는 고요한 물소리로 시작한다. '푸른 줄 잎사귀 위에 시원한 바람이 인다. 붉은 여뀌꽃 핀 옆에 백로는 한가하다.' 시어는 한가롭기만 한데 사운드는 바다를 향해 나아가고, 역류하기도 하고, 큰 파도를 이루기도 한다. 물은 더 큰 물을 향해 나아가며 스스로 물의 지도를 그린다.

전통가사의 선율 구조는 단순하지만 시어에 따라 그 소리를 확장하거나 오므리거나 호방하거나 겸손할 수 있다. 서너 개의 음정만으로 다양한 음색과 셈여림, 선율의 도약을 시도해본다. 해금을 붙들고 물소리에 의지해 나아간다.

고요한 물빛부터 바다 한가운데의 광활함까지 음악적 전경을 그리며 소리의 경계를 확장해본다.

어머니가 말씀하시기를 나를 잉태하셨을 적에 물고기 태몽을 꿨다고 한다. 내 사주의 형상은 범람할 정도의 큰 강이라는 풀이를 들었을 때 태몽을 떠올렸다. 물의 기억을 간직한 행화탕을 소리로 물들이는 행위를 하며 태어난 모양대로 '자연스럽게' 산다는 생각을 한다.

나는 해금이라는 악기를 가지고 태고적 굿판의 선율을 몸에 새기고, 서구 현대음악에서 요구하는 '새로운 테크닉'을 손끝에 단련한다. <관계항3 : 시>는 오스트리아 어느 아름다운 광장에서 어부가 물길질하는 조선(朝鮮)의 바다를 향해 유영한다.

언어로 시작된 이 음악 안에서 소리의 세계를 넓게 탐험할 수 있었다. 언어는 몸의 상태를 변화시키고, 변화된 몸의 상태는 전혀 다른 소리를 생성한다. 소리를 그리기 위한 내 몸과 정신의 지도가 어떠해야 하는지, 오랜 화두가 될 것 같다.

여름은 오래 남아

<여름은 오래 남아>는 관객들과 가까워지기 위한 시도로 시작되었다. 관심을 갖고 연주해 왔던 전통음악과 현대음악 사이 하나의 징검다리를 놓고 싶었다. 일상에 편안히 들여놓을 수 있는 음악을 생각했다. 재즈와 해금을 결합한 부드러운 사운드를 만들자.

최진배 베이시스트를 만나 음악을 만들어보자고 제안했다. 민요 궁초댕기를 편곡해서 피아노, 드럼, 베이스, 기타, 해금 구성으로 함께 연주한 적이 있었으니 그것을 샘플로 삼았다. 가사 <매화가>, 잡가 <유산가>, <지영희류 해금산조 중중모리>, 가곡 <편수대엽>이 새롭게 편곡되었다. 전통음악 선율을 그대로 살리고 그 배경을 바꾸는 형식으로 진행되었다. 20대 때 습작처럼 만들어 놓았던 곡도 다시 살아났다. 그렇게 10개의 곡이 모였다.

우리 마을에 있던 조그만 홀에서 지원을 해주어 작은 공연을 열게 되었다. 두어 번의 합주를 한 후 무대에 올랐다. 각 곡의 느낌이 어렴풋했으나, 객석의 반응은 생각보다 뜨거웠다. 우리 마을은 프랑스인이 많이 모여 사는 곳으로 프랑스인들 마을이라 불리기도 한다.

해금과 재즈의 장르적 결합이 마을의 특성과도 잘 맞았다. 첫 공연의 반응이 좋았기에 자신감을 얻고 녹음실로 들어갈 수 있었다. 여러 과정 끝에 최종 음원까지 나왔다.

최종 음원을 들으며 음반의 이미지와 컨셉을 고심하고 있었다. 그때 읽던 책이 마쓰이에 마사시의 『여름은 오래 그곳에 남아』다. 거장 건축가와 그의 건축사무소 직원들이 여름 별장으로 세미나를 떠나 보낸 한 시절의 이야기다.

소설 속, 일본 전통 건축과 서구의 현대 건축을 조화시킨 거장의 건축 철학이 마음에 와 닿았다. "전통적 기법을 적극적으로 사용하고 있는데도 전체적으로는 모던하다고 밖에 할 수 없었고, 그것이 무리 없이 양립하고 있다는 것." 그 철학을 내 음악의 한 부분으로 받아들일 수도 있겠다고 생각했다.

이 소설의 배경이 되는 일본의 한적한 예술인 마을 가루이자와의 자연에 대한 묘사도 섬세하게 빛이 났다. 음악을 반복해 들으니 가루이자와의 여름 숲, 새벽 빛깔을 닮았다고 생각했다. 음반 제목을 <여름은 오래 남아>로 지었다.

아이가 놀이터에서 뛰어 놀던 휴일 오후. 늘 그렇듯 놀이터 벤치에 앉아 아이가 노는 모습을 지켜본다. 무릎에 노트북을 얹어놓고 각 곡의 제목과 곡 해설을 달기 시작했다. 아이들이 오종종 뛰어노는 가운데 생각보다 집중은 잘 됐다.

나는 이 음반이 아이친구 엄마에게 "집안일 마치고 커피타임에 편안하게 들어보세요" 라고 선물할 수 있는 것이기를 바랬다.

당시 내 일상은 이런 것이었다. 아이를 쫓아다니며 어린이집에 보내고, 하원시켜 아이 엄마들을 만나 가벼운 수다를 떨고, 놀이터에 앉아 해가 질 때까지 아이를 바라보는 것. 돌아오면 아이를 씻기고 저녁 식사를 준비하고, 아이를 토닥여 재우고, 아침이면 아침식사를 차리고, 어린이집에 데려다 주고, 학교로 수업을 하러 나가고, 아이가 혼자 교실에 남아있지는 않을까 돌아오는 길마다 조마조마한 마음으로 운전을 하곤 하는 날들.

그러한 일상은 나만의 것이 아니었다. 내가 흔히 마주치는 많은 엄마나 아빠가 된 사람들의 것이기도 했다. 고되고 기쁜, 그들의 일상에 스밀 수 있는 농도이기를 바랬다.

나의 일상의 공간이었던 놀이터와 소설 속 아름다운 풍광을 배경으로 한 품위있는 예술인 마을인 가루이자와를 오가며 그렇게 짤막한 글들이 써졌다. 음반의 내적, 외적 형상이 분명해지는 순간이었다.

이 음반을 통해 많은 관객들을 만날 수 있었다. 서울을 비롯해서 지방문화예술극장을 순회했다. 무대 위로 관객이 모두 올라와 바닥에 둘러 앉아 보는 하우스콘서트 형식으로 공연을 진행한 적이 꽤 있다. 특히 가족 단위의 관객들이 오면 부모와 아이 모두 행복해하는 모습을 볼 수 있었다. 공연을 진행하며 어느 한 곡에서만큼은 아이들 모두 엄마, 아빠 무릎을 베고 누워서 들으라고 권한다.

어쩌면 멀게 느껴질 수 있는 화려한 조명이 있는 무대 위. 아이들이 엄마 무릎을 베고 누워서 음악을 듣는다면 잠시나마 가루이자와의 숲이나, 커버 사진을 촬영하느라 캄캄한 새벽부터 헤매고 다녔던 경기도 양평의 강가로 데리고 나갈 수 있을지 모른다고 생각한다.

나는 고단한만큼 사랑으로 가득 찼던 육아의 현장에서 이 음악을 만들며 이 음악이 데려가 줄 자연이나 꿈의 공간을 수없이 상상했다.

"꽃과 물, 숲에 관한 노래. 작약과 매화, 안개가 자욱한 강과 휴식 중인 화산, 바다와 묘지에 관해 노래해 본다. 맑은 것, 여린 것을 마음 한 켠에 품고" 라는 내 문장과 소리가 누군가에게 숨쉴 공간을 만들어 주고, 새롭게 얻은 숨결이 그에게 보탬이 되기를 바라는 마음이다.

산조와 무악

경기굿은 경기 남부와 북부에 걸쳐 지역에 따라 다양한 방식으로 존재해왔다. 그 이름과 구성도 조금씩 다르다. 그 중 나의 작업에 영감을 준 <경기도당굿>은 마을 굿이다. 마을 주민들의 행복과 안녕을 기원하는 굿으로 이해하면 된다. 무당이 마을을 한바퀴 돌고 마을 입구 사당에 가서 절을 한차례 올린다. 굿을 위한 장소로 이동을 한다. 신에게 올려질 화려한 제사상 앞에서 춤을 추고, 노래를 하고, 공수로서 축원과 발원을 한다. 2박 3일에 걸쳐 성대한 굿을 하기도 한다. 간략히 말하면 이것이 굿의 핵심 내용이다.

대학시절 여름캠프를 가면 김영재 교수님께서는 지영희 선생님께 어린 시절 배운 굿가락이라 하시며 손으로 직접 그린 악보를 내어 주셨다. 학교에는 연희과가 있었기에 발표회 때 여러 지방의 연희와 굿을 무대화한 작품들을 감상할 수 있었다. 서울, 경기굿은 물론 진도씻김굿, 다시래기, 동해안·남해안 별신굿 등 다양했다. 명반으로 꼽히는 명인들의 무가(巫歌) 음반도 많이 들었다. 통속화된 노래에서는 느껴지지 않을 깊은 슬픔과 절절한 마음이 박혀있는 음악들이다. 이 음악들을 들으며 많이 울었다.

원전(元典)의 힘

굿은 인류가 생겨났을 시절부터 인간사와 함께 해왔던 문화다. 인간의 두려움과 불안을 달래주고 건강과 복을 빌어주는 신앙의 행위로서 존재해왔다.

고대로 올라가면 제정일치 시대가 있었던 것처럼 제사장(무당)과 정치가가 하나의 역할을 수행할 정도로 강성했던 시절도 있다. 지금은 샤머니즘으로 분류되어 미신적 행위로 치부되곤 하지만. 굿을 잘 들여다보면 태고부터 이어져 내려오는 노래와 춤의 DNA가 있다.

'해금은 경기무악에서 자라난 악기'[1]라는 말이 있다. 서울, 경기굿에 대해 남겨진 기록을 들여다 본다. 경기굿 안에 무수한 가락이 흐르고 존재했으며, 그 속에서 해금 음악의 정체성이 다져진 부분이 있음을 알 수 있다.

경기굿으로 부터 무엇을 끌어낼 수 있을지를 고민해본다. 이것으로부터 새로운 곡을 다양한 방식으로 생성할 수 있다고 믿는다. 그만큼 굿에는 서사적, 시각적, 음악적 내용이 넘실댄다.

오래도록 묻혀 있던 화석을 발견하고 그 의미를 더듬듯, 명인들이 남긴 음원을 들어본다. 그 화석이 오늘날에도 유의미할 수 있기를 바라는 마음으로 나의 해금으로 새로운 점들을 연결해보려 애써본다. <관계항1>(2013)과 <산조와 무악>(2020)[2]이라는 음반이 나오기까지 경기굿을 주제로 다양한 시도를 해 왔다. 두 음반은 이것을 정제한 것이다.

1) 이진원
2) 녹음 시기는 2016년이고, 발매 시기는 2020년이다.

<경기무악에 의한 해금유희>

2014년 두산아트센터에서 <굿을 바라보는 3인의 시선>이란 제목의 공연을 했다. 당시 비빙의 단원이던 승희, 나, 원영 셋이 <진도씻김굿>, <경기도당굿>, <동해안별신굿>을 주제로 자신만의 시선을 담아 재해석한 창작 공연을 올렸다. 이때 <서울굿>과 <경기도당굿>을 듣고 보며 공부를 했다. 아이 출산 후 여전히 활동을 하기 어려웠던 시절이었지만 새로운 작품을 올릴 수 있는 좋은 기회를 놓치고 싶지 않았다. 밤엔 아이가 한차례씩 크게 울어 한참을 토닥여야 잠이 들곤 했다. 비몽사몽에 이른 아침 극장으로 출근한다. 극장 앞 카페에서 멍한 정신을 달래며 커피를 시켜놓고 울먹이던 날도 있었다. 그런 날들이 쌓이니 공연은 무사히 올려졌다.

이때 <산조와 무악>에 담겨 있는 <경기무악에 의한 해금유희>의 아이디어도 쌓아올려진 셈이다. <경기도당굿>은 3박과 2박이 혼합된 장단을 사용한다. 이것이 다른 지역의 음악과 구별되는 지점이자 매력이다. '올림채' 라 하는 장단을 사용하여 즉흥적으로 다양한 리듬과 음색을 구사해보고자 했다. 해금을 흔히 선율 악기로 사용하는데 이 음악 안에서는 리듬의 가능성을 극대화하고 싶었다.

활이 타악기의 채가 된 듯 리듬과 장단을 타고 간다. 선율을 정제해서 연주할 때는 낼 수 없는, 나만 아는, 숨겨진 해금 소리들을 낼 수 있는 장(場)이 되기를 원했다. 그렇게 모여진 기이한 소리들을 극한까지 몰아붙여보고 싶었다. 예쁘게 꾸며지거나 세련되게 정제된 소리가 아닌, 펄떡펄떡 뛰고 놀며 제 자신을 벌거벗긴 해금 소리!

이 아이디어로 몇차례 공연을 했다. 해금과 타악, 해금과 타악과 콘트라베이스 등 악기 편성도 다양하게 시도했다. 타악과 노래에 대단한 재능을 갖고 있는 황민왕과 김용하 두 친구와 함께 연주하니 이 곡이 완결된 느낌이다. 두 연주자가 내어주는 성음과 신명 위에 나는 작두에 올라탄 마음으로 한발, 두발 내딛기만 하면 된다.

올림채-발뻐드레-도살풀이-도살풀이모리-대풍류-무속노랫가락-창부타령으로 구성되는 20여 분의 연주가 Full Version이다. 이를 10분으로 정리한 것이 음반에 수록된 <경기무악에 의한 해금유희>다.

2016년 부산국립국악원에서 연주한 실황이다. 실황에서만 뿜어져 나올 수 있는 자연스런 에너지의 흐름과 발휘되는 가락들이 있다. 이 가운데 버릴 것은 버렸고 남길 것만 남겼다.

<지영희류 해금산조>

<산조와 무악>의 다른 한 곡은 <지영희류 해금산조>다. '지영희류 산조'는 내게 의미가 깊다. 2015년 <지영희류 해금 산조 변천과정 연구>로 박사학위를 받았다. 박사 논문에서는 지영희의 산조가 확장된 과정을 규명했다.

또한 지영희의 원가락과 최태현이 첨삭한 가락을 변별해내는 작업도 했다. 2013년 연주했던 <관계항1 : 경기굿>의 산조는 지영희 원가락에 최태현의 첨삭으로 구성된 버전이다. 2016년 <산조와 무악>에 수록한 산조는 지영희가 1975년에 최종적으로 남긴 산조, 즉, 지영희의 오리지널 가락이다.

논문을 쓰며 지영희와 최태현의 연주를 수없이 들으며 채보[1]하는 과정을 거쳤다. 그들의 음악이 나의 뼛속까지 스몄을 시기다. 공부한 흔적을 연주로 남기고 싶었다. 지영희 본연의 가락을 남기는 것도 의미가 있으리라 생각했다. 공부한 내용이 휘발되기 전에 스튜디오에 가서 녹음하기로 마음먹었다.

---
1) 채보(採譜): 음악을 듣고 악보로 옮겨 적는 것 즉 행위 그 자체를 말한다. 사보(寫譜)라고도 한다.

산조 녹음을 하루 앞두고, 주말 내내 아이와 놀아야 했다. 아들 친구 혁규와 놀이터에서 만났다. 놀다 지치면 햄버거 가게에서 햄버거와 셰이크를 먹곤 했다.

아이들은 해가 져도 놀겠다고 한다. 그러다보니 좁디좁은 우리 집까지 오게 됐다. 혁규 엄마, 혁규 여동생까지.

실례지만 나는 연습을 해야 했다. 녹음이 다음 날인데 떨리기는커녕 육아로 인해서 정신없이 시간이 흘러갈 뿐이었다. 늘 말이 없고 조용히 상대방을 배려하는 혁규 엄마는 나의 마음을 읽어주었다. 나는 아들 방에서 해금산조를 탔고, 혁규 엄마는 벽을 마주한 침실에서 아이 셋을 데리고 놀아주었다.

나는 연습을 마쳤고, 배달음식까지 함께 먹고 나서야 헤어졌다. 아이들이 노는 소란의 한바탕에 해금소리까지 더해진 일종의 아비규환 속. 혁규 엄마의 마음은 어땠을까. 엄마 노릇과 이른 아침 병원으로 출근해야 하는 직업인으로서의 역할을 몸이 부서져라 수행하던 혁규 엄마의 삶을 알고 있었다. 음반 <산조와 무악>에는 한 시절의 주말을 함께 보냈던 마음씨 착한 혁규 엄마에게 진 빚이있다.

후조(後彫)

대학원 시절 금호 영아티스트 콘서트를 했다. 첫 독주회였다. 연주곡목 중 이건용 작곡 <해금가락>은 해금과 클래식기타를 위한 곡이다. 교수님의 추천으로 기타리스트 이성우 선생님과 함께 연주하게 되었다.

이성우 선생님은 자유로운 영혼을 지닌, 예술가다운 예술가셨다. 희끗희끗한 멋스런 헤어스타일에 청바지, 티셔츠 차림을 해도 나름의 멋이 있었다. 음악 자체를 즐기는 선생님의 태도에 리허설 과정이 즐거워졌다. 연습 전후로 커피 타임을 갖고 몸과 마음이 편안해지면 리허설에 들어갔다.

선생님과 리허설 하는 과정에서 많은 배움이 있었다. 좋았던 건 콧노래를 부르시며 선율을 자연스럽게 노래하는 법을 알려주신 것이었다. 선생님께서는 연주마다 묵직한 소리로 음악적인 공간을 만들어주셨고, 이 공간감은 음악으로 들어가는 요술의 문 같았다. 때로는 깊은 내공으로 중요 대목에 방점을 찍는 인상적인 소리를 내어 주셨다.

나는 그 소리에 힘입어 조금 더 감정을 고조시키거나 침잠시키며 음악을 조절해 나갈 수 있었다.

독주회를 마친 이후에도 선생님을 종종 찾아뵙곤 했다. 서초동 스튜디오로 찾아뵈면 커피를 내려주시고 콧노래를 부르며 아이처럼 즐거워하셨다. 선생님과 이야기를 나누다 가만히 앉아 있기를 반복하던 어느 날 음반을 함께 만들기로 뜻을 모았다.

금호아트홀에서 연주했던 이건용의 곡과 맥락을 함께 할 수 있는 현대음악으로 방향성을 잡았다. 대학원 졸업 연주회 때 내게 강한 인상을 남긴 백병동의 곡도 추가했다. 그렇게 이건용의 <해금가락>, <해금가락2>, 백병동의 <뒤틀림에서 초연의 피안으로>, <비우고 가고>, <명(冥)>. 다섯 곡을 음반에 수록하기로 했다.

이성우 선생님은 연극으로 예술계에 입문하셨고, 그림도 그리셨다. 베를린 음대로 유학을 가서 클래식기타를 배우셨다. 국내외에서 기타리스트로 활동하셨고, 많은 후학을 길러 내시기도 하셨다. 나의 큰 스승 되시는 연배로 경험과 연륜이 많으셨다. 선생님은 이 프로젝트를 도와주실 분들을 자연스레 모아주셨다. 덕분에 안동의 '후조당'이라는 고택을 녹음 장소로 섭외할 수 있었다.

후조당에서

"후조당은 제사를 지내기 위해 일부러 만든 제청이다. 이 후조당은 품위와 기능을 갖고 있다. 개인주택이면서 공적인 공간을 확보한 독특한 성격을 갖고 있는 것이다. 제사를 지낼 때는 물론이고 문중의 대소사를 이 제청에 모여 문을 열고 논의하는데, 그렇게 함으로써 그만큼 사당의 조상이 내려다보는 감시 하에서 일을 처리한다는 엄숙함과 권위가 서리게 되는 것이다. (중략) 후조당 현판은 퇴계 친필이다."

- 유홍준, 나의 문화유산 답사기 3, 167p

후조당 답사를 위해 몇 차례 안동에 다녀왔다. 안동 시내를 거쳐 군자마을로 들어섰다. 산으로 둘러싸인 아름다운 풍광 속에 후조당을 비롯한 여러 채의 고택이 멋스럽게 군락을 이루고 있었다. 후조당은 문중의 제사를 지내고 회의를 주관하는 장소로 중요한 모임을 위한 가옥이라고 한다.

후조당에 들어서니 영적인 기운과 더불어 을씨년스러운 분위기도 있었다. 다른 공간들과는 사뭇 다른 공기가 흐른다. 공간의 느낌에 젖어들어 소리를 내어 본다.

울림은 아주 좋았다. 오래 된 나무를 타고 진동하는 해금의 울림은 인공적으로 세워진 극장에서는 도저히 낼 수 없는 것이었다. 전통악기는 본래 이러한 공간에서 소리를 내던 것 아닌가. 악기의 정체성과 공간이 이보다 더 잘 맞아떨어질 수 없었다.

사진 l 문화재청 국가문화유산포털
국가민속문화재 안동 후조당後彫堂 종택
http://www.heritage.go.kr/

해를 넘겨 꽃피는 4월, 후조당을 다시 찾았다. 한옥에서의 녹음인만큼 스튜디오에서의 녹음과는 확연히 다른 환경이다. 환경을 잘 이용하면서도 통제해야 했다. 일상의 소음이 잠든, 사위가 고요한 한밤중에 녹음하기로 결정했다. 어둠이 내리면 마음도 차분하게 가라앉을테니 연주에 적합하다 생각했다.

밤, 고택에서의 울림은 나에게 많은 것을 돌려주었다. 곡이 갖고 있는 정서를 극대화시켜주었다. 연습실에서 홀로 소리를 내던 것과는 달랐다. 이곳에서는 음악이 보다 자연스럽게 움직였다. 선율이 갖는 저마다의 의미가 제자리를 찾는 느낌이었다.

공간이 주는 선물도 있었지만 고통도 있었다.

4월의 밤은 여전히 추웠다. 추위가 생각보다 혹독했다. 후조당은 전통 고택의 형태을 유지하고 있다. 오백 년의 세월 동안 닳고 빛바랜 고동색의 나무들에서 뿜어져 나오는 결과 질감이 얼마나 특별한지. 첨단 기술로 흉내낼 수 없는 것이 시간에 의해 축적된 아름다움이 아닐까.

아름다운 것은 늘 만만치 않은 면이 있다. 이곳은 난방 시설이 없다. 창호지만 바른 창문, 군데군데 구멍이 난 오래된 나무 바닥을 통해 찬바람이 들어왔다. 한기 때문에 손이 곱고 굳는다. 멀리서 개가 짖으면 연주를 중단하기도 했고, 먼 고속도로를 달리는 차의 소음이 들려도 연주를 중단했다. 한기 속에 오들오들 떨며 며칠 밤을 새어가며 녹음을 했다.

아침이 되어 눈을 뜨면 창호 밖으로 우렁찬 산과 뜰 앞 진달래가 보였다. 창호 사이로 벚꽃잎이 흩날리는 황홀한 광경을 바라볼 수도 있었다. 밤엔 음악을 하는 기쁨으로, 낮엔 유서 깊은 고택이 주는 멋스러움만으로도 벅찬 날들이었다.

봄의 한낮. 거침없이 비가 내린다. 어둑어둑한 빛 속에 감금되어 있던 감정이 흘러 나온다. 바로 이 순간을 놓치지 말아야한다고 선생님과 나는 무언의 합의를 보았다. 봄비가 고택의 기와와 처마와 뜰과 주춧돌에 후두두둑 떨어지고 흩어져 구르는 가운데 연주를 시작했다. 음악이 애드립 부분에서 절정으로 치달으니 빗소리도 거세어졌다. 소리가 종결을 향해 잦아드니 빗소리도 사그라든다. 연출한 것은 아니지만 비와 음악이 함께 움직였고, 빗소리를 음악의 일부로서 흡수한 셈이다. 이 과정은 <후조>라는 음반으로 남았다.

<후조>에는 체력과 열정은 넘치고 방향은 모르던 시절의 내가 담겨 있다. 이성우 선생님이 나에게는 동아줄이 되어주셨다. 무작정, 무언가를 하고 싶다고 선생님 앞에서 배시시 웃는 나를 이끌어 주시고 도움을 주셨다. 이 음반의 기획자셨고, 사운드 엔지니어이자 연주 파트너이자 예술가로서 스승이셨다.

'후조(後彫)'는 추사 김정희의 세한도에 나오는 글귀이다. '세한(歲寒) 연후(然後) 송백(松柏) 후조(後彫)'의 '후조'를 따온 것이다. 매서운 추위가 지나간 후에도 존재하는 소나무의 빛나는 절개와 아름다움을 말한다.

이성우 선생님은 늦되더라도, 오래도록 빛나는 음악이 되기를 바라는 염원을 담은 이 음반을 선물처럼 만들어주셨다. 이 음악이 나에게 또 다른 동아줄이 되어 현대음악에 대한 이해와 애정이 생기고, 내 인생에 여러 갈래의 길을 내어주었다. 무엇이 될 지 모르지만 한발한발 내딛던 그 길에서 만난 사람들이 생각난다. 그들을 귀인貴人이라 하던가.

결 셋

작곡가 강준일 선생님의 <결 셋>이라는 곡을 연주하게 되었다. 곡의 장대한 스케일에 비해 다급히 결정된 일이다. <결 셋>은 한국예술종합학교 출신 해금연주가들의 연주 단체인 한국해금앙상블애해이요의 10주년 기념 공연을 위해 위촉된 곡이다. 스승이신 정수년 교수님께서 협연하기로 예정되었다. 교수님의 사정으로 뜻밖에 나에게 협연 기회가 오게 된 것이다.

교수님께 연주에 대한 전화를 받았던 날 새벽, 신묘한 꿈을 꾸었다. 오색빛깔 찬란한 구렁이가 내 발목을 꽉 깨물더니 푸른 구슬을 입에서 뱉어내는 것이었다. 깜짝 놀라 꿈에서 깨어났다. 이 곡을 준비하는 기간 동안 두려움이 마음을 짓누르면 이 꿈을 떠올리곤 했다. 태몽도 안 꾼 내가, 이 음악을 잉태하려고 이 꿈을 꾼 것이구나. 나에게 커다란 선물처럼 온 곡이라 생각하며 마음을 다잡았다.

이 곡은 분명 특별했다. 3악장, 총 35분에 걸친 대곡. 2014년에 작곡, 초연되었으니 2015년 작고하신 강준일 선생님의 마지막 작품이기도 하다.

'결'에는 다음과 같은 뜻이 있다.

첫째, 흐름의 형질.
둘째, 맑고 깨끗함.
셋째, 매듭짓기.

해금의 소리에 숨겨진 여러 가지 모습들, 여리면서도 끈기 있는 강인함, 소박하고도 단정함, 간결하지만 분명함, 다정한 듯 하면서 매몰찬 표정, 등등. 이상의 여러 소릿결들을 소재로 세 개의 악장을 구성했다. 첫 곡은 긴 소리에 숨겨진 끝없는 삶의 미련과 애환. 둘째 곡은 짧지만 깊은 서정의 노래. 셋째 곡에서 는 빠르게 치닫는 신명나는 춤가락이 펼쳐진다.

- 강준일,「해금 협주를 위한 <결 셋> 작곡노트」

첫번째 리허설에 어리둥절한 마음으로 들어갔다. 해금, 고음해금, 저음해금, 아쟁, 대금, 피리로 구성된 30여명의 해금앙상블이 절도 있게 연습하고 있었다. 난곡(難曲)인 만큼 여기저기서 연주자들의 앓는 소리도 들렸다. 협연자로서의 무거운 책임감을 느꼈다.

길고 어려운 곡을 3주가 채 안 되는 시간 동안 소화할 수 있을까. 나의 음악적 역량이 시험대에 올려진 듯한 기분이다. 이 곡을 준비하는 것에 대한 어려움을 함께 연주하는 연주자들과 강준일 선생님과 스승이신 정수년 선생님까지 공감해 주셨다. 그만큼 응원과 도움의 손길도 많았다. 많은 제자 가운데 기회를 주신 스승님께 누가 되지 않도록, 한국해금앙상블의 성공적인 연주회를 위해 최선을 다해야 했다.

결 하나 : 긴 한숨

악보를 읽으며 긴 한숨이 절로 나왔다. 촘촘한 리듬으로 고음으로 가파르게 치닫는 패시지(passage)[1]를 꼼꼼하게 소화해야한다. '한숨지어', '깊은 정을 가지고', '조금 느리고 고요하게', '경쾌하게', '마음을 비우고'와 같은 악상이 이어진다. 이 선율 앞에 부끄러움 없이 최선을 다하되 '마음을 비우자'고 다짐한다.

결 둘 : 깊은 소리

느린 악장이다. 느린 소리를 결절 없이, 유려하게 이끌어가기란 어려운 것. 선율의 느낌이 잘 잡히지 않는다. 안개 속을 헤치며 걷듯 희미한 마음으로 연습을 반복한다. 악상은 '회고하며', '아쉬움에', '체념한 듯', '아쉬움에'로 이어진다.

결 셋 : 닫는 가락

선율이 껑충껑충 뛰고 넘는다. 하강과 상승을 수없이 반복하며 에너지가 극한까지 쌓아올려진다. 결정감을 잘 형성할 수 있을까. 사력을 다해본다. 악상은 '마음 가는대로', '치닫듯이', '떠벌리듯', '넉살좋게', '취한듯이', '서두르며', '얼러대듯이', '마음을 접고', '마음을 열고 조금 느리게'로 이어진다. 마음의 무수한 번뇌를 그리며 곡이 마무리된다. 작곡가가 제시한 길을 조심조심 따라가 보자.

---

[1] 패시지(passage): 선율 사이에서 빠르게 상행(上行) 또는 하행하는 경과적인 악구. 경과구(經過句)라고도 한다.

해금앙상블은 관현악실에서 가열차게 연습 중이다. 웅장한 소리가 개인연습실까지 들려온다. 이 소리 위에, 악보를 앞에 두고 마음이 두근대고 눈물이 차오른다. 앙상블과의 리허설을 앞두고 학교로 향하는 길 위에서 운전대를 잡고 눈물이 앞을 가려 혼미할 정도로 오열하는 날도 있었다. <결셋>이라는 음악이 주는 거대한 물결 속에 감동과 격정이 몰려옴을 느꼈다고 해도 과장이 아니다.

연주를 코 앞에 두고서는 강준일 선생님의 특별 지도가 있었다. 선생님의 정릉 자택으로 찾아뵙고 레슨을 받을 수 있었다. 벽돌로 지어진 단독주택 지하 연습실로 내려가면 악보와 음반, 수많은 자료들과 함께 그랜드 피아노가 품위 있는 분위기를 자아냈다.

선생님은 피아노를 쳐주시며 앙상블 부분을 연주해 주셨다. 곡의 흐름을 짚어주시기도 하고, 중요한 대목을 어떤 방식으로 연주하라고 구체적으로 주문하시기도 했다. 앙상블과 합주를 하는 날은 함께 식사하시며 무조건 든든히 먹고 체력을 보충하라고 격려해주셨다. 연주의 좋은 퀄리티를 나이들어서까지 유지하기 위해서 자기관리를 어떻게 해야 하는지도 말씀해주셨다. 고양된 정신에 관한 것이었다.

공연 날, 조명이 따사롭게 내려앉은 무대 위에 섰다.

<결 하나>는 응축된 힘의 분출이자 거대한 파동.
<결 둘>은 이후의 고요함과 쓸쓸함, 허무한 마음.
<결 셋>은 남은 열정과 자유분방함, 삶의 낭만.

한 평짜리 연습실에서 찾아 헤매던 의미들이 본 모습을 드러내기 시작한다. 흐릿하게 잡힐 듯 말 듯 했던, 곡에 관한 이해가 무대 위에서야 명확해졌다. 알 수 없어 애가 탔던 한 조각이 맞춰지고 100%의 그림을 그려내는 것이 무대의 힘이 아닐까. 소리의 향연을 벌이는 무대 위에서 많은 은총과 축복을 누렸다. <결 셋>은 구렁이가 뱉어낸 푸른 구슬처럼 나의 온 혈관을 돌아나와 또 다른 음악의 경지를 맛보게 해주었다.

선생님께서는 연습마다 사력을 다해 앙상블과 솔리스트를 지도하셨다. 작곡가 강준일에게 느껴진 '고양된 정신'의 상태. 그것은 음악에 순수하게 몰입하여 음악과 나 자신이 합일된 상태가 아닐까. 그러한 상태 속에 나 자신의 최대치의 가능성을 발견하는 일. 강준일 선생님의 <결 셋>이 나에게 준 가르침이기도 하다.

천지윤 연표

천지윤에 대해 더 이해할 수 있는 시기별 주요 활동들

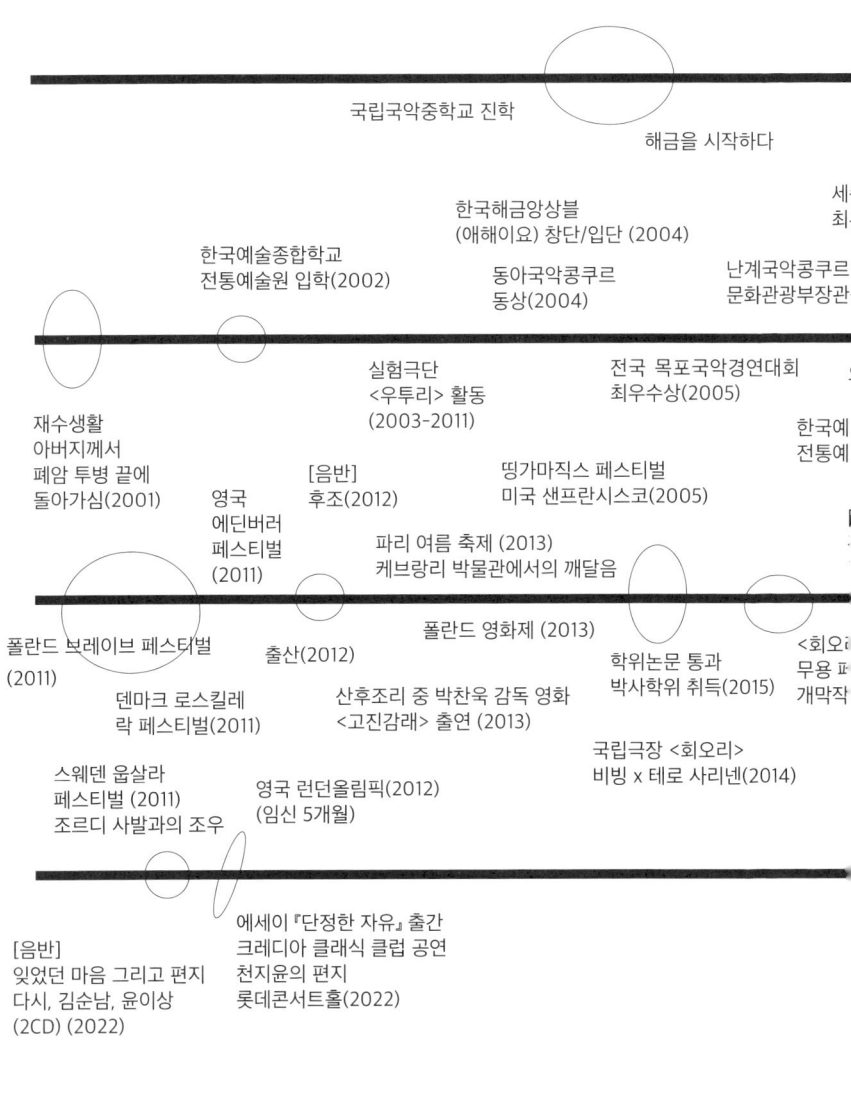

국립국악고등학교 진학

10대

『창부타령 해금 독주 선율 연구 :
김영재의 연주를 중심으로』
한국예술종합학교 전통예술원
예술전문사 학위취득(2008)

비빙 입단(2009)

프레스(2006-2009)

WOMEX 오프닝
덴마크 코펜하겐
(2010)

호주 다윈
페스티벌
(2010)

20대

2006-2007)   하이델베르크
고성(古城)
페스티벌(2009)

)1 :

[음반]
관계항2 : 백병동
관계항3 : 시(詩)
산조와 무악(2020)

[음반]
여름은 오래 남아
(2017)

최인아책방 <엄마의 책읽기>
<우리음악콘서트> 진행(2019)

30대

Youtube 채널
해금연주가
천지윤의 서재 개설(2018)

40대

50대

단정한 자유 361

추천사

"우리가 감동하며 듣는 음악 뒤엔 온 힘을 다해 연주하는 누군가가 있다. 이 책은 바로 그 이야기이다. 우리의 전통 음악, 그 중에서도 해금을 연주하는 천지윤의 이야기이다.

해금 연주가라니! 보통의 직장인들과는 매우 다른 삶을 살 것 같은 그녀는 도대체 어떻게 그 길로 들어섰고 어떤 고민을 하며 어떤 의미와 보람을 느끼는 걸까? 또 어려움은 어떻게 넘어서는 걸까? 연주만큼이나 흥미로운 음악가의 이야기가 가득 펼쳐진다.

책엔 그녀의 단단한 근육이 드러나는 사진이 많이 등장한다. 최선의 소리를 위해 운동에도 열심이기 때문이다. 그러니 그녀의 연주도, 글도 한없이 성실하다. 천지윤의 해금 연주를 들으며 어서 '단정한 자유'에 빠져 보시라!"

- 최인아 (최인아책방 대표)

"천지윤과 같이 음악을 만들고 공연하고 다닌지가 벌써 10여년 전이다. 음악을 한다는 것이 현실적으로 쉽지만은 않은 상황에서 긴 시간을 함께 했다. 그 시간 동안 천지윤은 스스로 즐거움을 잘 찾고 있었다. 자신에게 다가오는 모든 일에서 의미를 발견하며 삶을 즐기는 모습이 보였다. 잊혀져 가고 있던, 함께 했던 시절의 기억이 떠오른다."

- 장영규 (이날치 · 비빙 음악감독)

"두 현을 긋는다. 선율의 시간과 글의 집을 짓는다. 일상을 사유하고 사물과 호흡한다. 그렇게 음악과 세상을 연결한다. 천지윤은 이 모든 것을 행한다. 그런 그녀가 빚어온 음악과 삶의 궤적이 궁금하다면 이 책을 펼치면 된다. 해금과 함께 해온 성장의 시간을 물론 해금과 만난 세계의 도시, 여행, 예술가, 음식, 영화, 요가, 책 등의 이야기가 담긴 책이다. 이러한 만남을 그녀는 해금(奚琴)의 두 현으로 엮고, 일상과 사물의 비밀을 해금(解禁)하여 그 안에 담긴 세계를 우리에게 펼쳐 보여준다. 매끄러운 현 위를 짚어 소리의 구조물을 만드는 손처럼, 해금과 맞닿은 연결점들을 담백하면서도 깊이 있는 생각의 흐름으로 풀어낸다. 그런 그녀는 마치 일상과 세계를 해금으로 도금하는 연금술사 같다. 그래서인지 이 책은 그녀만의 술법이 담긴 '천지윤 사용설명서'처럼 다가온다."

- 송현민 (월간 『객석』 편집장 · 음악평론가)

"천지윤의 해금연주를 듣고 상상의 영역이 확장되었다. 2차원의 세상에서 3차원의 공간으로 넓어진 느낌. 천지윤의 해금연주에 새로운 차원의 시공간이 존재한다는 것을 느꼈다. 열린 우주를 경험한 느낌. 우주에서 지구라는 행성을 처음 마주한 느낌. 해금연주가 천지윤의 소소한 삶의 이야기를 읽고 난 다음 그녀의 음악 세계가 더 가까워진 느낌이다. 그녀의 삶의 풍경과 어우러진 해금의 선율같은 이야기들. 함께 지구라는 행성에 살고 있다는 것이 얼마나 다행인가? 그녀의 해금이, 그 이야기가 멋진 이유다."

- 이기진 (서강대학교 물리학과 교수 · 물리학자 · 작가)

"천지윤은 요즘, 가장 부러운 여성 중 하나다. 내가 죽어라 고운 소리를 내보려 해도 끼악끼악대는 해금을 자유자재로 다루기 때문이다. 연주하는 그의 우아한 자태를 보면, 누구나 해금의 매력에 풍덩 빠져들 수밖에 없다. 굉장한 에너지와 체력을 보유한 『마녀체력』의 열렬한 독자이기도 하다. 해금 연주가로만 살아도 보람이 클텐데, 다양한 관심사를 자랑하며 매사 정성을 바친다. 책 읽고 공부하는 엄마로 살면서 이번에 책까지 냈으니, 이런 멀티플레이어가 다 있나. 가녀려 보이지만 강인하고, 단정하지만 자유로운 그에게 엄지척을 보낸다. 천지윤, 브라보!"

- 이영미 (『마녀체력』 작가)

"수년 전 「책을 소중하게 여기지 않는 민족에게 미래는 없다」라는 짧은 칼럼을 서울대학교 大學新聞에 쓴 적이 있다. 책은 더 깊은 곳으로 들어가 참된 나를 마주하게 하고 새로운 세상의 문을 열어준다. 천성적으로 독서를 좋아하는 해금 연주자 천지윤은 서울법대 최고지도자과정(ALP)에서 나와 사제로서의 因과 緣을 맺었다. 아마도 바로 이 추천사를 쓰려고 −佛家의 언어를 빌리자면− 오백劫을 지나온 모양이다.

그녀는 오늘도 여전히 해금을 '연구'하며 하루하루의 인연과 반복된 일상에 생생한 의미를 불어 넣고 있다. 이 책의 제목인 『단정한 자유』(人)는 천지윤을 온전히 담아내는 말이다. 대중은 그녀의 자유롭고 화려한 날개에 주목할 것이다. 하지만 모든 날아가는 것에는 발이 있는 법이다. 단단한 발이 있어야 제대로 딛고 날아오를 수 있다. 때로는 넘어지기도 했다. 이루어온 것들이 성근 눈처럼 흩어지고 이루어야 할 일들이 한치 앞조차 보이지 않을 때에도 그녀는 오롯하게 걷고 또 걸어왔다. 겨울나무의 뿌리처럼 어둠 속에서 빛을 찾아갔다. 하여 나는 확신한다. 그녀가 곧 대지를 박차고 찬란하게 비상하리라는 것을."

- 최봉경 (서울대학교 법학전문대학원 교수)

단정한 자유 ⓒ 2022

잘못 만들어진 책은 구입하신 서점에서 교환해 드립니다.
본 도서는 법에 의하여 대한민국 내에서 보호받는 저작물입니다.
무단 전재 및 재배포를 금합니다.

정가 | 20,000원
초판 발행일 | 2022년 2월 9일
2쇄 발행일 | 2022년 12월 3일
지은이 | 천지윤
펴낸이 | 안나
Visual Creator | 신선회
Design Works | 안나
펴낸곳 | 토일렛프레스
주소 | (06575) 서울 서초구 반포동 612-146
홈페이지 | http://toiletpress.com
전자우편 | ceo@toiletpress.com
인스타그램 | www.instagram.com/toiletpress_
ISBN | 979-11-969385-0-5 (03670)